JN303286

子どもの論理を活かす授業づくり

デザイン実験の教育実践心理学

吉田 甫／エリック・ディコルテ　編著

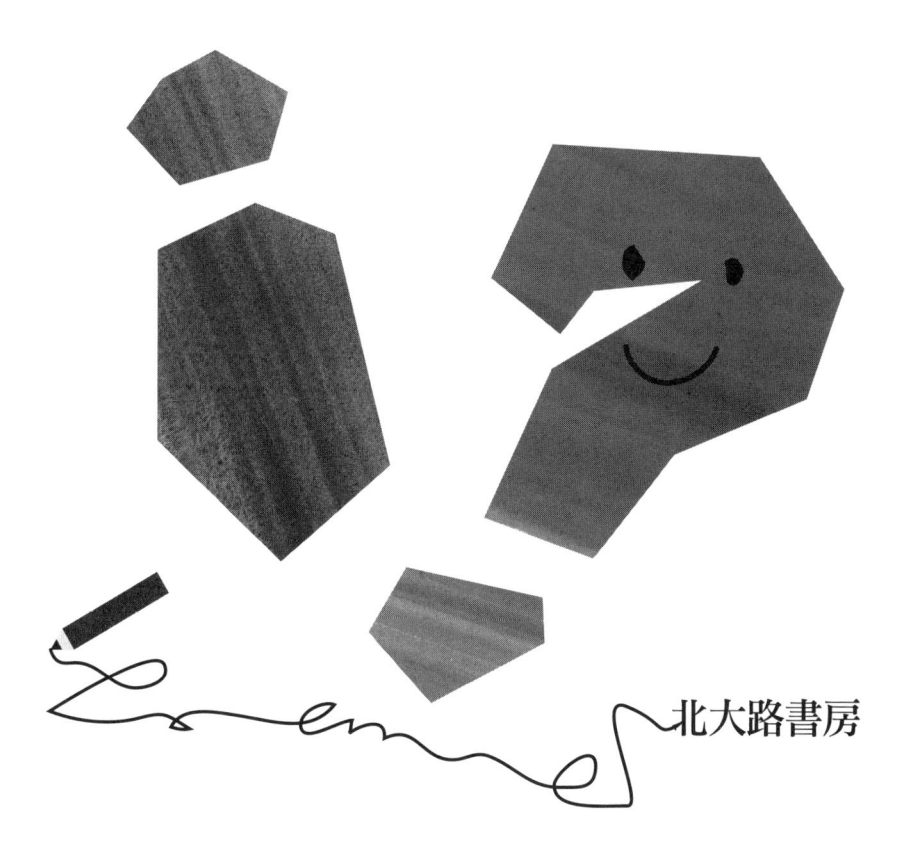

北大路書房

はじめに

　本書は，日本人とベルギー人との共同編集によるものであり，執筆者の顔ぶれも日本人，ベルギー人，アメリカ人と多彩である。国を越えた編者による日本語での本の企画は，かなり珍しいほうだろう。本書に目をとおしてもらえれば，こうした企画は，本書が目指すものを考えたときの必然の結果であると読者にご了解いただけることと思う。

　本書が目指すものは，心理学を基に，教育の内容や方法を抜本的に改革し，子どもが学びをより深く理解し，それによって「学びは楽しい」と実感し，喜んで学校に通えるような教育である。

　子どもの学びに関して，これまでに心理学のさまざまな研究結果が蓄積されてきた。それらの結果をベースにして教育内容や方法を改善し，通常の教室で実践的な介入を行ない，その効果が確認された教育実践研究が，本書の基礎である。とはいえ，学習に関わるすべての領域にわたって，上記の高遠な目的を実現できているわけではない。教える・学ぶということを考えてみると，国語，数学，理科などの教科数は10にもおよび，また義務教育だけに限っても学年数は9つある。教科数と学年の組みあわせを考えれば，研究でカバーすべき範囲は膨大である。

　しかし，心理学では，数に関して，自然認識に関して，文章の読解や書きに関して，さまざまな研究が展開されてきた。これらの研究は，当初は学問的な興味から展開されていたが，しだいに子どもの学びを改善するための強力な武器になることが認識されるようになった。そうした雰囲気が醸成されるにつれて，学校現場で子どもの学びを改善できるかどうかが，きわめて重要なテーマとなり，研究者が実際に教室の中に入り込んで，子どもの学びに関与する研究が増えてきた。このような現状を背景に，本書は公刊された。

教科の論理

　本書の狙いは，国や文化にとらわれない教育実践研究の最新の成果にあるが，

最近の日本における教育の現状とも関連している。日本では，子どもに教える際には，文部科学省が学年ごとに定めた学習指導要領というガイドラインがある。それに沿って教科書が執筆され，教室ではその教科書に沿って指導が行なわれている。ベルギーでは，学年ごとのガイドラインはなく，小学校を卒業するときに子どもが獲得すべき目標が設定されているだけで，日本から見るとかなり緩やかな形で指導が行なわれている。そうした方針の違いがどうであれ，どの国でも教師は国が定めたガイドラインを具体化した教科書を使って指導していることが重要である。

　教師が指導に際して依拠している教科書のもっとも基になる性質を考えてみよう。たとえば，算数・数学の教科書は，基本的には数学という巨大な論理体系がもつ内容を各学年の子どもが理解できるようにわかりやすく，短くした内容となっている。理科であれば，自然科学という巨大な論理体系が，社会であれば，社会科学という論理体系が，同じようにわかりやすく短くまとめられている。つまり，この意味で現行の教育の基本は，「教科の論理」が中核となっていると言えるだろう。

　その論理にしたがって教育が成功するのであれば，何の問題もない。しかし，現実はどうだろうか？　読者もご存じのように，日本の子どもの学力の達成度は，この10年以上にわたって，長期低落傾向を示している。この現状は，40年ほど前は考えられないことであった。1960年代に初めて世界各国の子どもの達成度の調査が行なわれたときには，日本の子どもの達成度はトップまたは上位3位に入っており，80年代までの日本の教育は，世界から羨望のまなざしを浴びていた。

　しかし，90年代になると，頂点から滑り落ち始め，現在は日本の子どもの学力は10位前後で低迷している。世界ランキングだけが重要だと言いたいのではない。こうした低落傾向だけでなく，日本の子どもの学びへの意欲が世界最低という結果は，さらに社会を震撼させるものであった。全体として，日本の子どもの学びに暗雲が漂っていると懸念するのは，私たちだけではないだろう。社会の中で，文部科学省を初めとする教育界にとどまらず，産業界でもこうした学力低下が深刻に受けとめられている。それは，科学技術立国を標榜する日本の将来を考えると，容易に理解できることだろう。

子どもの論理

　このような現状を改革することは，可能だろうか？　毎日の教室では，教師は悩み日々努力している。時間や労力をかけた努力に対して，子どもの理解が深まり，それにより教師の仕事への充実感が満たされるのであれば，問題はない。しかし，残念なことに，その努力はすでに述べた教科の論理という枠内に留まっているものが多く，この枠内での努力には限界がある。教科の論理という枠組みを突破して初めて，現状を打破することができるだろう。本書では，この現状を突破するための枠組み，つまり「子どもの論理」という枠組みを提案する。

　子どもの論理とは，一体何を指すのだろうか？　子どもの思考，知識，問題解決の方略などについて，これまでの心理学の研究はさまざまな科学的事実を明らかにしてきた。あるものは子どもの学びを促進する性質があり，他のものは逆に学びを妨害する性質をもっているという科学的事実もその1つである。問題解決に際して子どもが利用するこうした思考，知識，問題解決方略などを，ここでは子どもの論理と呼ぶ。

　子どもがもっている論理が，学びを促進するものであれば，それらを学びに積極的に導入することが必要だろう。反対に，それらが学びを妨害するならば，その妨害を最小限に抑えるにはどうしたらいいのかを知る必要がある。そのためには，たんに現在の実践を少し改良するといった類の研究では無理がある。子どもの論理を基にして，新たなカリキュラムや教育の方法を創造するという研究が必要とされているのである。さらには，そうした研究が子ども観・教育観など教育に関わる文化や価値をも，大きく改革することへとつながるだろう。それゆえ，こうした改革は，子どもの論理を具体的な形として実践する当初には，研究として展開されることになるだろう。また，研究が広がるにつれて，日常実践として教室で抵抗なく取り込むことができるようになるだろう。

　子どもの論理が授業で十分に取り入れられていない理由の1つに，学びのそれぞれの領域で論理が異なっている点がある。たとえば，数という領域のみを取りあげても，たし算やひき算，文章題，分数などの領域で論理はそれぞれ異なる。このため，それぞれの領域における子どもの論理を研究することが必要である。それらをすべて明らかにするためには，小学校の学年だけを取り上げ

ても，気が遠くなりそうなほどの莫大なステップがかかることになる。しかし，こうした努力は，すでに始まっており，その成果はきわめて有望である。研究をベースにすることで，その成果はきわめて強力で安定し，読者はその成果の一端を本書の各章に見いだすことができるだろう。

教育実践心理学の構築

次に，子どもの論理を日常の教育実践で展開することが，教育心理学，中でも子どもの学びを研究対象とする教授―学習に対しては，どのような示唆を与えるかを考えてみよう。

まず，教授―学習という分野の中で，子どもが教室で学んでいる概念を取り込んで理論体系を構築し，どのように指導するかというデザイン実験研究（design based research）が世界的には1990年代の初頭に有力になってきた。時を同じくして，日本でもデザイン実験に対応する内容を盛りこんだ教育実践心理学と呼ぶべき研究が姿をあらわした。子どもが実際に学習する概念を中心に据え，そうした概念の学習の過程，カリキュラムのあり方，指導方法の変革などが，研究の対象となってきた。本書は，まさにこの線上にある。そのような研究の大きな特徴は，研究と実践の融合とも言え，PART Iのキー概念である「デザイン実験（design experiment）」そのもの，つまり，心理学研究における理論構築と実践の革新を主要なゴールとしている。

このような狙いをもった教育実践心理学の歴史は，まだ浅く，研究からの果実は未だ結実しているとは言い難い。しかし，私たちは，本書で扱っている子どもが理解しづらい概念以外にも，さまざまな概念についてこの狙いをもった研究が広がり，少なくとも義務教育のすべての教科内容をカバーする研究へと結実することを期待している。そのような時代が到来すれば，これまでの教育経験に主に依存した教育方法を脱却し，理論に裏打ちされたカリキュラムや教育方法が構築されるであろう。本書が，そのさきがけとなれば，幸いである。

本書の構成

最後に，本書の構成について紹介しよう。本書は，PART IとPART IIからなっている。PART Iでは，理論構築と実践の2つを同時に追求しようとする

本書の狙いについて概説する。この狙いをもった研究は，デザイン実験と呼ばれ，1章で詳述される。2章では，デザイン実験という枠組みを更新するための批判的考察を紹介する。本書のすべての章が，デザイン実験が課しているすべての要素を具体化させた研究を紹介しているわけではない。ある章の研究はほとんどすべての要素を満足させているが，別の章の研究はその一部の要素を具体化させたものとなっている。

　PART Ⅱでは，さまざまな学びの領域において，どのような実践的研究が展開されているかを紹介する。ここでは，世界や日本をリードしている研究者が，具体的な概念を例にして研究を紹介する。

　まず，3章と4章では，文章題を例にして子どもの学びを革新する最新の研究が紹介される。5章では，比例概念を，6章では分数を取り上げて，インフォーマルな知識に関わる研究および介入研究が紹介される。7章では，算数の問題解決に際して，比例関係を過剰に使用する子どもの傾向を明らかにし，それを克服するための研究が述べられる。8章では，自然概念を例にして，相互作用を媒介としたメタ認知の確立と知識構成の研究が展開される。9章は，文章の理解に関する研究であり，説明を理解し表現する能力に関わる最新の研究が盛り込まれている。10章では，主に自己質問というスキルの確立をとおしてメタ認知の発達を意図した研究が紹介される。最後の11章では，科学的概念の転移を促進するために，事例の学習を経ることの重要性を検証する。

　本書は，これまでの類書にないいくつかの特徴をもっている。それらは，各章を熟読することで明らかになるものであるが，理論の構築と実践の革新を同時に追求するためには，(1) 実践者と研究者との共同の重要性，(2) 導入すべき課題の性質の改革，(3) 学びに関わる教室文化や信念の変革，(4) 子どもが自らを発達させるためのメタ認知の促進などが必要である。そして，各章にはこれらが縦横に盛り込まれている。読者には，こうした特徴を把握し，本書では取り上げられていない領域に対する今後の研究や日常実践の芽を育ててもらえれば，私たちにとっては望外の喜びである。

2009年6月

吉田　甫

目　次

はじめに

■PART Ⅰ　教育実践研究を進めるためには

1章　理論と実践をつなぐデザイン実験……………………………………2
1. デザイン実験とは　3
2. 算数問題解決に対する強力な学習環境のデザイン，実行，評価　6
3. 学習環境の改善：大きな課題　10
4. まとめ　13

2章　デザイン実験の課題と展望……………………………………………15
1. 守られない約束　19
2. 無視される落とし穴　21
3. 未開拓の可能性　23

■PART Ⅱ　子どもの論理と教育実践研究

3章　小学校における現実的数学モデリングと問題解決……………………28
1. 教室の中と外での数学　28
2. 子どもにおける意味づけの欠如　30
3. （伝統的な）算数・数学教育における説明を求めて　33
4. モデリング・パースペクティブの適用　34
5. モデリング・パースペクティブの約束と落とし穴　38

4章　知識の構成を支援する教授介入：算数文章題の解決………………42
1. 知識の構成による問題解決　42
2. 問題解決を育むコンピュータ支援　47
3. 知識の構成を支援するメタ認知方略による介入　51

5章　概念発達をベースとした授業：プロセスと効果………………………57
1. 数学的概念の発達　58
2. 概念発達の促進可能性　62
3. 概念発達をベースとした授業　69

6章　子どもの論理と教科の論理からの介入：分数と割合……………………75
1. 豊かなインフォーマルな知識　76
2. 新しい概念を学習する際の認知的バリア　78
3. 深い理解をもたらす介入とは　85

7章　比例への教授介入：分析から改善へ……………………92
1. なぜ比例モデルは過剰に使われるのか？　92
2. 子どもの比例概念を分析する　94
3. 比例概念を過剰に一般化する傾向を克服できるか？　97

8章　認知的／社会的文脈を統合した学習環境……………………109
1. 認知的文脈を考慮した学習環境とは　109
2. 社会的文脈を考慮した学習環境とは　113
3. 認知論的／社会文化文脈を統合した学習環境とは　119

9章　適切な説明表現を支援するための教授介入……………………127
1. 説明を表現する力とは　127
2. 「説明すること」についてのメタ認知的知識とは　129
3. 「相手を意識する」とはどのようなことか？　136

10章　自己質問作成による活用力の向上……………………143
1. 考える力（活用力）を育てる授業研究　143
2. 考える力（活用力）を育てる教科横断的な枠組みづくりへ　150
3. 自己質問作成で子どもの活用力を高める　154

11章　科学的概念の転移をうながす事例の学習……………………162
1. なぜ，学習した概念の転移は難しいのか？　162
2. 複数の事例から科学的概念を学ぶ　167
3. 科学的概念を操作する知識を学ぶ　173
4. 科学的概念の転移はいかに成立するのか？　178

引用文献　181
索　　引　191
あとがき　199

PART I
教育実践研究を進めるためには

　研究から明らかにされた事実を基にして教育実践を展開しようとする際には，さまざまな要因を考慮する必要がある。そうした要因を統制して初めて子どもの論理を基にした実践が可能となる。PART Iでは，こうした実践的な研究を行なう際の代表的な方法を取り上げ，どのような研究的な枠組みが必要であり，どのような点に注意すべきかを整理して紹介する。

1 章

理論と実践をつなぐデザイン実験

> 　子どもへの実験的な介入を行なうということは，たんに指導方法を工夫して，実践するというものではない。介入するための基本となる考えを明らかにするための研究，その考えに沿って新たな介入の柱を考えるという研究などが，必要である。この章では，そうした研究を行なうための一般的な枠組みとは，どのような要素を備える必要があるかを考える。デザイン実験とは，そうした枠組みのことである。
> 　この枠組みで必要とされる要素は，(1) 子どもの学習過程や学習を促進する学習環境に関する研究から明らかにされた事実を基礎として，それらを組み込み，(2) 子どもの学習を深化させるのに適切な教材に関して，子ども同士の相互作用に関して，学習や子どもに対する教師の信念などに関して実践的な介入をとおして新しい教室文化を作りだすことである。これらの要素は，学年，指導内容などによって変化する。またそうした新たな文化を創造するためには，授業者と研究者の密接な協力が，不可欠である。1章では，数学の概念を例にして，子どもの学びに関する研究と実践とを結びつける「てこ」としてのデザイン実験を提示する。

　教育研究，とくに学習と教授についての研究は，この数十年の間に大きく発展してきた（National Research Council, 2000, 2005）。研究者たちは，そうした研究が教育の改善に貢献しているとしばしば主張してきた。しかし一方では，理論と研究との間にある深い溝についての不満が，他方では教育実践についての不満が，まだ解消されているわけではない（Berliner, 2008; Brown, 1994; Weinert & De Corte, 1996）。

　理論と実践との間に横たわる溝を埋めるために，近年提案されてきたアプローチの1つが，いわゆるデザイン実験である。デザイン実験とは，研究者と実

践者が共同して実験的な介入を行ない評価する実験的研究のことを指す。デザイン実験は，新しい強力な学習環境を発展させ，また実現する際に利用できる（Brown, 1992; Collins, 1992）。本章では，理論の構築と実践の革新を同時に探究するための「てこ」として，デザイン実験の利用について論じる。そして，小学校高学年の子どもにおける算数の問題解決能力，とくに解決方略についての能力の向上を目的としたデザイン実験を紹介する。次の節では，革新的な学習環境の普及と拡大についての重要な問題を扱う。最後に，いくつかコメントをして章を終える。

1. デザイン実験とは

　コリンズ（Collins, 1992）によると，デザイン実験から引きだされた教育の科学は，「さまざまな学習環境のデザインが，学習や協同，動機づけなどに対してどのように貢献するかを決定しなければならない」（p. 15）としている。教育の革新に影響する要因を明らかにすることで，教育革新のためのデザイン理論が，提案されるはずである。理論と実践とをつなぐという観点から，この介入アプローチには2つの目標がある。第1に，学習についての理論構築を進めること，第2に教室での実践を根本的に改革すること。フィリップスとドール（Phillips & Dolle, 2006）は，ストークス（Stokes, 1997）の科学研究の四象限モデルの観点から，実践に基づいた基礎研究を表わすパスツールの四象限の中に，デザイン実験を位置づけた（2章を参照）。

　デザイン実験という用語は，比較的最近になって使われているように思うかもしれないが，この介入アプローチはまったく新しいものではない。ロシアの教育心理学では，この種の研究は以前から行なわれてきた。たとえば，カルミコワ（Kalmykova, 1966）は，解明実験と指導実験とを区別して考察している。解明実験とは，ある教授条件のもとで，学習がどのように生じるかを記述することを主な目的としている。指導実験とは，研究者の介入が特徴であり，学習過程に関する仮説を立てて，この種の学習を引きだすことを目的とした指導－学習環境を実践する。子どもの学習活動と学習結果を分析して，最初の仮説が支持されたかどうかをチェックし，介入研究をどのように継続するかを考える

出発点とする。この2つのタイプの実験が相補的であることは，注目に値する。つまり，解明実験の知見と結果は，指導実験の出発点となる仮説を作りだす手がかりとなり，そして指導実験の結果が新たな解明実験を導きだすのである。

　アメリカでも，グレイザーが1976年の時点ですでに，教授心理学をより効率的な教育プログラムと指導方法の開発を目的とした設計の科学としてとらえることを主張している。しかし，1970年代後半から1980年代にかけて，アメリカでは認知心理学が大きく台頭したことで，グレイザーの主張は注目を集めることはなかった。実際，教授心理学の初期の研究では，人間の能力の背景にある知識構造とその過程に焦点をあてていた。そのため，能力を獲得するために必要な学習過程の研究は，隅に追いやられた（Glaser & Bassok, 1989）。

　しかししばらくすると，徐々に状況が変化していった。熟達者の能力を形作っている知識構造やスキル，その過程についての理解が大きく進歩したことによって，そうした能力を獲得するために必要な学習過程に再び興味がもたれるようになった。さらに，能力の獲得を援助したり促進したりするような教授方法についても興味がもたれるようになった。アメリカにおける1990年代初頭のデザイン実験も，こうした関心から引きだされたのである（Phillips & Dolle, 2006）。加えて，ヨーロッパで，とくに算数・数学教育を研究している学者から，デザイン実験に対する賛同の声が強くなった。オランダのフロイデンソール研究所のいわゆる発達研究（たとえばGravemeijer, 1994）は，このアプローチの典型と言える。

　このアプローチに対しては，重要な問いがある。それは，デザイン実験をどのように，どのような条件下で遂行するか，という問いである。この点について，ディコルテ（De Corte, 2000）は，知識構築と意味構築の過程としての学習には，現在われわれが到達している見解を考慮しつつ強力な学習環境をデザインすることが重要だと指摘している。その過程とは，（i）建設的，累積的であり，（ii）学習者自身で制御し，（iii）目標を指向するものであり，（iv）状況に組み込まれた協同的なものだが，（v）個人によって異なる。しかし，教育現場に適用できるような心理学の理論を確立するためには，全体的，協同的，可変的なデザイン実験を実施する方略をも発展させる必要がある（De Corte, 2000; National Research Council, 2000）。全体的とは，学習者と教師という変数

だけでなく，社会的・物理的な環境という諸変数も組み込むということである。協同的とは，デザイン実験は，研究者と実践者との双方向的なコミュニケーションに依存しており，研究の目標やアプローチや結果が教師にとって参照しやすく，受け入れやすく，利用しやすい形式に置きかえられるということである。可変的とは，教育目標や優れた指導，効果的な学習に関する教師の信念体系や価値の方向性を根本的に変えるということである。

　これらを考慮すると，理論構築と実践の革新を同時に探究する「てこ」としてのデザイン実験を行なうためには，以下の2つが必要である。第1に，学習過程や強力な学習環境に関してこれまでに解明されたことを組み込み，第2に実際に指導する際の教室における創造と評価を考慮することである。教室の環境と文化を根本的に変化させようとする試みは，研究者と実践者との協力のもとに行なわれるべきである。この協力は，相互の適切な関係を進展させるためだけでなく，教育，学習，指導についての教師の信念を修正し，新たなものにするためにも重要である。もしデザイン実験の結果としての革新的な指導が，広く知られるようになれば，それらは実際の教室で実行するのに適した形になるだろう。それゆえ，研究者と実践者との協力という考えは，研究と実践それぞれにおける考えの交流を促進する上でも重要である。実践者が，理論を実践に移し，結果として教室の指導をより研究を基礎としたものにする一方で，研究者も研究をより実践に基づいたものにすることが可能となる（De Corte, 2000）。

　次の節では，ルーヴァン教授心理学・技術センター（CIP&T）において行なわれた，小学校高学年の子どもの文章題の解決能力の向上を目指した介入研究を紹介する。3章で述べられる小規模デザイン実験（Verschaffel & De Corte, 1997）に基づいて，算数の問題解決に対する方略的で自己制御的なアプローチに関する子どもの発達に焦点をあてながら，革新的，構成主義的，協同的学習環境がデザインされ，評価された（Verschaffel et al., 1999; De Corte & Verschaffel et al., 2006）。

2. 算数問題解決に対する強力な学習環境のデザイン，実行，評価

ベルギーのフランドル地方では，初等教育についての新しい基準が，1998～1999年度に設定された（Ministerie von de Vlaamse Gemeemschap, 1997）。『アメリカの学校数学におけるカリキュラムとスタンダード』（National Council of Teachers of Mathematics, 1989）と同じく，算数・数学に関するこの新たな基準は，算数・数学に対するより積極的な態度の形成，数学的な推論と問題解決のスキル，日常生活への適用に重点をおいている。こうした新たな基準をスムーズに実施するために，われわれは強力な学習環境を設計し，それが小学校高学年の子どもにおいて，数学的問題解決の能力をどの程度促進し，数学に関連する肯定的な信念をどの程度発達させるかを検討した。

(1) 学習環境のデザイン

前節で紹介した方略にしたがい，学習環境をデザインするための枠組みとしてCLIAモデル（Competence, Learning, Intervention, Assessment, De Corte et al., 2004）を用い，教室場面の以下の要素を抜本的に変化させた。つまり，（i）学習と指導の内容，（ii）問題の性質，（iii）教授テクニック，（iv）教室の文化である。学習環境の設計・遂行・評価は，実験に参加した4クラスの教師と校長との密接な協力関係のもとで行なわれた。介入は，担任教師が行なう20時間の授業として行なわれた。

①学習と指導内容

日常生活で生じる問題を数学的に解決するため，一般的なメタ認知的方略が子どもに教えられた。このメタ認知的方略は，5つのステップからなる。まず，問題の心的表象を形成し，次にその問題をどのように解決するかを決定し，必要な計算を行ない，結果を解釈して，解決を評価するというステップである。最初の2つのステップには，子どもがそれらを実行するためのさまざまな方法を指定する8つの方略が組み込まれている（たとえば，図を描く，必要な情報と不要な情報を区別するなど）。この問題解決の方略を獲得して実行するためには，子どもは以下の3つを行なわなければならない。（i）必要な問題解

の過程は異なるステップであることに気づく（意識化トレーニング），(ii) 解決過程の異なるステップにおける自らの活動をモニターし評価する（自己制御トレーニング），(iii) 8つの発見的方略を習得する（発見的方略トレーニング）。

②問題の性質

従来の教科書の問題とは大きく異なった，慎重に設計された日常的で，複雑かつオープンな問題のさまざまな組みあわせが用いられた。それらは，多様な形式，つまり文章，新聞記事，冊子，連載漫画，表の組みあわせなどで提示された。以下は，用いられた課題の例である。

■**遠足問題**（この問題は，紙面の都合上，簡略化している）
先生が，オランダの有名な遊園地エフテリングへの遠足についての計画を子どもに話しています。しかし，金額が高すぎる場合，他の遊園地に変更することもあります。4人1組の各班の子どもたちがさまざまな遊園地の入場料が書かれたファイルのコピーを受け取ります。そのリストには，時期，入場者の年齢，グループの種類（個人，家族，団体）による値段が書かれています。
さらに，各班は学校長宛ての地元のバス会社からのファックスの写しを受け取ります。そのファックスはエフテリングへの日帰り旅行をした場合の，さまざまな大きさのバス（運転手つき）の値段も書かれています。
各班の最初の課題は，子ども1人が払う金額が12.50ユーロとした場合，エフテリングに遠足に行けるかどうかを確認します。
これが不可能だとわかったら，各班は次の課題を受け取ります。次の課題は，12.50ユーロで行くことができる他の遊園地を探すことです。

③教授テクニック

活性化をうながすさまざまな教授テクニックを適用して，学習環境が形成された。各授業時間の基本的な教授モデルは，以下のクラス活動から構成されていた。(i) 教師が授業の目的を説明し，解決する問題をクラス全体に導入する。(ii) クラス全体での議論の後に，3～4人の班ごとに2つの課題を与える。(iii) 個別課題とそれに続くクラス全体での議論。1つの班は，算数の到達度が異なる子どもから構成されていた。クラス全体での議論は，さまざまな班やそれぞれの子どもの問題解決方略をはっきりと紹介し，議論することに焦点をあてた。解決の過程や解決方略が活発に議論されたため，1回の授業で取りあげた問題数は2～3問のみとなった。授業全体での教師の役割は，子ども

が認知的，メタ認知的活動を行ない，熟考するようにうながし，その足場作りをすることであった。子どもが，問題解決能力を身につけ，自らの学習や問題解決過程についてより責任をもつようになるにつれて，支援をする回数を減らしていった。

④教室の文化

ここでは，学習と問題解決において，子どもの算数に対する積極的な態度と信念を促進することを目的とした，新たなクラス規則を作ることで革新的な教室文化が形成された（Yackel & Cobb, 1996）。この典型的な側面は，以下のとおりである。（ⅰ）児童を刺激して，自らの解決方略，（誤った）概念，信念，算数に関連する感情について明確に述べ，熟考するよううながす。（ⅱ）何が良い問題，良い回答，良い解決方法なのかということについて議論する（たとえば，問題を解決するためにはいろいろな方法があり，場合によっては大まかな概算が正確な数よりも良い解答であるなど）。（ⅲ）算数の授業における教師と子どもの役割を再検討する（たとえば，答えの良い点，悪い点について評価した後にクラス全体として，どの子どもの解答が最善かどうかを決定する）。

実験に参加した4クラスの教師と校長とが協力することで，学習環境が詳細に練り上げられた。用いられた教師の成長のモデルは，教師と研究者が，学習環境の基本原則や開発された学習材料，授業中の教師の実践について絶え間ない議論と熟考を行ない，そこからお互いに学びあえるような社会的文脈を作りだすことを強調したものであった。

(2) デザイン実験の効果

デザイン実験が子どもに及ぼす効果は，実験群と比較のための統制群とを対象にした事前-事後-保持テストで評価された。実験群の教師が，学習環境にしたがっていたかどうかを判断するために，各クラスで4回の授業をビデオ録画して，実施プロフィールの観点から分析した。この研究の結果は，以下のようにまとめることができる。

自作の文章題の事前テスト，類似した事後テスト，保持テストの得点によると，この介入は，実験群の子どもが算数の応用問題の解決能力において統制群の子どもよりも，有意安定した肯定的な効果をもっていた（効果量0.31）。

学習環境はまた，算数の問題を解決することへの子どもの喜びや持続力，そしてリッカート尺度項目を用いた質問紙によって測定された算数に関連する信念や態度において，小さいが有意な肯定的な影響があった（効果量0.04）。

　到達度テストの結果から，実験群では，授業中の認知的・メタ認知的方略，信念，態度などに注意を向けたことにより，授業で扱わなかった他の算数の領域でのテストに対して，有意に肯定的な転移の効果があることが示された。実際に，実験群のクラスは，この到達度テストにおいて，統制群よりも有意に優れた成績を修めていた（効果量0.38）。

　子どもが文章題を解く際に答案用紙に書き込んだものを分析してみると，実験群は，学習環境で指導された発見的方略を自発的に使用する頻度が大きく増えていた（効果量0.76）。

　最後に，われわれは，高・中程度の成績をとった子どもだけでなく，低い成績を示していた子どもも，これまでに述べたすべての側面において，その程度は小さいものの，介入による有意な効果があることを見いだした。

　学習環境を最初に設定しても，その後，学習材料は修正されて，教室で実践する際にまた教師のトレーニングにも使いやすいように変更された。さらに，先述した学習環境の背景にある考えは，フランダース地方における算数・数学教育の教科書の新たな作成につながっている（これについては後述する）。

(3) 学習環境の評価

　このデザイン実験には，2つの目的があった。第1は，教授介入による算数問題解決についての認知的，メタ認知的能力に関する理論を発展させることであり，第2は，算数・数学教育の目標の新しい概念に合致するような教育実践の改革に貢献することであった。理論構築に加えて，効果的で実践に適した介入を創造するためのデザイン実験の可能性については，2章でフィリップスが述べている（Phillips & Dolle, 2006; De Corte et al., 2004）。フィリップスの見解は，この問題についてさらに議論を進めるための出発点となっているが，第1の目的に関して言えば，介入研究の結果は以下の仮説を支持するものであろう。それは，効果的な学習を活動的，構成主義的，協同的で徐々に自己制御されていく過程としてとらえることにより，算数や数学の問題解決のような重要な領

域における子どもの能力，とくに自己制御の能力を増進させる効果をもち，すぐに実践に適用できる学習環境を設計できるという仮説である。この仮説は，小学校5年生に対する方略的読解力を育成することをねらった強力な学習環境が設定された研究ではっきりと支持されている（De Corte et al., 2001）。これらの結果と同じく，介入研究をレビューしたメタ分析によれば，自己制御の過程は，適切な介入によって小学生においても十分に改善できることが確認されている（Dignath et al., 2008）。

　教師の行動については，ビデオ録画された授業を分析したところ，4クラスの実験群の教師は，実際の細かいところでは差があるものの，満足のいく形で学習環境を実施していたことを報告しておく。加えて，介入後，子どもたちの結果がわかる前に4人の教師に行なわれた追加面接からの結論は，有望なものである。第1に，教師たちは5ステップからなる適切な問題解決方略は，5年生にとって妥当で達成可能なものと考えていた。第2に，彼らは学習環境の内容とその構成を非常に肯定的に評価しており，授業の実施中の研究者からの支援については大いに満足していた。

　それでは，学習と指導全体の変化に対する，本章で紹介したデザイン実験や類似のデザイン実験の可能性についてはどうだろうか。

3．学習環境の改善：大きな課題

　デザイン実験の結果は，教育実践の革新という点について期待できるものであった。実際，参加した教師たちは，問題解決の指導と学習の新しい方法について非常に肯定的であり，さらに彼らはかなり忠実にこのアプローチを実行することができた。その上，実験群となったクラスの子どもたちは，この新奇な学習環境に熱心に取り組んだ。とはいえ，教室での実践を改善する介入研究の重要性をあまりにも誇張してはならない。実際に，先に述べたようなデザイン実験がカリキュラムのごく一部しか対象にしていないという事実（De Corte, 2000）は別として，われわれはそのような新たな学習環境の実施が容易ではないことを理解すべきだろう。このことは，われわれがフランドル地方の小学校6年生の教室で算数問題解決の指導の分析を行なった最近のビデオ研究に記述

されている (Depaepe et al., 2007)。先述したように，われわれのデザイン実験で新たに研究され確認された考えは，初等算数教育でのいくつかの新しい教科書にすでに採用されている。そのような教科書の代表例は，『ユーロベーシス（*Eurobasis*）』(Boone et al, n.d.) であり，デザイン実験の4本の柱，つまり学習と指導の内容，問題の性質，教授テクニック，教室の文化を統合する教科書となっている。

　第1の学習と指導内容に関しては，教科書の執筆者は，一般的な算数・数学教育，そしてとくに問題解決の学習では，算数・数学の問題を解決するための5つのステップのメタ認知的方略を子どもに獲得させることを主な目的とした。教師用指導書には，5ステップの方略が，教師が注意を払うべき一連の重要な発見的問題解決とともに明記されている。第2の問題の性質については，この教科書は日常生活で生じる問題を導入しており，問題を子どもの経験に基づいた世界にあわせることによって，子どもの算数・数学学習への取り組みをうながしうることを明確に述べている。第3の教授テクニックでは，執筆者たちは，相互協力や班活動のような活動的でインタラクティブなクラス形態を利用するだけでなく，強力な教授テクニック（たとえば，子どもの指導や方略の明言化および熟考）を使うことを奨励している。第4に，新しい教室文化の確立については，子どもに成功を経験させること，問題の解決過程と解答そのものの双方に等しく注意を払うこと，問題を解決するためには別の考え方についても議論することが重要であると主張している。われわれは，『ユーロベーシス』を使っている教師が，教室での実践にヴァーシャッフェルら (Verschaffel et al., 1999) が提案している4つの柱を具体的に導入しているかどうかを検討した (Depaepe et al., 2007)。そのために，われわれは6年生10クラス分の問題解決の授業を2時限（約60分）ずつビデオ録画した。

　録画された授業を綿密に分析してみると，学習環境の第1の柱（学習と指導内容）に関して，関連するデータと無関連のデータを区別したり，図や表を作成したりといったいくつかの発見的問題解決が頻繁に用いられていることが明らかになった。反対に，概算や確認といった他の発見的問題解決の方略は，教師によってほとんど言及されることがなかった。全体として，われわれは，実験に参加した教師たちがさまざまな発見的問題解決方法に取り組む姿を確認で

きたが，これらの方法を問題解決についての5ステップのメタ認知的方略に組み込んでいないことがわかった。さらに，教師間の差も，かなり大きいことが見いだされた。

　問題の性質に関して，われわれは，ほとんどすべての問題が子どもの経験に基づいた世界にあうような文脈の問題を与えられていることを見いだした。しかしこのことは，すべての教師が日常生活の例として課題を明確に使用し，取り扱ったということを意味するわけではない。

　ヴァーシャッフェルら（Verschaffel et al., 1999）のデザイン実験における第3の柱に関して，われわれは教師たちがさまざまな強力な教授テクニックを使っていることを確認できた。認知的徒弟制モデル（Collins et al., 1989）における指導方法を参考にして，以下の分類カテゴリーを設定した。つまりモデリング，非直接的指導，直接的指導，足場作り，明言化，熟考，探索，称賛である。クラスの構成に関しては，クラス全体の教授，班活動，個別活動，そしてこれらを組みあわせた形での構成とした。教師によって与えられる解決方略と解決過程の明言化や熟考がきわめて重要であったことは，注目に値する。これら2つの活動は，子どもの問題解決能力を確実に伸ばすものである。しかし，探索，モデリング，足場作りといった方略は，ほとんど観察できなかった。ここでも，これらの教授テクニックを使う際の教師間の違いが大きいことがわかった。参加した10人の教師のうちわずか3人しか，2時間の授業の間に班活動を用いていないことがわかった。

　最後に，子どもの算数・数学に関連する肯定的な信念を獲得することについて。10人の教師は，革新的な教室文化を創り上げるためには，授業規範をはっきりと取りあげ，それについて取り決めを行なうことで実現できることにあまり注意を払っていなかった。ビデオを分析してみると，教師が次のようなクラス規則を話している場面があった。それらは，努力のような運や才能以外の統制要因が問題解決において重要な役割を果たしている，子どもが自らの力で問題を解決することに価値がある，問題がさまざまな方法で解決可能である，といった発言である。教師の中には，問題がさまざまな方法で解決可能であるということを，まったくと言っていいほど伝えていない者もいた。他の規則は，教師によって明言されてすらいなかった。

この研究から引きだされる全体的な結論は，以下のとおりである。参加した教師の実践活動からは，かなり肯定的な傾向が見られ，これは算数・数学の問題解決の指導と学習への改善を基礎としたアプローチと一致している。しかしこの知見は，革新的な意図をもった教科書を導入して実践することが，革新的な考えを忠実に遂行することを意味するものではなかった。こうした観察結果は，教師が新しい材料を用いる際に教師が積極的役割を担っていると主張する先行研究と類似している。教師たちは，はっきりと意図しているわけではないが，彼らがすでにもっている知識，信念，経験によって革新的な考えを再解釈してしまうのである（Remillard, 2005; Spillane et al., 2002）。

4．まとめ

　本章で紹介した介入研究から，ある一定の条件下という制約はあるが，デザイン実験は，教師の指導に対して非常に革新的で持続可能な効果をもたらすことが示された。ただし，以下の条件が必要である。第1は，介入で用意すべき学習環境は，介入研究の専門家としての研究者との密接な協力関係の下で設計され，練られたものであるという条件である。第2は，実際に指導する教師たちには，学習環境を実現するための具体的な助言と援助が与えられるという条件である。これらの条件を前提にすると，デザイン実験は，教育，とくに算数・数学において理論と実践との溝を埋めるという点でとても重要な貢献をするだろう。

　しかし，教室での実践を詳細に分析した結果から明らかになったように，新奇な学習環境を導入しそれを向上させるためには，克服すべき課題がある（Berliner, 2008; Cognition and Technology Group at Vanderbilt, 1997）。そうした学習環境を多くの教師が実施する際に問題となる理由の1つは，それが教師にとって非常に高度な要求を与えており，教師の役割や指導実践の劇的な変化を必要とする点にある。教師は，唯一の情報源ではないのだから，教師自らが知識構築という学習環境の中心に位置するという立場をとらない方がいいだろう。むしろ，知的な刺激を与える環境を作りだし，学習や問題解決活動のモデルになり，思考をうながすような問いを発し，指導や助言によって学習者に支

援し，子どもに自らの学習に対する責任感を育成するようなメンバーになることである。さまざまな教師が，学習と指導のこの新しい考え方をうまく遂行するためには，かなりの専門的な資質が必要であるし，教師自身がそうした資質を獲得できるように成長しなければならない。実際，それは単に新たな教授テクニックを獲得するという問題ではなく，教師の信念，態度，心情の根本的で核心的な変化が求められる（van den Berg, 2002）。ティンパリー（Timperley, 2008）によると，教師の変化は，成功している他の実践を見聞きすることによって，自分たちの考え方を再検討するといったことをくり返し経験することで，促進されるものである（National Research Council, 2000）。最後に，学習環境を革新的に向上させることは，学習・教授研究の分野・領域を越えて，研究者たちとさまざまな専門家との相互協力という機会を与えている点で，大変重要である（Stokes et al., 1997）。

2 章

デザイン実験の課題と展望

> 2章では，デザイン実験がもつさまざまな問題を考察し，それによって子どもの学びへの介入研究がより高いレベルに達することを意図している。まず，デザイン実験とは，2つの目的，つまり，子どもの学びに関する科学的知識を構成する目的と教育実践を改革する目的を同時に達成することを狙っている。著者は，その2つを同時に追求することは，基本的には達成不可能であることを指摘する。次に，いくつもの要因を同時に操作するのがデザイン実験であるので，仮に子どもの学びの深化が達成されたとしても，それを引きおこした要因を特定できないという問題があると指摘している。このため，著者は，科学的知識の構成と実践の改革という2つの目的を同時に達成するという大前提を取り下げ，その代わりに，効果的な実践に関する理論の形成という新たな目的を加えるべきだと主張する。

> ……学校で行なわれる研究，とくに基礎研究や理論重視の研究の意義に対する教育者の懐疑的態度は，尋常ではない……。研究者自身の懐疑的態度はもっと強烈である。
> (Getzels, 1978, p.477)

> 基礎研究が提案しなければならないことを，首を長くして待つ教育実践家はいないし，それに対応する研究者もいない。じつのところ，ほとんどの実践家は，研究者に助言を求めることはほとんどなく，多くの研究者も助言を提供していない。2つの集団は，もっぱら身内で話しあっているのである……。
> (Jackson & Kieslar, 1977, p.13)

> 科学的研究は，人間あるいは社会の問題を解決し，意志を決定し，行動を行なうことを目的としてはいない。研究者は……自身が行なっている，あるいは行なってきたことの教育的示唆について考えたり，詳しく説明したりするよう求められるべきではない。
> (Kerlinger, 1977, p.6)

ゲッツェルス，ジャクソン，ケリンガーは，その時代に第一線で活躍した教育研究者である。彼らは真剣に研究を進めていたのだが，先に引用したように，自らの研究に対する実践的意義への懐疑的な態度は，実際のところ悲しい光景を作りだしている。彼らの立場は，1970年代，激動の10年が生みだした奇妙な結果というわけではない。なぜなら，類似した見解がそれまでにも，そしてその後も，他の多くの人々によって述べられているのである。他方で，少数ではあるが，もっと楽観的な人物も存在していた。ゲージは，「指導方法の科学的基礎」を明らかにすることができるし，それが教育の改善を導くという立場のもっとも積極的な提唱者であった（Gage, 1978）。

　少し誇張して言えば，20世紀という時代に懐疑主義者と楽観主義者の両方が採用したモデルは，直線的あるいは連続的モデルであった。研究者の仕事は，理論や仮説を考えだすことであり，それらを検討することであった。その研究が実を結んだ後で，その知見を適用することに興味を抱きそうな実践家や政策立案者に結果を伝えることが試みられた。とはいえ，そうならないことも多かった。このモデルとそれにともなう研究と実践との関係への懐疑的態度が妥当なものかどうかについて，ストークス（Stokes, 1997）は独創的な見解を示している。

　ストークスが提案した見解は，ケリンガーとは正反対のものであった。ストークスは，多くの重要な科学進歩は，実際には主要な「人間あるいは社会の問題」を解決するための努力の結果として生じていることを示した。彼は，牛乳とワインの酸化といった人間と社会の問題から出発し，狂犬病の治療の探索を行なったパスツールの画期的な研究を取り上げた。パスツールの業績は，「革新の連続モデル」ではまったく説明できない。というのも，彼の業績は，彼が独自に明らかにしたものではなく，それまでに解明されていた結果を実践に適用する努力によって成し遂げられたからである。科学は，日常での必要性から発展するものであり，科学と必要性とは初めから密接に結びついた不可分のものなのである。

　ストークスの主張の核心は，科学研究を例示するために表2-1のような2次元の表として表現されている。2次元の縦軸は，「実用化検討」（高・低）の次元であり，横軸は「基礎原理の追求」（高・低）の次元である。この表から

四象限ができ上がるが，その1つは，実用化検討の次元は高いが，基礎原理の追求の次元は低いという象限であり，ここに分類される代表的な人物はエジソンである。別の象限は，基礎原理の追求に関して高く，実用化検討に関しては低いというものであり，この象限に入る代表的な人物は，ニールス・ボーアである。両次元ともに低いという象限には，予想されるとおり，入る者は誰もいなかった。4番目の象限は，基礎原理の追求の次元と実用化検討の次元の両方がともに高い象限であり，この章でのテーマからは，もっとも重要である。ここに分類される代表的な人物が，パスツールである。このため，ストークスの著書のタイトルは，『パスツールの四象限』となっている。

表2-1 パスツールの四象限
(Stokes, 1997)

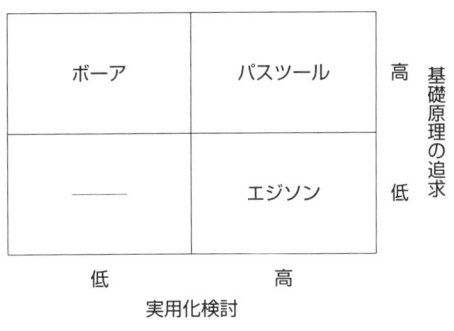

	実用化検討 低	実用化検討 高	
基礎原理の追求 高	ボーア	パスツール	
基礎原理の追求 低	―	エジソン	

　私の結論は，いたって単純である。ディコルテが1章で概説しているようなデザイン実験は，直線的なモデルとはまったく正反対のものである，ということだ。直線的モデルでは，研究者が実践者とは無関係に研究を行ない，報告する価値のある何かを見いだしたときには，その知見を実践者に伝える努力をする。デザイン実験に従事している研究者たちは，パスツールの四象限の中で多かれ少なかれ研究を行なっている。彼らの研究は，実践における何らかの問題が契機となっており，研究者と実践者の両者がそれに対して積極的に関与している。その研究には，2つの目的がある。(i) 何らかの教育的介入，実践，カリキュラムの改善などを構築する，(ii) 教育に関する知識や理論を科学的に保証することができるようにすることである。デザイン実験におけるいくつかの方法論的問題を概観した最近の報告の中で，シャベルソンら (Shavelson et al., 2003) は，このアプローチを次のように要約している。

　　デザイン実験や指導実験は，「革新的な教育環境の設計」を試みている (Brown, 1992, p.141)。そのような研究は，先行研究や理論にしっかりと基づいており，教育現場で実

践されているが，それは複雑で混沌とした教室や学校での学習が発展するために，指導と学習の理論を検証し，構築し，教授ツールを作りだすことを目指している…。

(Shavelson et al., 2003, p.25)

ゲージが，自らの研究は指導方法の基盤となっているという自信をもった背景には，デザイン実験の分野で楽観的な考えが流布していたからである，とはいえ，彼の研究はきわめて退屈なものだったのだが。

デザイン実験に従事している人たちは，実践者のためにだけ研究を行なうのではなく，研究者と実践者の双方に利益をもたらすことを期待しながら，実践者と共同して研究を進めているのである。加えて，この共同作業は，かなり複合的なものであることにも注意すべきである。このことは，小学校 5 年生の「算数問題解決のための強力な指導—学習環境」の設計を目的としたプロジェクトのディコルテによる次のような要約に示されている（この例については，フィリップスとドール (Phillips & Dolle, 2006, p.290) がより詳細に議論している）。

教室の学習環境における主要な変化は，以下の要素，つまり，学習と指導の内容，問題の性質，教授テクニック，そして教室の文化という 4 つと大きく関係している。

この複合的な研究プログラムでは，研究者とプロジェクトに参加している4クラスの教師と校長との間で定期的に検討会が開かれた。上の 4 つの要素は，授業の中で常に変化する次元であり，その中で生じる困難さを部外者が完全に把握することはほとんど不可能である。というのも，教室という現実場面で，教師や研究者が新たなテクニックを試し，それが成功したあるいは失敗したことを踏まえて新たな目標を設定しようとすると，必然的に変化が生じるからである。ボーカーツは，デザイン研究についての最近の会議でのセッションにおいて，このことを非常に適切に表現している。それは「タコとワルツを踊っているようなものだ」(Boekaerts et al., 2007)。

ここまでの私は，デザイン実験の明らかな欠点については何も触れていない。当然のことながら，楽観的な考えは罪ではなく，実際のところ，自らの研究が実践を向上させる一助となるという楽観的な考えをもつ研究者たちがいること

は，大変重要である。さらに，デザイン研究者たちは，その研究の基礎を実際の教室におき，協同研究者としての教師や学校の管理職の人々と連携しなければならないという条件も，貴重なことである。デザイン研究を行なう際にはさまざまな困難がつきまとうと指摘することは，研究領域を批判することとは違う。自然は，その秘密の探求，つまり学校の改善は簡単だという約束をしてくれてはいないのだから。それでは，この章のタイトルに書かれている守られない約束，そして無視される落とし穴とは，いったい何だろうか。

1．守られない約束

　守られない約束は，デザイン実験を研究している人たちがその中心的な信条としている説明から引きだされる。ブラウン（Brown, 1992）やコリンズ（Collins, 1992）の初期の研究から，21世紀の冒頭で展開されたディコルテ（De Corte, 2000）やディコルテとヴァーシャッフェル（De Corte & Verschaffel, 2002）の研究にいたるまで，デザイン実験の際立った特徴とは，それが「教育実践における向上と科学的知識の前進という2つの目標を同時に達成しようとしている」ことだと強調されてきた。その証拠として，私は，2人の優れた研究者によって7年前に書かれた記述に注目する。彼らは，強調するためにキーワードを斜体で表わしている。「デザイン実験は，*理論の構築と実践の革新という目的を同時に探究するためのてこである*」（De Corte & Verschaffel, 2002, p.519）。彼らは，同時に遂行される2つの研究プログラムがある，またはそれらは並行しているが別々に遂行されるものだ，ということを示唆してはいない。そうではなく，2種類の研究プログラムが一度になされうると主張しているのである。つまり，2つの機能が，1つの研究プログラムに密接不可分に組み込まれているというわけだ。

　以下で私が主張することは，本質的に異なるこれら2つの目的の「同時的探究」という不可能な目標についてである。それは，必然的にかなり異なる方向への研究となっていく。つまり一方では，プログラムや介入をより効果的なものにするためにどのように研究するかという方向となり，他方では，そこで提案された理論や発達に関わる知識を構築する方向への研究となり，異なった方

向へ進んでいく。第1の方向は，当然ながら，開発者がもっている知識や過去の経験を活用することになるのだが，それは認識論的なものというよりは，現実の場面が要求している次元にそって問題を解決しプログラムを修正するといった実際的なものである。しかし，第2の方向は，科学的なものであり，これを追求する際には「科学の認識論的要求」に合致するものでなければならない。残念ながら，こうした要求に応じようとすると，多くの研究者は第1の方向から離れてしまいがちになる。一度に2つの領域に貢献するという二重の目的をもつことは，こうして，守られない約束になってしまう運命にある。

　たとえ第1の活動がうまくいったとしても，また効果的な対処や方法が考案されたとしても，それ自体は，その成功したプログラムの背景にある仮説や理論に対して，貢献するものではない。というのも，残念なことだが，提案されたプログラムが，設計者が想定したものとはまったく異なる理由によって動いているかもしれないからである。たとえば，中世の医療では，「ヒルに患者の血を吸わせることは病人に対する効果的な治療方法である」と見なされていたが，この治療方法を考える手がかりとなった中世の医学理論が正しいわけではない。後になって，ヒルはある種の状況で効果をもつ酵素を自ら創りだしていることが明らかにされた。その時代の治療方法が誤った根拠にしたがっていたことがわかったのは，何百年も後になってからのことである。背景にある理論や仮説が正しく，ある結果が得られて，それらの理論や仮説が妥当なものであることを立証しようとすると，たくさんの要因がはっきりとしない形で関与をしている場合には，きわめて困難な課題となる。

　まったく異なる2種類の活動を並行的にまたは連続して遂行できること自体，強調しておく必要がある。このことは，フィリップスとドール（Phillips & Dolle, 2006）による例から，明らかであろう。その例とは，第二次世界大戦後に行われた超音速機X-1の開発である。簡単に紹介すると，アメリカでこの航空機を急いで開発しようとする中で，機関士やテストパイロットと航空学研究者との間に緊張関係が生じた。それぞれの試験飛行の後で，機関士やパイロットは，さらに速度を上げるために飛行機をさらに改良しようとした。一方，研究者サイドは，そんなに急がずにゆっくりと開発することが大事だとして，一度に1つの特徴を変化させて，その結果を記録すべきだと考えた。超音速機を

可能な限り早くするという機関士らの目的は,研究者らのそれぞれの変化を証明して効果を確かめ,その努力によって超音速機に関わる科学的理解が達成されるという目的とは,両立するものでなかった。最終的に,これら相容れない２つのプログラムが並行して進行されるという奇妙な和解がなされ,２種類の飛行機が製造された。1機はそれを応用する開発者やテストパイロットのため,もう１機は科学者のためのものであった。

しかし,X-1プロジェクトによって採られた賢明な道は,デザイン研究の昔ながらの支持者が心に抱いているものとは異なる。彼らは,「両方の目的が,１つの調査において同時に達成されうる」という画期的な考えをもっていたのである。

2. 無視される落とし穴

以上の考察からも示唆されるように,デザイン実験から生じる問題は大変明快である。それは,科学的方法のもっとも重要な規則の１つ,すなわち,変数は統制されなければならないという規則に矛盾しているということだ。つまり,知的な主張を構築するために仮説を検証する際には,一度にただ１つの変数を変化させるということである。というのも,もし複数の変数を一度に変化させてしまうと,得られた結果は,ある特定の１つの要因によるものだと明確に帰属させることができないからである。そのような場合,因果的な相互関係を解明しようとすることは,まさに,タコとワルツを踊ろうとするようなものである。

偉大な科学哲学者であるカール・ポパーはこのことをはっきりと述べている。彼の言う「漸次的社会技術 (piecemeal social engineer)」は,一度に１つの小さな改良をなすことであり,これは,デザイン実験を行なう研究者たちの考えとは哲学的にまったく逆の立場である。

> ソクラテスのような漸次的社会技術者は,自らがどれほど無知であるかを知っている。彼は,われわれが失敗からしか学習することができないことを知っている。したがって,彼は,予想される結果と得られた結果を比較し,あらゆる改良にともなって必然的に生

じてくる望まない結果に対して，常に目を光らせながら少しずつ前進していく。そして彼は，原因と結果の解明を不可能にし，自らが本当に実行していることをわからなくしてしまうような複雑で幅広い改良を続けることを避けるのである。

(Popper, 1985, p.305, 強調は著者による)

　デザイン実験のプロジェクトが，一度に1つ以上の要素を変化させることは，哲学的な表現を用いれば，論理的に必要ではない。極端な例で考えてみよう。1人の教師，1つの指導方法，1人の子どもに教えられる1つの項目，そしてより効果的な指導方法を創造するといったシンプルなプログラムの場合には，デザイン実験チームの実践者と研究者は，1つの要因のみを変化させることに同意できる（たとえば，あるやり方で指導方法を少し変化させる）。当然のことながら，この単純化された例では，デザイン実験は，漸次的社会技術へと簡単に形を変えている。しかし，研究者がデザイン実験を行なう現実の生活状況には，そのような単純な形はありえない。

　先述したディコルテの5年生の算数に関するデザイン研究プロジェクトの例について，もう一度考えてみよう。彼の研究は，この領域での典型と見なしうるものだ。操作された学習環境としては，子どもによる重要な算数・数学的方略の獲得および5つのステップと8つの発見的学習である。さまざまな学力の子どもが混在している4クラスが参加し，新しい問題がだされると，教師は新たなスキルを獲得しなければならず，また自らのクラスで新たな教室文化を確立しなければならない。10週間かけて20時間の授業が行なわれた。さまざまな評価が行なわれ，データが収集された。ここでは，非常に多くの要因が関与しており（その結果，1つの要因を変えるとプロジェクト全体の結果に波及し，いたるところで変化がおきることになる），時間が限られている状況（1学年はもちろん時間が決まっており，一度に1つの要素だけを変化させるゆとりはない）であり，そうした条件下でデザイン研究者は方法論的な純粋さを追求することはあきらめている。ディコルテとヴァーシャッフェルは，もちろん，この方法論上の弱点に気づいており，以下のように述べている。

　　デザイン実験は，分析的な研究によって得るものが多い。それは，たとえば，強力な学習環境が何かをはっきりさせて，それが成功につながるということをはっきりさせると

いう点から見た場合，さまざまに異なる学習環境を体系的に比較対照するような研究のことである。

(De Corte & Verschaffel, 2002, p.529, 強調は著者による)

これは，非常に重要な含みをもつ文である。というのも，きわめて秀れた2人の研究者が，デザイン実験の「科学的知識生成」の目的を達成するためには，効果的な方法やプログラムの構築といった副次的な目的は，「体系的な比較対照」のような科学的方法の原則にしたがって行なわれる「分析的な」研究の背後に位置せざるをえないと認めたからである。このような譲歩は，仕方がないかもしれない。というのも，研究が「変数を統制する」という方法論的または認識論的原則にしたがって行なわれている間は，生成されるものがどのようなものであれ，知識の創造へ貢献するという保証があるとは限らないのである（方法論的問題のより幅広い議論は，シャベルソンら (Shavelson et al., 2003) によってなされている）。先述したボーカーツと同じ会議で，ディコルテはこの譲歩を強調している。彼は，デザイン実験の4段階のモデルに興味を示したが，そのうちの1つはクラスの無作為化という方法による仮説の検証であった (Boekaerts et al., 2007)。そのようなモデルは，もちろん，デザイン実験と古典的な科学的研究との隔たりをかなり小さくするものである。

ディコルテとヴァーシャッフェルは，デザイン実験の主要な方法論的落とし穴を無視しなかった点では称賛されてよい。しかし，この気づきは，デザイン実験，あるいは少なくともそれにともなうイデオロギーの終焉を意味している。全員とは言えないが，デザイン実験を進めている他の研究者の中には，この方法論的問題に気づいているが，あまり慎重に考慮せずに進めている人もいる（この点については，フィリップスとドール (Phillips & Dolle, 2006) が詳しく議論している）。

3．未開拓の可能性

こうした方法論的な弱点があるからと言って，それは研究者が遂行している研究そのものの弱点ではない。というのも，認識論的な問題がありそうな場合

には，研究者は，あらかじめ決められた指示にしたがうというよりは，ディコルテによって示された方法を採用しているからである。結局，多くの研究者は，有能な科学探究者なのである。弱点とは，正しくは，1つのレトリックである。もし，研究者が，自らの計画に関する方法を修正するのであれば，それはデザイン実験が将来性のある発展へとつながることは，明らかである。

　ここで2つの問題が生じる。第1は，デザイン実験を行なう人が，自分たちの計画をどのように記述するかということである。第2は，その計画が教育研究に対するさまざまなアプローチの中のどこに位置するのか，ということである。

　最初の質問に対する答えは，簡単だ。「新たな知識を同時に探究する」という目的は，先に示した理由から取り下げられるべきである。しかし，研究者と実践者との協力による教育に対する効果的な方法やプログラムの創造という目的は，もちろん残すべきである。ここで，取り下げた目的に代わって，効果的なプログラムや実践などに関する仮説や理論を形成するという目的が，加えられるべきである。それが，後に厳密な研究のテーマとなる。これにより，厳密な研究を行なっている研究者が普通にしていることとデザイン実験のレトリックや信条とをたしあわせることになる。そうすることで，デザイン実験は，「パスツールの四象限」の中で研究を行なっているパスツールやその他の優れた人物の活動と十分に肩を並べられるものになるだろう。

　第2の質問に対する答えも，明らかである。社会的に意味のある教育を行なっているグループが確かに存在する。それは，ここで再公式化されたデザイン実験の（腹違いでなければ）いとこにあたる。このグループは，誰もが同意する名前はないのだが，形成的評価研究やアクションリサーチがそのメンバーだと言えるだろう。これらはともに，プログラム開発や実践能力を向上させるために，また実践者が注意を払ってきた問題の解決を支援するために，研究者が実践者とともに研究を行なっているような教育活動である。そうした活動はアクションリサーチの4つのプロセス（計画−実施−分析−評価）という点では，デザイン実験と密接に関連していることが示されている。それらには，現行の活動を改善するための計画を発展させること，その計画を遂行するために活動すること，その文脈における活動の効果を観察すること，さらなる計画とその

後の活動のための基礎としてこれらの効果をしっかりと考えることなどが含まれる。続いて次のことを強調している。「改革は与えられるものではない。改革は，提示された実践家の必要性に基づいて紹介されるのである……」(Owen & Roger, 1999, p.25)。

　アクションリサーチと形成的評価に対しては，さまざまな研究者が若干異なる説明をしているが，いずれも認識論的な目的を前面にも中心にもおいていない。ときに実りある仮説がこうした活動から偶発的に生じることもある。デザイン実験は，それを遂行している人が将来の理論や知識構築のための先駆けとなることを強調している点やそれらに関心を寄せている点においてのみ，これらの研究と異なっているようだ。

　シェイクスピアは，的確に表現している。「名前が何だというの？」(*Romeo and Juliet*〔Ⅱ,ii,1-2〕)。何と呼ばれようと，またどのような微妙な違いが存在していようと（あるいは存在しなくても），アクションリサーチ，形成的評価，デザイン実験は，教育研究者が実践者とともに教育実践における将来に向かって前進するため行ない，将来の綿密な研究にとって実り多い道を切り開くための，きわめて価値のある活動なのである。

PART Ⅱ
子どもの論理と教育実践研究

　　PARTⅡでは，子どもがどのような知識をもち，それをどのように活性化し，また問題解決の状況でどのように利用しているかについての最新の研究を紹介する。子どもが獲得している知識，問題解決に際して用いる方略，日常生活から獲得してきた豊かなインフォーマルな知識，あるいは適切な概念の獲得を妨害するようなインフォーマルな知識とはどのようなものだろうか？

　　そうした研究に基づき，算数，読解，理科などの領域を例にしてこれらの疑問を解決する方向性を指し示す研究を紹介しよう。そのために，新たな指導のプログラムを構築し，教室で実践するためのさまざまな方略を提案する。

3章

小学校における現実的数学モデリングと問題解決

　子どもは，文章題の解決に際しては，日常生活で用いる知識とはかけ離れたような知識を使う傾向が強い。たとえば，「船に26匹の羊と10匹の山羊が乗っています。船長さんの年齢は，何歳ですか」に対して，36歳と答えるたくさんの子どもがいる。日常生活の中でこうした問題が与えられたとしたら，子どもはまず36歳とは答えないが，教室という特定の文化をもった状況で与えられる数学の問題であるからこそ，こうした答えが引きだされてくるのだ。
　3章では，現実とはかけ離れている数学的なモデルを立てて解決する傾向が強力であり，それは文化や教育制度で大きな差があるにも関わらず世界共通の傾向であることも指摘している。次に，こうした傾向を除去するための介入を紹介する。その骨子は，1章で紹介したデザイン実験に基づき，日常生活の中で生じるような文脈の問題に変更し，子ども同士の討論を積極的に導入し，伝統的な教室文化とは異なる約束事を設定するという形でおこない，子どもの理解が大きく深化したことが，見いだされた。

1. 教室の中と外での数学

　数学とは，現実世界でのさまざまな領域で生じるシステムの行動を記述，分析，予測するための一揃えのツールを提供してくれるものである（Burkhardt, 1994）。数学にこうした実践的な価値があることが，昔からそして今も，算数・数学が学ぶべき重要な科目であるという理由の1つとなっている（Blum & Niss, 1991）。とくに，文章題という分野では問題の適用とモデリングが含まれているので，子どもが日常生活や仕事上で出会うさまざまな問題状況にそれらを適用する際の子どもの能力を高めることが，主な目的であるとされる。

数学的モデリングとは，日常生活における問題状況に数学を適用することである。それは以下にあげるようないくつものステップを含む複雑な過程であると考えられている（Burkhardt, 1994; Mason, 2001; Blum & Niss, 1991; Verschaffel et al., 2000）。

・問題状況を理解する
・状況に埋め込まれた関連する要素と関係の数学的モデルを構築する
・数学的モデルをとおして考え，いくつかの数学的結果を導きだす
・計算の結果を解釈する
・解釈された数学的結果が適切で合理的かどうかを評価する
・得られた解決をもともとの日常世界での問題と照らしあわせる

うれしいことに，文章題の解決過程の中にこれらのほとんどを見いだすことができる（Verschaffel et al., 2000）。
　学校で教えられる文章題は，上述のさまざまな機能があると長く信じられてきたが，その割りにはこうした機能を詳しく考えたり，重要だと考えたりすることがなかった。もちろん，一部の人々は，日常生活と算数・数学とを橋渡しする問題や，それらの問題を解決する際に含まれる複雑さに気づいていた。しかし，教師，教科書執筆者，研究者などは，重要な「橋渡し問題」など存在しないかのように，文章題を使用してきたし，今でもそのように使っている。このことは，以下の引用（トーマスによる）に，はっきりと表現されている。

> 教室でのテスト状況といったものではない日常生活の中で非数学的な状況を経験することは，とても大事だ。しかし，私たちに十分な環境と時間があるなら，解決すべき数学の中に日常生活のさまざまな側面を見いだすことができるということを伝えることができるはずだ。（中略）私たちの慣例的な指導場面（しばしば，ただ1人の子どもに教科書を読ませるなど）には限界があるものの，文章題は私たちができる最良のものである。
> (Gerovsky, 1997, p. 21)

　ここ10年〜15年の間，多くの研究者たちは，学校で教えられている文章題は，数学的モデリングや応用問題の解決に対する真の能力を発達させていないと指

摘している。その理由として以下の3つが考えられる。第1に，文章題の言語表現を言語的に細かく分析した研究から，「数学世界と日常世界とをつなぐ橋渡しとしての文章題においては，それら2つの世界が明確に分離されている」(Gerovsky, 1997, p. 22) という深刻な問題が，引きだされた。第2は，「日常認知」に関する研究から引きだされたもので，教室で教えられる数学と学校外での日常数学との間に著しい乖離があり，教室で教えられたものが学校外での状況へ転移することがきわめて困難であるという点だ (Carraher et al., 1985)。第3に，社会・文化的，社会構成主義的な理論をベースにした実証的研究から，学校での教育を受けることで，多くの子どもは，問題の文脈が与えている制約について何も考えずに，問題に含まれている数だけを使って演算を行なうといった形で問題を解決するようになる (Boaler, 1994; Lave, 1992; Nesher, 1980; Russer & Stebler, 1997; Schoenfeld, 1991; Verschaffel et al., 2000)。文章題は，本来であれば，真の数学的モデリングを構築し子どもの発達をうながす手段であるべきなのだが，これらの理由から懐疑的な考えが引きだされたのである。

　本章では，ルーヴァン大学の研究センターでわれわれが展開してきた研究に焦点をあてながら，前述の第3の点を簡単にレビューし，議論していく (Verschaffel et al., 2000)。まず，文章題を解決する際の「意味づけの停止」という現象を報告する。次に，観察された効果を説明する。その際，モデリングという観点が実際の教室場面に導入され検証された，最近のいくつかのデザイン実験についての大まかな概観から説明する。最後に，数学的適用とモデリングの指導に関する今後の課題について考察する。

2．子どもにおける意味づけの欠如

　十数年前，われわれは学校での文章題を解決する際に子どもが示す「意味づけの停止」について，アイルランドとベルギーのフランドル地方で最初の研究を行なった (Greer, 1993; Verschaffel et al., 1994)。われわれの出発点は，この現象についての顕著な証拠としてよく引きあいにだされる以下のような問題を使った研究である。

- 18世紀にフランスやドイツの研究者が用いた「船に26匹の羊と10匹のヤギがいます。船長は何歳ですか」という問題（Institute de Reserche sur l'Enseignement des Mathématiques de Grenoble, 1980; Radatz, 1983）。
- アメリカで用いられた「1台の軍用バスに36人の兵士が乗ることができます。1128人の兵士がトレーニング場にバスで行くとすると，何台のバスが必要ですか」という問題（Carpenter et al., 1983）。

さらに，11歳から13歳の子どもに上の問題とともに以下に示す問題などを解いてもらった。

- スティーブは，2.5 mの板を4枚買いました。買った板から1 mの板が何枚作れるでしょう。
- ジョンの100 m走のタイムは，17秒です。ジョンが1 km走るのに，どのくらいの時間がかかるでしょう。
- ブルースは，学校から17 km離れたところに住んでいます。アリスは，同じ学校から8 km離れたところに住んでいます。ブルースとアリスの家は，どれだけ離れていますか。

　これらの問題は，問題に隠されている基本的な数学的操作を適用するのではなく，日常世界の知識を基にして判断を要求するという意味で，「問題のある問題」（P）と名づけた。答えを口にだして言ってもらい，それを録音し，さらに子どもは自らの解答に対する説明や批評を求められた。P問題から予想される決まりきったやり方で解答した場合，それを非現実的解答（NR）と名づけた。子どもの答えが日常場面を考慮していると考えられるようなものであったり，子どもがモデリングの複雑さに気づいていることを示唆するような説明が解答に加えられたりしていたら，それらを「現実的解答（RR）」と名づけた。RRの例として，板のP問題について，（10ではなく）「8」という（現実的な）解答を行なった子ども，あるいは10と解答したが「スティーブは残りの0.5 mの部分をつながなければならない」というような説明を加えているものがあった。2つの研究から，子どもは，問題解決に際して日常世界の知識や現実的思

考を排除する傾向があることが示された。たとえば，ヴァーシャッフェルら（Verschaffel et al., 1994）の研究で見いだされた3つのP問題におけるRRの割合は，きわめて低くそれぞれ，14％，3％，5％であった。

その後は，同じ方法とほとんど同じ問題を用いて，他のいくつかの国（たとえば，日本，チリ，中国，ドイツ，スイス，オランダ，ベネズエラ）でも，追試が行なわれた。得られた結果は，驚くほど一致しており，国による差がほとんどなかった（Verscaffel et al., 2000）。アイルランドやフランドル地方の「悲惨な」状況は，自分たちの国の子どもにはあてはまらないだろうと予想していた各国の研究者たちを驚かせ，また落胆させるのに十分であった。

いくつかの追跡調査では，さらにこの現象を理解するためにさまざまな要因の効果が検証された。第1に，ある研究では，「問題のある問題」が含まれているということを，問題を与える前にはっきりと警告し，その効果を検証した。しかし，この種の実験的操作は，現実的な解答の数におけるわずかな増加が得られただけであった。たとえば，吉田ら（Yoshida et al., 1997）の研究では，そうした警告をしたにも関わらず，RRの割合は15％から20％に増加したのみであった。デフランコとクルシオ（DeFranco & Curçio, 1997）は，有名なバス問題についての子どもの解決方法と，日常生活での場面，つまり子どもが遠足のためのミニバンを予約するために電話をかけるというような問題文脈との成績とを比較した。子どもに警告を与えた吉田らの研究とは違って，問題解決場面の日常性を高めるような操作は，有意義な方法で問題を解決する子どもの傾向を有意に大きく向上させた。実際，デフランコとクルシオの研究では10％から80％にと大きく向上していた。

他の研究では，上述したP問題に子どもが解答した後，彼らに個別に面接を行なった（Caldwell, 1995; Hidalgo, 1997; Inoue, 2001; Reusser & Stebler, 1997）。これらの面接で，多くの子どもは，何のためらいもなく非現実的解答（NR）で答えたことを認めた。「そんなことはわかっているけど，算数の問題にそれを入れることは，まったく考えなかった。算数は，そういうものじゃないし。算数は正しく計算するもので，正しく計算する以外のことは，考えなくてもいいんだ」（Caldwell, 1995）。他に，次のような回答例もあった。「その難しさについては考えたけど，いつもどおりに計算することにしたんだ。（どうして？）

問題を解く方法を見つけなくちゃならなかったし，それがうまくいくただ1つの方法だったから。正解でしょ？」(Reusser & Stebler, 1997)。

　これらの回答から，子どもが典型的な学校場面で文章題を解くときに，決して意味づけをしないようにしているのは，彼らが認知障害や精神障害ではないことの証であろう。ショーエンフェルト（Schoenfeld, 1991）が示したように，突拍子もない解答をした子どもは，非常に深い意味づけを与えていた。「学校教育という文脈においては，そのような行動は良い成績を修めたり，葛藤を最小限にしたり，社会的に適応するというような称賛につながる，一連の信念や行動が構築されていることを表わしている」。

3．（伝統的な）算数・数学教育における説明を求めて

　ここから，次の質問,「学校の算数文章題に対する子どものこうした信念や方略はどのように発達するのか？」という疑問が引きだされる。直接的で明示的な指導をしたことで，こうした信念や方略が発達するのではない。むしろ，学校文化の中で算数という授業を受け続けることにより，ゆっくりと発達してくるものである。別の言い方をすれば，文章題についての子どもの反応は，「教授学的契約」（Brousseau, 1997）や「社会・数学的規範と実践」(Yackel & Cobb, 1996) を知覚し解釈することから発達すると言える。それらの中のあるものは，はっきりと述べられることもあるが，主には暗黙のうちに，算数・数学の授業でどのように振る舞うか，どのように考えるか，教師とどのようにコミュニケーションするかなども子どもに伝えているのである（Lave, 1992）。

　こうして教室文化は，主に，現在の教育場面に見られる2つの側面によって獲得されているようである。つまり，（ⅰ）与えられる問題の性質，（ⅱ）これらの問題に対する教師のとらえ方と扱い方である（Verschaffel, et al., 2000）。

　まず第1の要因である与えられる問題の性質について考えてみる。さまざまな国で発行されている教科書に載っている文章題を調べて見ると，とくに小学校の低学年において，以下のような特徴があることが明らかになった。

・意味的に乏しく，ステレオタイプ化された言語表現で表わされる。

・計算するための演算操作を見いだすのに役立つキーワードやヒントのようなものを含んでいる。
・絶対に解決可能である。
・関連しない情報は含まない。
・問題文以外に，追加情報を必要とすることがなく，それを求めることは認められてさえいない
・ただ1つの正確な答えを要求する。
・問題を解くのに数分以上要求されることはめったにない。
・問題文で表わされている出来事については，子どもの日常世界の知識と一致しない前提を含むことさえある。

　もし教科書の問題にこうした特徴があれば，意味づけの欠如を反映するような文章題解決についての方略や信念を，多くの子どもがゆっくりと確実に発達させているとわかっても，驚くことではない（Reusser & Stebler, 1997; Verschaffel et al., 2000）。
　子どもの信念や方略の発達に関する第2の要因は，これらの問題を教師がどう認識し，どう扱うかである。ヴァーシャッフェルら（Verschaffel et al., 1997）は，この点に関する研究を行なっている。彼らは，教員養成課程の大学生に一連のP問題に対して（架空の）子どもがだした4種類の解答を，「完全に正しい」，「一部正しく，一部間違い」，「完全に間違い」のどれかで評価するように求めた。各P問題に添えられていた4種類の答は，典型的な非現実的解答と合理的な現実的解答のいずれも含んでいた。驚いたことに，この将来の教員たちは，P問題に対する子どもの現実的な解答よりも非現実的解答に対してかなり肯定的に評価していたのである。

4．モデリング・パースペクティブの適用

　前述した理論的・実証的研究を基にして，子どもの数学的モデリングや問題解決の力を高めることを目的とした教授プログラムを開発，実施，評価するというデザイン実験が展開されている。その例としては，オランダのフロイデン

ソール研究所の研究（Gravemeijer, 1997参照），新しい情報テクノロジーを使って日常文脈と算数・数学の問題解決とをつなげたCTGVのジャスパープロジェクト（Cognition and Technology Group at Vanderbilt, 1997），レエーとシャウブル（Leher & Schauble, 2000）によるモデリングアプローチに基づいた年少の子どもへの算数と理科の指導のための実験的カリキュラム，小学校高学年における現実的数学モデリングと問題解決の指導を目的としたデザイン実験（Verschaffel & De Corte, 1997），およびヴァーシャッフェルらによるその研究の大規模な追跡調査（Verschaffel et al., 1999）などがある。これらすべての実験的プログラムには，共通した以下のような特徴がある。

- 通常の教科書にあるような問題ではなく日常場面を反映した問題を使うこと。そうした問題には，日常の複雑なモデリング課題が含まれる（問題を形式化する必要性，実際の日常的な文脈の探索と適用，使用すべき道具の選択，他の仮説や対立するモデルの検討，正確さの度合いの決定，結果の解釈と評価など）。
- さまざまな指導方法と学習者の多様な活動を導入している。ここには，モデリングの過程，少人数での活動，クラス全体での討論などが含まれる。ここで重要視しているのは，確立された数学モデルを提示したり繰り返したりすることではなく，モデリングとはいったい何かということを実証し，明確に示し，考察することである（Mason, 2001）。
- 教室の新しい文化作り。新しい教室文化を導入することで数学的モデリングに対してより適切な考え方や適切な信念を発達させやすくなる。

　日常世界の知識が利用されないことや，文章題を解釈する際の意味づけの欠如を報告している前述の研究の結果と結論をベースにして，ヴァーシャッフェルとディコルテ（Verschaffel & De Corte, 1997）は小規模の介入研究を行なった。その研究の目的は，数学的モデリングや問題解決における日常世界の知識の役割に関する子どもの概念を変容させ，より現実的な数学的モデリングを発達させることであった。介入を行なった教室では，文章題は日常的な数学的モデリングの練習であることをはっきりと教える教室文化を重要な目的とした。

統制群となった2クラスでは，通常の算数カリキュラムが与えられた。実験群となったクラスの子どもは，2時間半からなる指導・学習ユニット（TLU）を5ユニット分，3週間にわたって教えられた。それぞれのユニットは，現実的なモデリングをするとなると問題となるような文章題を用いた。たとえば，余りのあるわり算問題の結果の解釈（TLU-1），単純なたし算やひき算では解決できない結合・分離に関する問題のモデリングと解決（TLU-3），直線的比例の推論を基にした解決ができる場合とできない場合とを区別するための学習（TLU-5）であった。以下，例としてTLU-1の最初の問題を示そう。ここでは，軍事行動をしている300人からなる連隊の問題に関して異なる文脈の4種類の問題が用いられた。どの問題でも，常に同じ数学的操作（100：8という操作）を行なうことになるが，文脈に合致した答えをだすためには，問題毎に異なる解釈が必要であった。以下の4問に対する答えは，それぞれ，13，12，12 1/2，4である。

・100人の子どもが海辺でサマーキャンプをするため，ミニバスで移動します。1台のミニバスには，最大で8人の子どもが乗れます。何台のミニバスが必要でしょう。
・スポーツ用具が入った大きな箱がいくつかおいてある体育館に子どもたちが集まっています。この箱を運動場に運びださなければいけません。1つの箱を運ぶのに，8人の子どもが必要です。100人の子ども全員が協力した場合，一度に何個の箱を体育館から運動場に運びだせるでしょう。
・子ども達は1日中運動をして，とてもお腹が減ったので食堂に集まりました。コックが100リットル分の食べ物を8個の大きな入れ物に用意しました。その入れ物にはぎりぎりいっぱいまで食べ物が入っています。それぞれの入れ物には，食べ物が何リットル入っていますか。
・食事の後，100人の子どもたちは運動をするために8人1列で並ぶことになりました。最大数の列ができたとき，何人の子どもが残りますか。

　介入研究での指導方法は，従来の算数の授業でのやり方とはかなり異なっていた。まず，さまざまな学力の子どもが混ざった小グループが，最初の問題に

取り組んだ。その後クラス全体で討論をし，それから再びグループへの割り振りを行なった。クラス全体の討論では，答えと解決過程，いろいろなグループがだしてきた追加の検討事項が比較検討された。その後，各グループには，新たな問題が2問〜4問与えられた。これらの問題には，最初の問題と同じような複雑なモデリングをもつものともたないものとがあった。ここでのグループへの割り振りもまた，クラス全体での討論後に行なわれ，最後に，子どもは，もう一度TLUに関連したモデリングの困難さをもつ問題に個別で取り組み，この個別の課題に対する子どもの答えも，また後のクラス全体で討論された。

　プログラムの第3の特徴は，新たな教室文化を作りだすことであったが，そのために，それまでの教室の指導とは違った社会・数学的規範をはっきりと取り決め，慎重に計画を進めた。問題に関わる規範としては，良い問題とは何か，良い解答とは何か，良い解決手順とは何かといったことである。たとえば，問題を解決する方法は，1つではなくいろいろありうる。問題によっては，正確な数を求めるよりは大まかな概算が良い解答となるなどである。教師や子どもの役割に関する規範としては，たとえば，クラス全体が，ある子どもが提案したさまざまな解決について多様な点から議論をし，それぞれの解決に対する評価を行ない，どれが最適であるかを決定することなどがある。

　効果を調べるために何回かに分けてテストを行なったが，テストでは，問題のあるモデリングに関わる新たな文章題10問（半分はTLUの中で扱われた問題に似ており，残りの半分はまったく別の問題）を使った。事前・事後・保持のそれぞれのテストで，実験群のクラスと統制群2クラスとを比較すると，実験群の子どもは，文章題の現実的モデリングと解釈に関して事後テストや保持テストで成績の明らかな向上をもたらしたが，統制群ではそのような向上は見いだされなかった。さらに，この効果は，事前・事後テストだけでなく，転移テスト（近い転移と遠い転移）でも見いだされて，介入後数週間たってから行なわれた保持テストにおいても維持されていた。

　全体として，このデザイン実験の結果は，本章の冒頭で紹介した他の研究で見いだされた結果と一致していた。このことは，注意深く選ばれた文章題の使用と，高度に相互作用がある指導方法および新たな社会・数学的な授業規範の導入とを組みあわせるといった新しい学習環境を提供することによって，子ど

もは，数学的問題解決の能力を明らかに向上させうることを示している。まとめてみると，これまでの研究を全体としてレビューしたニスの言葉がもっとも適切だろう。「適用とモデリングの能力は，学習されることがはっきりしてきたが，そのためには努力，課題の複雑さ，必要な時間，従来の意味でのシラバスの削除などが考慮されなければならない」（Niss, 2001, p.8）。

モデリングアプローチは，多くの国で算数・数学，とくに小学校ですでに実行されつつある。しかし，ニス（Niss, 2001）によれば，真のモデリングを見とおした活動は，国際的に見れば，算数・数学教育の日常の実践においては，まだ少ないというのが実情である。彼は，いくつかの障害を指摘している。（i）このモデリングという観点を日常実践にもち込むことに抵抗が強いこと，（ii）このモデリングアプローチは，教師に数学的・教育学的・個人的な高い要求を与えているということ。

5．モデリング・パースペクティブの約束と落とし穴

モデリングの観点を実際に導入しようとする際には，困難や問題が起きてこないようにすることを考えておく必要がある。

まず，第1の重要な問題は，問題の性質に関してである。教師は，応用問題とその解決をより日常に起きやすいものにする，つまり，問題を学校外の日常で起こる状況に近づける努力をすることが必要だ。応用問題で日常性を強調することは，パンドラの箱を開けるかもしれないという示唆がある。ある研究者は，応用問題を解く際には，「現実を参照する」際に「最適な」度合いを決めることがいかに複雑であるかを警告している。たとえば，イギリスで行なわれた全国テストの問題（およびその採点システム）に対するクーパー（Cooper, 1992）の批判的分析を考えてみる。以下のエレベーター問題について考えてみよう。「あるオフィスビルのエレベーターには，『このエレベーターの最大収容人数は14人です』と表示されています。朝のラッシュアワーには，269人がこのエレベーターで上に上がります。全員が上に上がるためには，このエレベーターは，何回上に上がる必要がありますか」。

クーパー（Cooper, 1992）は，この問題を出題者が意図するとおりに「正し

く」解答するための必要なメタ的な思考を示すフローチャートを書きだしている。そのチャートでは，わり算の結果を次の整数に切り上げなければならないが，日常世界を考えてみると，たとえば，エレベーターは，上に行ったり下に行ったりするときに，完全には満員にならないことや，乗客の中に車イスを利用している人がいるかもしれないといったことは，出題者の意図ではないという条件を設定した。こうした困難は，議論が不可能であるような状況（たとえば，子どもが1人で教科書の問題を解いている場合や，きわめて重要な試験など）で文章題が提示される際には，大変深刻になるだろう。しかし，議論や話しあいができるような状況では，モデルの抽象性と正確性に関する問題は，指導上の困難と見なされない。むしろ，われわれが，真の数学的モデリングを実施する際に，子どもに慎重に判断しなければならない必要な部分と見なすことができる。

　第2の重要な問題は，現実的モデリングという観点を導入すれば，従来の文章題を使わなくなるのではないかという疑問である。従来の文章題を解決する場合，その問題のカテゴリー（たとえば川の流れの問題）を同定してから，解決するといった過程を経由するので，多くの人は，伝統的な文章題による指導を除外するべきではないと主張している。たとえば，たし算，かけ算，正比例，不均等分割などといったカテゴリーは，非常に強力で，さまざまな状況に適用可能であり，小学生であればこれらの枠組みをうまく使えるようになることが重要である。そのためには，さまざまな教授目標をもった多様な応用問題が与えられるべきである。あるときには，それらは，主に数学的操作と典型的に「きれいな」モデル化された状況とを関連づけるために用いられるかもしれないし，別のときには日常世界の状況を数学的モデルに関連づけたり，現実と数学との複雑で微妙な関係を熟考したりする訓練として，用いられるかもしれない。しかし，このことから以下の指導上の疑問が引きだされる。つまり，2種類の問題をどの程度の割合で導入すればよいかという疑問である。両方が混ざった問題解決の授業を行なった方がよいのか，それとも明確に分けるべきなのか。もし分ける必要があるとすれば，教師はさまざまな種類の文章題やそれにともなう公式と課題要求を，どのように子どもに伝えるべきなのか。

　第3の重要な問題は，モデリングという観点にしたがって算数・数学の応用

問題による指導および学習は，すべての子どもに対して与えられるかということである。モデリング過程の多段階的，多次元的で非直線的な性質を考えると，年長のより経験を積んだ子どもにのみ通用する活動としてとらえられることが多い。しかし，ウシスキン（Usiskin, 2007）が主張しているように，「数学的モデリング」過程についての定義では，高次の数学は必要としない。実際われわれは，数学的モデリングを，日常的問題解決と名づけられるようなものと同じような意味だと考えている。こうなれば，モデリングが，年長のより経験を積んだ子どもだけに限定されるものではなく，小学校1年生から始めても構わないということになる（Greer et al., 2007）。さらに，「批判的数学」の領域において活動しているカイテル（Keitel, 1989）やムコパダヤとグリアー（Mukhopadhyay & Greer, 2001）といった研究者は，個人の能力の向上と社会の向上の両方のために，モデリングという観点をすべての子どもに実施することを強く主張してきた。ムコパダヤとグリアーによると，この「政治的側面」は第3の視点と見なされうるものであり，それによると，一般的な数学教育，とくに数学的モデリングの学習と指導は，（純粋に）認知的で社会文化的な観点に基づき，批判的に分析されるべきである。この政治的側面に関連して，モデリングという観点をすべての子どもに導入する最大の理由は，それが多くの人にとって「社会的問題や政治的問題を分析するツールとして数学を使用する際にも，批判的に考えること」に役立つからである。明らかに，算数・数学教育者が，このモデリングという観点をより大きな規模で採用して，すべての種類の技術的，社会的，文化的問題や現象に意味づけを行なおうとする際に，子どもが自らの個人的な経験をもち込むことが許されるようになると，ジェンダーや社会的階級，民族の多様性の点について，すぐに必然的にこうしたさまざまな経験と遭遇するだろう（Boaler, 1994; Cooper & Dunne, 1998; Tate, 1994）。この点についてムコパダヤとグリアーは，次のように主張している。問題の文脈とそこから引きだされるさまざまなことに注意しながら，子どもにモデリング活動を行なわせることは，算数・数学離れやその権威離れを防ぎ，彼らの日々の生活や社会において重要な問題を分析するための，強力な個人的なツールとして適切な数学を身につけさせるために重要である。

［付記］
本研究は，ベルギー ルーヴァン大学研究費 GOA助成金 2006年1月「数学教育における適応的熟達化の発達」より一部援助を受けている。

4 章

知識の構成を支援する教授介入
──算数文章題の解決──

　算数の計算は正しくできても，文章題（応用問題）の解決は苦手であるという子どもをよく見かける。どのようなことが障害となって算数文章題が解けないのだろうか。また，子どもが不得手とする文章題を適切に解くためには，どのような教授介入を必要とするのだろうか。
　4章では，まず，算数文章題を適切に解くために必要な知識を明らかにする。それらは，文章で記述されている意味内容を理解するのに必要な言語的な知識，当該の算数文章題のテーマに関する論理数学的な知識，ならびに計算を正しく実行する知識である。そして，言語的な知識と論理数学的な知識を統合し，文章題を理解するためのスキーマ（構造化された知識）を構成することが，文章題の解決には必要であることを示す。
　また，算数文章題を適切に解くためには，スキーマを活性化して活用できる状態にしておかなければならない。問題解決時に活用できる知識の状態を知識の構成と呼ぶ。それゆえ，算数文章題を適切に解くためには，子どもの知識構成を支援する教授介入を必要とする。本章では，算数文章題や転移課題（他の算数文章題）を適切に解決するための知識構成を支援する方策として，コンピュータ利用とメタ認知方略（具体的には，自己説明）による教授介入を行ない，算数文章題と転移課題の解決の促進をみる。

1．知識の構成による問題解決

（1）情報処理アプローチと知識の構成

　心理学における情報処理アプローチは，ヒトの情報処理過程を科学的に理解する方法として，認知心理学では古くから採用されてきた。すなわち，情報処理アプローチとは，ヒトの頭の中で行なわれるさまざまな心的活動──記憶や

思考など——を情報処理システムにおける営みとして理解し，情報処理システムの営みを科学的に分析して吟味し，心的活動の特徴を明確にする接近法である。

ヒトの情報処理システムを構成している基本的な要素は，通常，情報の貯蔵システムと各貯蔵システムをつなぐ情報の処理過程からなる。情報の貯蔵システムは，基本的には感覚記憶，短期記憶（short-term memory, STM），並びに長期記憶（long-term memory, LTM）で構成されている。また，情報の処理過程は，感覚記憶からSTMへ情報を転送するときの注意過程，STMからLTMへ情報を転送するときの符号化過程，およびSTMやLTMから情報を再現するときの検索過程からなる。以下では，ごく簡潔に，情報の各貯蔵システム並びに処理過程の特徴を説明しよう。

感覚記憶は，目や耳の感覚器官をとおして入力された情報すべてが瞬時に貯蔵されるシステムである。貯蔵された情報の中で，注意された情報のみがSTMに転送される。教室で先生の話を聞いていない場合は注意過程が作動せず，情報はSTMに転送されない。先生の話を聞いたり黒板に書かれたりした内容を理解する過程において，提示された情報の中から授業内容に関連する適切な情報を選択しSTMに転送することは，注意過程における重要な処理である。

通常，学校教育において主要とされる貯蔵システムはSTMとLTMである。STMは，一度に貯蔵される情報の容量に制約がある。たとえば数字一けたを1単位の記銘の容量とするとき，通常7±2単位が大人のSTMの容量といわれている。また，最近の研究では，STMを単に情報の貯蔵のみに限定したシステムと見なさず，貯蔵された情報を操作したり処理する機能を付加することにより，STMのシステムをより拡大して理解しようとする傾向が見られる。この場合，情報の貯蔵システムとしてのSTMと区別して，作業記憶と呼ばれる。作業記憶は，STMの概念をアクティブにとらえ直し拡大した概念であるといえる。

作業記憶は一時的に貯蔵された情報を使って作業を行なうことから，暗算や文章理解の活動と直結する。また，操作の過程で，LTMから知識を検索して当座の課題の要求に対応することもある。それゆえ，作業記憶を使う課題遂行においては，課題によって遂行が困難をこうむる場合がある。作業記憶におい

て課題遂行が困難となるのは認知負荷による困難である（Sweller, 1999）。作業記憶の容量はSTMの容量以上に制限され（Cowan, 2005），複雑な課題は大きな認知負荷を与えると言える。

作業記憶の認知負荷については，3種の負荷が知られている（Paas et al., 2003a; Paas et al., 2003b）。1つは内的な認知負荷と呼ばれるものである。この負荷は学習材料の概念的な複雑性に関連する負荷であり，やさしい学習材料はそれほど認知負荷がかからず，複雑な学習課題ほど認知負荷が大きい。この認知負荷は学習者の先行知識が豊富な場合や，学習が進む過程で形成される知識構造（スキーマと呼ばれる）に結合されることで軽減されるようになる。2つめとしては，授業中に発せられる授業内容とは直接かかわりのない冗長な情報（たとえば，教師のおしゃべり，教科書に記述されている解法とは関連のない挿絵ほか）も，その処理には認知負荷を必要とする。この場合の認知負荷は，課題の本来の目的を遂行する場合に不適切な影響を与える負荷である。3つめの認知負荷は，1つの課題を処理するときの処理の深さや精緻化に関わる負荷である。すなわち，課題を表面的に処理する浅い処理よりも，学習課題の意味に言及し意味を理解するために処理に工夫を加えた深い処理の方が，認知負荷はより必要とされる。しかしながら，このような意味での認知負荷は，課題を処理するときに使用される場合により多くの認知負荷が必要なだけで，処理された後の知識の構成の観点から見ると，その後になされる処理は体制化された知識を処理するためにより容易になり，結果的に認知負荷は小さくなるといえる。このように，認知負荷の観点から作業記憶の負荷を見ると，学校教育では，内的認知負荷をうまく管理し，冗長な認知負荷を最小限に抑え，深い処理に関わる認知負荷を促進することが求められることがわかる。

さて，限られた容量でかつ忘却の源であるSTMからLTMに情報を転送する場合に，符号化方略が使用される。符号化方略の重要な操作として体制化方略が知られている。STMに貯蔵された情報をLTMに転送するときに，LTMで構成されている知識の構造に容易に取り込めるように情報を体制化すると考えてよい。一般に，情報の体制化は符号化方略の1つであり，スキーマに情報を取り入れること，あるいはスキーマが形成されていない場合に新しいスキーマを構成することを意味する。

LTMは多様な知識の宝庫であり，それらの知識は長期間貯蔵されると考えられる。たとえば，米国の高校生や大学生が，スペイン語を学習した後，スペイン語をその後使用することなく約50年が経過しても，英語の単語からスペイン語の単語を再生させたりスペイン語の単語から英語の単語を再生させると，4割近くを正しく答えたとの報告がある（Bahrick, 1984）。

　LTMに貯蔵される知識のタイプには，宣言的知識と手続き的知識が知られている。宣言的知識は「SはPである」といった真偽の判断が可能な出来事，事実，あるいは概念の知識で構成される。また，手続き的知識は「もし…なら，…しなさい」といった「条件─行為」の連鎖からなる知識である。算数の公式や概念の知識は宣言的知識の例であり，四則計算についての知識は手続き的知識を意味している。

　LTMでは，符号化方略により体制化された情報を関連する既有の知識を総動員して統合し，適切なスキーマが構成される。スキーマとは，他の対象や概念を容易に認知できる知識構造である。私たちが本を読めるのも，何年もかけて獲得して構成された多くのスキーマによる。不適切な文字の詳細を無視し，適切な情報のみを選択する。また，単にアルファベットの文字に関するスキーマをもっているだけでなく，単語を構成する文字の結合から，句や文を形成する単語の結合に関するスキーマをも貯蔵している。

　スキーマは単に個々の知識の構造を意味するということで重要であるだけでなく，さまざまな経験をとおして形成される知識の構成にとっても本質的である。すなわち，知識の構成を知識の再構造化ととらえるとき，当該の知識の領域に関係する知識の量の変化に加えて，知識の組み換えや部分的な修正に見られる知識の質的な変化による知識の再構造化，すなわち知識の構成が生じることがある。このような知識の構成の基礎にスキーマがあるといえる。

　LTMに貯蔵された知識は，必要に応じて検索される。学校教育における情報検索は，一般的には教師による質問やテストをとおしてなされる。LTMにおいて質問やテスト問題に関して適切なスキーマを構成しているとき，子どもは教師による質問等に的確に答えることが可能であるといえる。

(2) 知識の構成による問題解決

　それでは，知識の再構造化としての知識の構成はどのようにして生じるのであろうか。1つは，宣言的な知識の増加による。子どもは成長するにつれてさまざまな経験をする。授業をとおして，仲間とのコミュニケーションをとおして，さらには子どもの保護者，地域コミュニティー，あるいはメディアとのかかわりをとおして，子どもはさまざまな事実や出来事に関する知識を統合することで自己の論理を組み立てる。これらは，子どものもつスキーマを豊かにするといえる。また，学校における教授による知識の構成も——知識の構成に関しては困難な作業ではあるが——指摘できるだろう。授業の過程で，以前に構成していたスキーマでは説明できない事態を学習したとき，あるいは新しい情報を取り入れるときに適切に統合できないとき，自らのスキーマを組み替え調節することとなる。このような経験が知識の構成を生みだすといえる。以下では，算数文章題解決を例に取り上げ，知識の構成による問題解決を見よう。

　算数文章題の解決過程は，一般に与えられた文章（問題文）を読んで内容を理解する過程と，理解した内容に基づいて問題を解く過程という2つの過程からなることが知られている (Hinsley et al., 1977; Kintsch & Greeno, 1985; Mayer, 1985; Paige & Simon, 1966; 多鹿・石田, 1989)。これらの2種類の過程は，さらにおのおの2つの下位過程に区分できるであろう (Mayer, 2008; Mayer et al., 1991)。すなわち，内容の理解過程は，問題文を読んで各文の内容や記述された算数の事実的知識を理解する変換過程（translation process）と，変換過程において構成された文単位の個々の心的表象を統合し，問題状況について意味のあるスキーマを作りだす統合過程（integration process）に区分される。また，解決過程は，統合過程で構成されたスキーマに基づき，適切な方略を適用して数式を作るプラン化過程（planning process）と，プラン化過程で作られた数式を計算する実行過程（execution process）に区分できる。

　このように4種の下位過程に算数問題解決過程を同定するとき，これまでの研究から，知識の構成にもっとも直接的に関与する下位過程は，問題の統合過程であるといってよい（多鹿, 1996）。知識の構成は，既有知識と当該の問題内容に関する知識とを統合し，問題解決に適切に結びつくスキーマを構成する

ことであり，先述の下位過程では知識の統合過程での作用であるといえる。たとえば，石田・多鹿（1993）は，算数文章題の解決過程の4つの下位過程に対応した問題文を構成して小学校5年生の子どもに解いてもらった。その結果，子どもは，算数文章題の解決過程における統合過程に対応した問題を解くのがもっとも困難であることが明らかになった。また，多鹿ら（1994）は割合の文章題を使用し，統合過程の成績が高い場合に高い正解を得ることを示した。2つの数について，一方（A）が他方（B）の何倍にあたるかを表わした数（P）を，Bに対するAの割合というが，割合の文章題では，2つの数の関係を理解することが問題統合にとって必須の条件である。そこで，2つの数の関係を表現した文（関係文）をどの程度生成できるか，また2つの数の関係を適切に線分図表現できるか（線分図を生成できるか）を見たところ，関係文や線分図を適切に生成している子どもは，割合文章題を正しく解決していることがわかった（たとえば，Ishida & Tajika, 1991）。

　このように，問題の統合過程において，既有の算数問題解決の知識と解決を求められた算数文章題の問題理解のための知識とを統合し，問題解決に向けたスキーマを構成することが必要とされる。知識の構成とはこのような知識統合を意味するといってよい。子どもが算数文章題を解決するとき，子どものもつ既有の算数問題解決の知識と問題の理解に関わる知識とを統合し，問題解決に結びつくスキーマを適切に構成させる手立てを指導すれば，算数文章題の解決は容易となるであろう。

2．問題解決を育むコンピュータ支援

(1) コンピュータ支援による教授介入

　最近のコンピュータ技術は，ネットワークを介して知識へのアクセスを増やし，遠隔地に住む他者とのコミュニケーション手段として利用され，また学校においては学習を促進する手段として利用される重要なものとなってきている。学校教育におけるコンピュータ支援に関しても，コンピュータ技術の進歩にともない，古典的なCAI（computer-assisted instruction）などによる教授介入から，教育支援システムとしてのITS（Intelligent Tutoring System）を

へて，今日では対話的な学習環境を構成する手段としてのコンピュータ利用がなされている。小学校におけるコンピュータの普及に関して，1人1台とはいかないまでも，最近では1クラスの子どもたちが同一の時間に1人ずつ利用できる程度に導入されてきた。

ところで，ITS とは，コンピュータからの問いに対して学習者が解答を入力すると，適切なアドバイスを行なうことによって正答に導いてくれる教育支援システムであり知的個別指導システムである。ITS は1980年代に日本においても盛んに開発された。ITS は教授対象の知識を表現し学習者モデルを内部に構築しており，CAI のもつ弱点をカバーする機能をもっている。ITS は，内部の学習者モデルを利用して学習者の意図を把握し，適切なアドバイスを行ない，学習者がエラーをおかした場合に，エラーの原因を推定して学習者の理解状態をモデル化する。このことから，学習対象となる問題を十分に分析し，学習者のエラーに応じたアドバイスをあらかじめ準備しておくことが必要である。ただし，ITS はあらゆる可能性を分析しておくことは実際には困難であるため，ごく限られた範囲の問題にしか適用できない。しかしながら，従来の CAI に比べて学習者の理解状態に応じてきめの細かい指導ができるということから，知的 CAI システムと呼ばれている。

本節で紹介するコンピュータ支援による教授介入は ITS によるものではない。学習者モデルを作ることは容易ではない。そこで，割合の文章題の学習時に，問題解決過程の統合過程における知識統合を容易にするためのコンピュータ支援を行なった。子どもが自発的にコンピュータを操作するとき，問題を正しく解決することにつながる知識の構成を促進することを目指したコンピュータ利用である。このようなコンピュータ支援によって，子どもの知識構成はうながされ，割合文章題の解決を促進した。

(2) 問題解決を促進する子どもの自発的活動

割合文章題の解決は，割合の3つの用法（第1用法，第2用法，第3用法）の概念的な意味を確実に理解し，提示された問題がどの用法の解決を求めているのかを理解することが必要となる。そうすると，提示された文章題の意味内容を理解することに加え，文章題がどの用法を適用して解を求めているかの知

識を文章題の理解に統合しなければならない。子どもにとって，文章題の表記の意味内容の理解と文章題の内容によって求められる割合概念の理解を統合することは難しい課題である。

　このような状況において，文章題の内容理解と割合概念の理解を統合する方法として，子どもが自在にコンピュータを操作することにより，自ら文章題理解に関わるスキーマを構成し，問題の適切な解につなげるのである。スキーマを構成することは，問題統合が適切になされたことであり，知識の構成が適切になされたことを示す証左であるといえる。

　線分図等をコンピュータ利用に基づいて作成させることに先立ち，前述した多鹿ら（1994）は，小学校5年生を対象にして，紙と鉛筆により，統合過程を吟味する課題として構成された線分図と関係図を，実験に参加した子ども自らが作成するのではなく，線分図や関係図の中で表現される数値を生成する課題を遂行させた。具体的には，文章題を線分図表現して文章題に対応する線分図の各部の空欄を埋める線分図問題，並びに問題文に表現されている割合関係を図式化して問題に対応する数値を空欄に記入する関係図問題を構成した。線分図と関係図は，ともに算数の教科書の記述方法に準じて作成したものであり，知識統合の具体的な介入であった。

　この結果，線分図よりも関係図を利用することによって，割合文章題の解決が促進された。この理由として，1つは多鹿ら（1994）で使用した線分図課題は子ども自らが線分図を作成する課題ではなく，あらかじめ実験者によって構成された線分図に数値を埋め込むだけの課題であり，関係図に数値を埋め込む場合と異なる意味を有していることが考えられる。この結果に基づき，統合過程をうながす線分図等のコンピュータ化には，子どもの自発的な操作活動を前提とする。

　多鹿ら（Tajika et al., 1995）は，前述の実験結果をコンピュータ利用の課題においても追認できるかどうかを吟味した。線分図も関係図も，ともに数値を挿入する課題をコンピュータ利用によって実施した。図4-1は線分図作成課題であり，図4-2は関係図作成課題である。5年生はコンピュータのキーボードおよびマウスの操作に熟知した後，割合文章題の下位過程に対応して構成された各問題を遂行した。統合過程に対応する課題として具体化したものが図

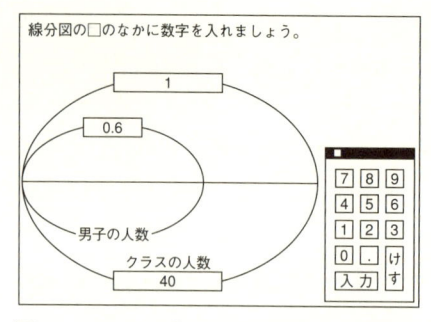

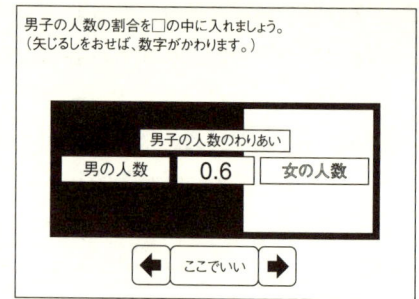

図4-1　コンピュータを利用した線分図　図4-2　コンピュータを利用した関係図

4-1と図4-2である。その結果，線分図課題と関係図課題の両方を行なった子どもの割合文章題の解決成績がもっとも優れていた。

また，多鹿ら（Tajika et al., 2001）は，統合過程の理解をうながすために線分図そのものを作成させる割合文章題の線分図作成ツールを開発し，1年にわたってその効果を吟味することで，コンピュータを利用した教授介入の効果を見た。5年生には，問題解決の4つの下位過程の中で，問題統合に対応する課題をコンピュータで提示し，解答させた（図4-3）。

まず，割合文章題の問題をコンピュータのディスプレーの左上に提示し，この問題を解くことを伝えた。問題例は，「かず子さんの組には，虫歯のある人が25人います。組全体の人数は，虫歯のある人の1.6倍です。かず子さんの組の人数は何人ですか。」であった。問題の統合過程の課題として，コンピュータでは線分図の作図課題を与えた。子どもは，図4-3の左下にあるいくつかのプロンプトをクリックすることにより，コンピュータの中央部に提示された1本の線に，問題文で記述された内容の線分図を作成しなければならなかった。図4-3は作成された線分図の例を示している。

実験の結果，コンピュータを利用することによって45分間線分図を作成した群の子どもは，割合文章題の授業を45分間余分に受けた群の子どもや，通常の授業時間で割合文章題の学習を終えた条件群の子どもに比べて，6年生の1学期，2学期，並びに1年後の3学期の割合文章題のテストにおいて，よい成績を収めた。

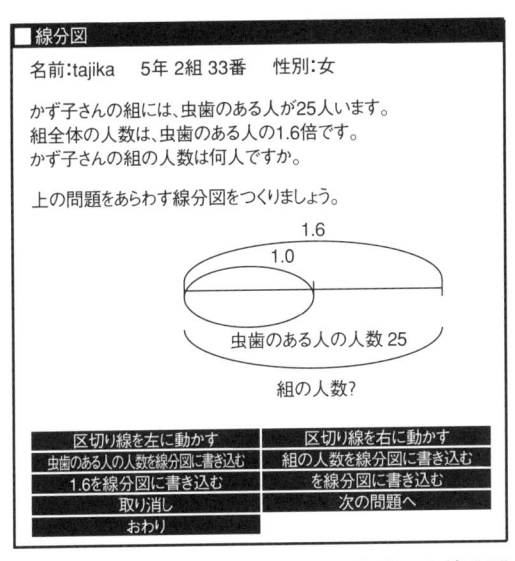

図4-3 コンピュータを利用して作成した線分図

3. 知識の構成を支援するメタ認知方略による介入

(1) メタ認知方略としての自己説明

　この節では，知識の構成をうながすメタ認知方略として例題の自己説明を取り上げ，算数文章題の例題の自己説明を組み込んだ教授介入により，文章題解決と転移が促進されることを，データに基づいて紹介する。

　メタ認知とは，一般に情報処理過程において活性化されるモニタリングとコントロールの能力ととらえることができる（Dunlosky & Metcalfe, 2009; Nelson & Narens, 1994）。このようなメタ認知の概念を算数文章題の解決に適用すると，算数問題解決においてモニタリングとコントロールの能力を活性化させ，算数問題を解くことといえる。算数問題解決におけるメタ認知の有効性については，最近の文献においても研究の展望がまとめられている（Lesh & Zawojewski, 2007; William, 2007）。たとえば，メタ認知を訓練することにより，算数問題解決の促進効果を吟味したデソーテら（Desoete et al., 2003）は，メタ認知方略を訓練された小学校3年生が，他のさまざまな種類の学習訓練の条

件群に割りあてられた3年生よりも,算数問題解決においてよい成績を得たことを示した。彼女たちの訓練したメタ認知方略とは,(i)「間違わずに問題が解けるだろう」とか「きっと間違うだろう」といった問題解決に対する予測,(ii)「間違わずに解けたと思う」とか「間違って解いてしまったと思う」といった問題解決後の評価などを,実際の遂行結果と照らしあわせて,適切に行なうことができるようにすることであった。

　算数問題解決のためにメタ認知の訓練を実施することで,効果的な問題解決が可能となったのは,おそらく,問題の内容そのものの効果的な解決方法を身につけたと考えるよりも,子どもに学習している内容を内省させるようになり,1つ1つの学習内容をモニターしコントロールすることから生まれる学習内容のより有意味な処理が問題の理解を深め,当該の問題領域におけるよりよい問題解決の成績に導いたと考えられる。ショーエンフェルト (Schoenfeld, 1985, 1992) も指摘するように,子どもは問題解決活動全般にわたって自分でメタ認知方略,たとえば問題についての質問をするような活動を行ない,それら1つ1つの活動が常に問題解決と結びつくような生産的なものになったと言える。

　このようなメタ認知は,算数問題解決の4つの下位過程とどのように関連するのであろうか。メイヤー (Mayer, 1987, 2008) によれば,問題解決の過程の下位過程であるプラン化過程において,メタ認知のモニタリングが働くとする。すなわち,子どもがもつ算数問題解決についての信念や態度といった個人特性が,算数問題のプラン化に影響を与えるという。プランを構成するときに働く方略的知識の活性化に影響を与えるのが,そのような算数への信念や態度である。信念とは,たとえば「普通の子どもでは算数を理解できない」,「算数は暗記の科目であり,機械的に学習したことを,理解することもなく適用することである」といった例をあげることができる (Schoenfeld, 1985, 1992)。レスター (Lester et al., 1989) が報告しているように,多くの3年生は,すべての算数文章題は文章題の中にあるキーワードに基づいて演算を適用することで解ける (たとえば,「すべてで」とあればたし算,「残りは」とあればひき算のように) と信じているという。この結果,このような子どもたちは,自分の問題解決の過程をモニターすることはなく,なぜそのような答えになるのかを考えたりすることに悩まされることはない。というのも,文章題の解決に対する先述

の信念があり，この子どもたちはそうする必要性を感じないからである。

　しかし，子どもの算数問題解決過程において活性化されるメタ認知は，問題解決の下位過程の各段階において発動されると理解する方が，メタ認知の役割を明確にする場合に適切といえるだろう（多鹿他, 2009）。問題の変換過程から実行過程にいたるまで，算数問題解決の各過程において発動されるメタ認知は，たとえば算数問題の理解過程では，文章理解時に読んでいる内容を理解しているかどうかを内省する理解モニタリングであったり，理解のための問題吟味をするための時間を適切に配分するコントロール機能であったりする。また，問題文で理解した内容を既有知識として貯蔵している論理数学的知識に適切に統合する過程をモニターすることもあるだろう。算数問題解決過程では，先述したプラン化過程で発動されるメタ認知方略であったり，演算を適用した後の結果を確認するための自己評価であったりするといえる。

　ところで，算数問題解決において利用されるメタ認知とは，一般にメタ認知方略としての利用である。たとえば，「君はこの例題を解けると思いますか」，あるいは「この答えは確かだと思いますか」といった例は，問題解決の手続きや問題解決の課題の困難性を予測し評価する際に使用されるメタ認知方略である。また，子どもの自己内省的思考や自己内対話を生みだす質問といったメタ認知方略も，算数問題解決においてよく知られている。さらに，これまでの研究から，算数・数学の問題や例題を自己説明させる方法もメタ認知方略としてしばしば利用される（Aleven & Koedinger, 2002; Mwangi & Sweller, 1998; Neuman & Schwarz, 2000）。メタ認知方略としての自己説明とは，学習者がさまざまな課題の遂行において，自分に向けて課題を説明する活動のことである（Chi, 2000; Roy & Chi, 2005）。算数・数学の問題解決における自己説明とは，それゆえ，学習者が問題解決の過程において，算数・数学の問題を自分に対して説明することであるといえる。

　認知方略が学習材料の理解や促進をうながす方略であるのに対し，メタ認知方略は学習者の認知過程を内省的に思考し，より効果的な方略をうながす方略として理解することができる。メタ認知方略には，上記の予測・評価あるいは自己説明に加えて，自己質問，質問生成，質問回答，要約，ノート取りなど，多くの具体例を見ることができる。最近の研究結果から，自己説明は広い範囲

の課題領域にわたって効果的なメタ認知方略であることが示されている (Aleven & Koedinger, 2002; Chi, 2000)。

　自分自身へ説明する活動は，自己質問，質問回答，あるいはノート取りなどの方略と区別できる。たとえば，自己質問の活動は，自分自身へどう答えたらいいかわからない場合に質問することで理解と学習活動をモニターするメタ認知方略である。この自己質問が効果的であるのは，「回答しようとするときに間違った理解を発見することに導く最初のできごとである」ことによる (Chi, 2000, p.224)。これに対して，自己説明は，領域に適切な情報やときとして情報を超えた内容を含むコメントを作ることにある (Chie & VanLehn, 1991)。自己説明は構成活動の形態をとる。自己説明は，新しく学習した材料を既有の知識に統合することを促進する。与えられた情報を超えて推論を生成するとき，自己説明はもっとも効果的なメタ認知方略の1つとなり，認知の足場の役割を果たすものといえる。

(2) 問題解決を育む自己説明

　先述した先行研究結果を受け，ここでは，多鹿ら (Tajika et al., 2007) の研究を取り上げ，知識の統合を支援する自己説明を使った教授介入を示す。

　多鹿ら (Tajika et al., 2007) は，メタ認知方略の1つとして知られている自己説明を子どもが行なうことで，割合文章題並びに転移問題の解決が促進されるかどうかを吟味した。実験に参加した子どもは小学校6年生で，4種類のテストを受けた。予備テストは割合文章題4問からなり，8点満点であった。本テストは割合文章題8問からなり，16点満点であった。転移テストは，メイヤーら (Mayer et al., 1991) の18問を，正解を記述する形式に替え，問題を解くのに必要な数字をたずねる問題，問題文の内容を式に表現する問題，および問題を解くのに必要な演算をたずねる問題，各6問で構成した。各問題1点であり，合計で18点満点であった。メタ認知テストは6問で構成された。メタ認知テストは問題解決に係るメタ認知の水準を5段階で測定するもので，メタ認知の水準が低い第1段階を1点とし，メタ認知の水準がもっとも高い第5段階を5点とし，合計得点は30点満点であった。30点に近いほど，メタ認知の水準が高いと考えられた。

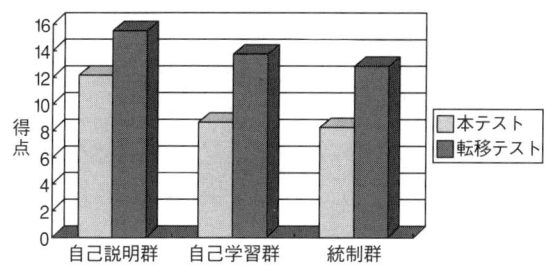

図4-4 本テストと転移テストの結果

　6年生の子どもを3群に分けた。統制群に割りあてられた子どもは、式と答えのみが印刷された2種類の例題を与えられ、担任の先生が解き方の説明を丁寧に行なった後、子ども自らが解き方を理解する時間が与えられた。自己説明群と自己学習群に割りあてられた子どもは、同一の解決ステップの内容からなる2種類の割合文章題の例題を与えられた。これら2種類の割合文章題の例題そのものは、統制群のものと同一であった。1つは易問題の例題であり、他は難問題からなる例題であった。易問題は1つの解決ステップに基づいて立式できる問題であり、難問題は2つ以上の解決ステップを経て立式できる問題であった。自己説明群と自己学習群における例題は、1つ1つの解決ステップを細かく区分して構成されたもので、易問題は6ステップを経て問題が解決され、難問題は8つの解決ステップを経て解答が生みだされる例題であった。自己説明群は、各解決ステップで記述されている内容が、なぜそのような内容になるかがわかるかどうかをまず回答し、次いで回答に対する理由を回答用紙の空欄に説明・記述した。自己学習群は自己説明群と同じステップの内容を担任が説明した後、自分で理解する時間が与えられた。

　20分の予備テストの実施後、各条件群に割り振られた子どもは、それぞれの条件群の例題を学習した。各条件群の例題学習時間は20分であった。例題の学習の1週間後に、本テストを実施した。本テストの時間は40分であった。本テストの1ヵ月後に、転移テストを実施した。転移テストの時間は40分であった。なお、実験に参加する子どものメタ認知の水準を測定するために、実験の開始に先立って、メタ認知テストを実施した。

　メタ認知テストの結果を得点化したところ3条件群に差はなく、また、予備

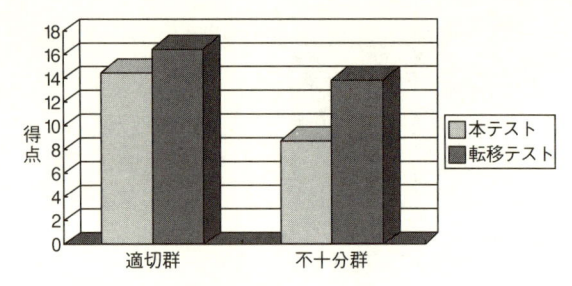

図4-5　自己説明群における適切群と不十分群のテストと転移テストの結果

テストの結果も3条件群間に差はなく，3条件群に文章題の解決能力等に違いはないといえる。図4-4に各条件群における本テストと転移テストの結果を示した。本テストでは3条件群で違いが生じ，自己説明群が他の2群よりも本テストの成績がよかった。また，転移テストでも，自己説明群は統制群よりもよかった。

図4-4の27名の自己説明群に関して，推論等を使って適切に自己説明を行なった自己説明適切群と適切に説明できなかった自己説明不十分群に子どもを分類した。その結果，15名の自己説明適切群と12名の自己説明不十分群の子どもに分けられた。図4-5より，自己説明適切群の方が自己説明不十分群よりも，本テストと転移テストでともに成績がよかった。図4-4の自己説明群以外の2群と自己説明不十分群の子どもの成績を比べるとき，自己説明不十分群は他の2群の平均値を示していることがわかる。

メタ認知方略としての自己説明が算数問題解決に効果を示したのは，1つに，子どもが1つ1つの解決ステップの内容を説明するときに，たとえあるステップの内容の説明が理解できなくても，どこがわからないかを自分なりに推論して説明することにより，問題解決につながったことを指摘できる。子どもの説明の大半は，各ステップに記述されている文章の反復が多い。しかしながら，「10分で水がいっぱいになるから，1分では1/10だ」と推論して説明する自己説明適切群の子どもが，難問題において比較的多く認められた。このような子どもの問題解決の成績は，単に記述された文章を反復する子どもに比べて高い成績を示した。

5章

概念発達をベースとした授業
―― プロセスと効果 ――

　小学校高学年から中学校にかけて，それぞれの教科の内容として，多くの子どもにとって理解の難しい概念が登場する。算数や数学では，単位あたり量（内包量），割合，関数，理科では，電流，圧力，状態変化，溶解といった概念である。
　これらの概念に関して，問題を解くための手続きを教えた場合，それぞれのタイプの問題を解くための個々のスキルは身についたとしても，そうした概念の意味を理解したことにはならない。その結果が，最近の国際比較調査において，日本の子どもが学習した知識やスキルを日常的な場面で応用できないという状況につながっていると考えられる。
　ではどうすればよいのだろうか？その問いに対する答えは，子ども自身が日常経験などを通じて発達させてきている概念に着目することにある。これまでの教育は，多くの場合，授業を受ける以前の子どもは関係する知識をもっていない白紙の状態であると考えるか，もっている知識は誤っていて作りかえなければならないと考えるかのいずれかであった。
　それに対して，子どもが授業で学習する以前に発達させてきている概念の中に，教科で学習する概念の本質につながる部分を見いだし，それをベースとして子ども自身が新たに概念を構成できるように働きかけることで，子どもの概念的理解は進むと考えられる。
　5章では，（1）子どもが授業で学習する以前にどのように概念を発達させてきているか，（2）その概念発達はどのような場合に促進されるか，（3）さらに概念発達をベースとし，他者とのやりとりを重視した授業を組織することで，子どもの概念的理解はどのように高まるかについて，そのプロセスやメカニズムを具体的な実験や授業の例をもとに考えてみよう。

1. 数学的概念の発達

(1) 子どもによる数学的概念の理解の現状

　高校1年生を対象に，学校教育で獲得した知識やスキルを日常場面で活用する能力を測る国際比較調査に，OECDによるPISA調査がある。PISA調査のうちの数学的リテラシーに関して，日本の子どもの数学的リテラシーの得点は，国際平均を500点として，2000年調査では557点，2003年調査では534点，2006年調査では523点と，国際的に見て上位には位置しながらも低下傾向にある（国立教育政策研究所，2002, 2004, 2007）。

　そこで，実施された個々の問題に対する日本の子どもの正答率などを見てみると，日本の子どもの数学的概念の理解の現状が浮かび上がってくる。2003年調査で実施された，「変化と関係」領域の「身長の伸び」を問う問題について見てみよう。この問題には，計算して答えを求める問題（問1）と，変化の性質をグラフを用いて説明する問題（問2）が含まれている。

　問1は「1980年からみると，20歳の女子の平均身長は2.3 cm伸びて，現在170.6 cmです。1980年の20歳の女子の平均身長はどのくらいでしたか」という質問で，答えのみを問う問題である。170.6－2.3の計算が正確にできると正解になる。表5-1に示すように，この問題に対する日本の子どもの正答率は，韓国やフランスと同様にOECD平均を上回っていた。一方，問2は，男子と女子の10～20歳の平均身長を示した曲線のグラフを提示し，「12歳以降の女子の平均身長の増加の割合が低下していること」がグラフ上にどのように示されているかを説明させる問題である。日常語を用いて「グラフのカーブがなだらか（平ら）になっている」と答えたり，数学用語を用いて「変化率が減少している」のように答えると正解になる。この問題に対する日本の子どもの正答率はOECD平均と同程度であった（表5-1）。フィンランドやカナダはOECD平均を大きく上回っており，問1で正答率の低かったアメリカなどもその平均を上回っていた。また，この問題に対する日本の子どもの無答率は高く，OECD平均を上回っていた。

　以上の結果は，同じ領域の問題でも，内容によって日本の子どもの学力水準

が異なることを示している。問1の解決に必要なのは、手続き的知識（ひき算の計算スキル）の正確な適用である。これに対して、問2の解決には、概念的理解（増加率の意味の理解）と、それに関して思考を自分なりの形式で（日常語で、数学用語で、または具体的な数値を読みとって）表現することが求められる。つまり、問1と

表5-1 「身長の伸び」の問題の正答・無答率（％）

	問1 (求答型) 正答率	問2 (説明型) 正答率	問2 (説明型) 無答率
韓国	82	56	15
フランス	80	52	15
日本	78	43	29
フィンランド	67	68	7
カナダ	67	64	7
アメリカ	54	53	8
OECD平均	67	45	21

＊教育政策科学研究所（2004）に記載された数値をもとに筆者作成

問2の結果は、日本の子どもは、解法が1つに定まった問題に対して手続き的知識を正確に適用して解決すること（定型的問題解決）には秀でているが、概念的理解に基づき、思考のプロセスを多様に表現すること（非定型的問題解決）に関しては国際平均レベルであり、後者に対して何も考えを表現しない者の割合は国際平均を上回っていることを示している。

手続き的スキルの水準の高さに比して、概念的理解の不十分さや、それに起因すると考えられる思考プロセスの表現の不十分さは、PISA調査における科学的リテラシーや、算数・数学、理科に関する教科内容の理解を測る国際比較調査であるTIMSS調査、また日本国内で実施されている全国学力・学習状況調査（算数・数学のB問題）にも共通してみられる特徴である。それでは、数学的概念を理解することは、子どもの認知発達や概念発達の側面から見たときに最初から難しさを示しているのだろうか。

(2) 授業で学習する以前の概念発達のプロセス

小学校段階を中心とした子どもを対象に、日常的な問題を用いて概念的理解を測った諸研究の結果は、算数や数学の授業で学習する以前であっても、子どもが日常経験などに依拠しながら、概念的理解を一定程度、発達させてきていることを示している。

たし算やひき算が、5個＋2個＝7個のように同種の量に対する演算であるのに対して、かけ算やわり算、それと同じ構造をもつ比例や単位あたり量（内

包量）は，一般に異種の量に関わる演算や概念である。たとえば，18個÷6袋＝1袋3個，150km÷3時間＝50km／時のように，異なった2量が関係づけられて第3の量が導かれる。ここで内包量（intensive quantity）とは，速度，密度，濃度のように，物の質を表わす量であり，数学的には，速度＝距離／時間のように2量のわり算で表現される。このように，現実世界の量との対応という点では，加減法と乗除法，比例，内包量などとは異なった数学的構造（加法的構造と乗法的構造）をもち，求められる概念的理解の質は，後者の方がより高次になる。

内包量の1つである濃度の課題を用いて，比（ratio）の概念の発達段階を明らかにしたのが，ノエルティングである（Noelting, 1980）。そこで用いられたのは，たとえば，「オレンジジュース2カップと水3カップを混ぜたジュースと，オレンジジュース4カップと水6カップを混ぜたジュースではどちらが濃くなるか，それとも濃さは同じか」について図を用いて問い，判断とその理由づけを求める課題である。6歳から16歳までの321名を対象に，数値の組みあわせの異なる多くのタイプの小問が実施され，各小問の正答者の割合を基準として，各小問の内容に特徴づけられる発達段階が示された（表5-2）。水やジュースのどちらかの次元に依拠した推理は6歳頃から，倍数関係に依拠した推理（倍数操作）は10歳頃から半数以上の子どもに可能になる一方で，任意の比に対する濃度の判断は小中学校の段階では難しいことがわかる。なお，濃度（含有密度）に対して，混み具合（分布密度）は，特に平面上の分布が図示されたときに理解が容易になり，ドットの粗密による混み具合の知覚的判断は6歳でも7割以上の子どもに可能である（Singer et al., 1997）。この既有知識を利用することによる濃度理解の促進可能性については，2節（2）で検討する。

速度についての理解も，単位あたり量（内包量）を6年生の算数で学習する以前に発達する。歩く速さについて，たとえば，「2kmを42分かけて歩いた子どもと4kmを84分かけて歩いた子どもではどちらが速いか，または速さは同じか」を尋ねた場合，単位あたり量の学習を行なう以前の5年生（10歳）でも8割以上の子どもが「かかった時間も歩いた道のりも倍になっているから速さは同じ」のように答えることができた（藤村，1990）。このような方略（倍数操作方略）は，ノエルティングが測った濃度の領域よりも高い割合で，速度の

表5-2 比の概念の発達段階 (Noelting, 1980)

段階	段階の特質	典型的小問	年齢
0	ジュースの有無で判断	(1,0) vs (0,1)	2;0
IA	ジュースの数を比較	(4,1) vs (1,4)	3;6
IB	ジュースの数が同じ場合に,水の数を比較	(1,2) vs (1,5)	6;4
IC	ジュースと水の関係が逆（ジュース＜水,水＞ジュース）	(3,4) vs (2,1)	7;0
IIA	1:1の等価類（どちらも,水＝ジュース）	(1,1) vs (2,2)	8;1
IIB	任意の等価類（水もジュースも倍）	(2,3) vs (4,6)	10;5
IIIA	水がジュースの一方の項が他項の倍数	(1,3) vs (2,5)	12;2
IIIB	任意の比	(3,5) vs (5,8)	15;10

＊■はオレンジジュースのカップを,□は水のカップを表す。
＊年齢は,50％以上の者が正答した年齢を示す。なお,m;nは,m歳nか月を表す。

領域において,小学校高学年での単位あたり量の学習以前に獲得されている。その背景には,日常経験の中で「倍」や「半分」の知識が獲得されていることもあると考えられる。なお,アメリカ合衆国などでは,25セント硬貨（quarter）を日常的に用いる関係で,4分の1についての知識も獲得されていることが指摘されている。

それでは,「3 kmを48分かけて歩いた子どもと4 kmを72分かけて歩いた子どもではどちらが速いか,または速さは同じか」を尋ねた場合はどうだろうか。この課題は道のりや時間の数値が整数倍ではなく倍数操作方略が使えないため,先ほどの課題よりはかなり難しくなる。それでも単位あたり量を未習の5年生の3割程度の子どもが,この問題に対して適切な理由を述べて正しく判断できていた（藤村,1990, 1993他）。その中には,「3 kmを48分かけて歩いた子どもが4 kmを歩いたとすると,1 kmは48÷3で16分だから,48＋16＝64分で,72分かけて歩いた子どもよりも速い」のように,道のりを4 kmにそろえて考える子どもも多く見られた。このような方略（個別単位方略）は学校の算数で学ぶものではなく,また学校での学習を経験した後の大人にはあまり見られないものである。一方で,この方略のように,一方の量を増加させて個別の単位

を生成するという考え方は，学校教育を十分に経験していないブラジルの漁師が行なう計算などにも見られる（Schliemann & Nunes, 1990）。人間の自然発生的な思考の1つとも考えられる。

以上のように，歩いたり走ったりする速さや，ジュースの濃さなどの日常的な事象に関しては，比例や単位あたり量を学習する以前の子どもでも，倍数操作方略や個別単位方略といった，ある程度洗練された方略を自発的に構成できること，言いかえれば，日常的知識と数的関係に関する知識を自分なりに組みあわせて，各領域における概念的理解を一定程度，高めていることや，その割合が小学校中学年から高学年にかけて発達的に高まっていることがわかってきている。このように発達してきている既有の知識や方略を活用する形で授業を組織することが，子どもが自らの概念的理解をさらに深めていくために有効ではないかと考えられる。そのような授業のプロセスと効果については，3節で詳しく述べたい。

2．概念発達の促進可能性

(1) マイクロジェネティックアプローチ：アイディア，方法論，知見

①変化のプロセスへの着目

概念発達に関して，認知発達研究では年齢による変化を明らかにするだけではなく，変化のプロセスにアプローチする研究が盛んに行なわれるようになってきている。その1つが，シーグラー（Siegler, 1996）やクーン（Kuhn, 1995）らによって，1990年頃より提唱されてきたマイクロジェネティックアプローチ（微視発生的方法）である。

マイクロジェネティックアプローチが提唱されてきた背景には，認知発達のプロセスを，発達段階に応じて概念や方略が質的に変化する過程ととらえる考え方に対して，より連続的な変化の過程としてとらえるという考え方（漸進的な発達観）がある。その考え方によれば，どの年齢においても複数の問題解決方略が場面に応じて適応的に用いられ，各方略の適用率が年齢とともに連続的に変化することになる。そのプロセスを模式的に示したのが図5-1で，重なりあう波のモデル（overlapping waves model）と呼ばれている。

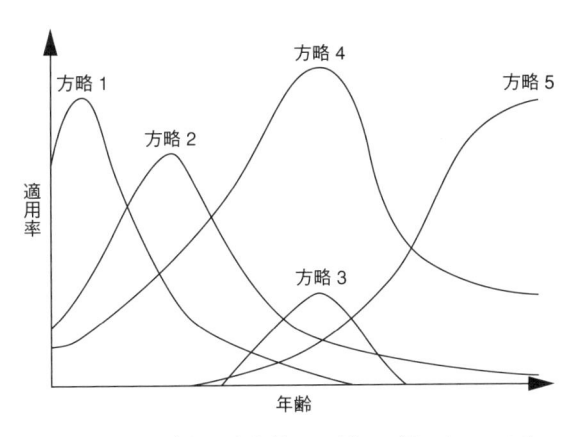

図5-1　重なりあう波のモデル（Siegler, 1998）

②マイクロジェネティックアプローチの特徴

マイクロジェネティックアプローチ（微視発生的方法）は，子どもの中に生起しつつある変化を詳細に分析する方法である。その特質は，（i）変化の始まりから変化後の安定状態にいたるまでの一定期間の観察を行なうこと，（ii）変化の速さが速いほど観察をより高密度に行なうこと，（iii）観察では一試行ごとに方略などの分析を行なうことにある。

具体的に数のたし算の方略について見てみよう。たとえば，6 + 9のような計算を小学校入学前後の子どもに尋ねると，年少の子どもでは，1，2，3，…，6。1，2，3，…，9。1，2，3，…，15，とすべて数えて答えをだす方略（1からの計数方略）を多く用いる。それに対して，年長の子どもになると6 + 9を逆転させて9から順に10，11，12，13，14，15と6回数える効率的な方略（最小方略）や，6を1と5に分解して，9 + 1 = 10，10 + 5 = 15のように考える方略（分解方略），九九の暗記のように答えを覚えていて計算結果をすぐに答える方略（検索方略）を用いるようになる（Siegler, 1987）。

では，1人1人の子どもの方略はどのようにして1からの計数方略のような初歩的な方略から，最小方略のような効率的な方略へと変化するのだろうか。シーグラーとジェンキンスは，この問いに答えるために，4，5歳の子ども8名に対して，1週間に3回（1回につき約7問），11週間にわたって，たし算の問題を与え，1問ごとにその解法を説明させることで，子どもの方略が変化

するプロセス（方略発見の過程）を分析した（Siegler & Jenkins, 1989）。このように一定期間，子どもに集中的に課題に取り組ませ，一問ごとの取り組みの分析から子どもの方略等の変化のプロセスを明らかにするのが，マイクロジェネティックアプローチの特徴である。

③マイクロジェネティックアプローチがもたらした知見

マイクロジェネティックアプローチを用いた研究は，以上に述べた，たし算以外にも，算数に関しては，数の保存（対象の配列等によって数の大きさは変化しないこと），等式の理解などについて，また理科に関しては，車の速さなどに影響する要因の発見などをテーマに行なわれてきた。そこで明らかにされてきた知見は次の3点にまとめられる。

第1に，1人の子どもが用いる方略は1つには限らず，場面に応じて複数の考えを選んで用いていること（方略の多様性と適応的選択）である。たとえば，数のたし算の場合，やさしい課題では暗記した答えを再生する検索方略を用いるが，難しい課題になると1からの計数方略を用いるといった，場面に応じた多様な方略の選択が見られる。また同種の問題に対する方略が多様であることは，その後の変化の大きさを予測することも示唆されている。

第2に，子どもが新しい方略を用いるのは，それまでの自分の方略が正答を導かなかった場合だけでなく，既有の方略で正答できている場合にも見られること（既有の方略による成功時の方略発見）である。たとえば，たし算の場合では，初歩的な1からの計数方略によって正答できている場合にも，より効率的な最小方略の発見が見られた。また，新しい方略の発見は，自覚的に行なわれる場合もあれば，自覚的ではない場合（行動や言葉の面で新しい方略を表現できているが，その新しさを意識していない場合）もあることが指摘されている。

第3に，新しい方略を発見しても，その方略を広く用いるようになるには時間がかかり，一定期間はそれまでに用いていた方略と新しい方略が共存すること（新しい方略の漸進的般化）である。先述のたし算の例では，効率的な最小方略を自分自身で発見した後でも，以前に用いていた効率的でない計数方略が依然として用いられていた。

図5-2は，1人の子どものたし算の方略が変化していくプロセスを時系列的

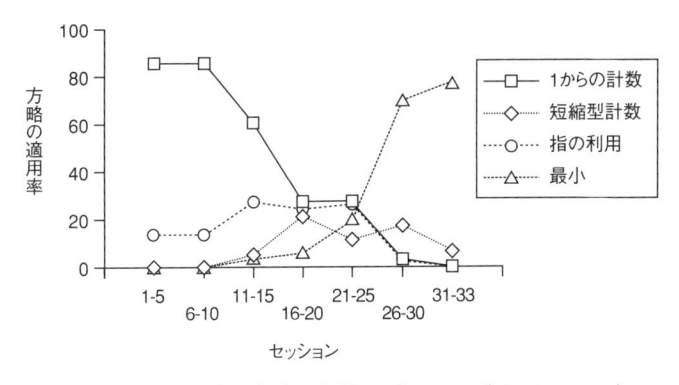

図5-2 たし算の方略の変化のプロセス (Siegler, 1996)

に表わしたものである。同時期に複数の方略が用いられること（方略の多様性），1からの計数方略から最小方略へと問題解決方略が漸進的に変化すること，短縮型計数方略（2数の合計部分のみを1から数える方略）のような中間的な方略が一時期に見られることがうかがえる。

④学習のプロセスにおける変化をとらえる

マイクロジェネティックアプローチは，当初，横断的研究（年齢ごとの特徴をそれぞれの年齢段階の対象に実験・調査を行なうことで明らかにする研究）が認知発達の年齢的特徴を示したのに対して，年齢間の変化のプロセスを短期的に再現するものとして開発されてきた。一方で，マイクロジェネティックアプローチは，最近では，より短期的な学習のプロセスをとらえる方法論としても幅広く用いられている（Siegler, 2005, 2006）。②で示したように，マイクロジェネティックアプローチの特徴は，(ⅰ)変化前から変化後までの一定期間の観察，(ⅱ)同種の課題の集中的な反復実施，(ⅲ)試行ごとの分析，と整理される。(ⅰ)と(ⅲ)については，変化のプロセスをとらえる際の必須の要件と考えられるが，(ⅱ)については，課題をどの程度反復して実施するかには幅があり，そのような幅広い学習研究を包括する方法論として，最近のマイクロジェネティックアプローチは位置づけられると考えられる。(ⅱ)に関しては，何を獲得させるか（たとえば，目標が手続き的スキルの獲得なのか，概念的理解の深化なのか）によって，課題の反復の程度や，反復以外の方法が必要か否かも異なってくるであろう。

(2) 他領域の既有知識の利用

①認知的葛藤やアナロジーの利用

2節の (1) で述べたように，マイクロジェネティックアプローチによる知見の1つは，既有の方略によって成功しているときにも新たな方略の発見が起きるということであるが，子どもが解決を求められる課題は，必ずしも既有の方略を用いて解決可能な課題ばかりではない。シーグラーらによって紹介されているのは，数のたし算や数の保存，分類など，ピアジェが具体的操作期（7歳～11歳）の特徴として示した論理的思考が中心である。それに対して，比例，割合，単位あたり量（内包量）などの数学的概念や，力学などに関わる諸概念は，ピアジェが形式的操作期（11歳以降）にいたって獲得されるとしたもので，形式的操作の成立に領域固有性があることを示す諸研究が存在することからも，それらの概念がどの程度獲得されるかには，学校場面における教授・学習の質が影響を及ぼすことも考えられる。

そのような理解の難しい概念の獲得をうながすために多く用いられてきた方法は，認知的葛藤を生起させる方法である。子どもがもつ概念や方略に基づいて予測させ，実験や観察によってその予測が誤っていることを経験させることで，認知的葛藤を生起させ，概念の変容や方略の変化をうながすアプローチである (Posner et al., 1982)。日本の理科学習で用いられている仮説実験授業も，実験による仮説（予測）の検証を重視している点で，同様のアプローチをとっていると考えられる。

これらの研究に対して，認知的葛藤を生起させるだけでは概念や方略の変化につながらないことも指摘されている (Smith et al., 1993他)。既有の方略による解決と異なる結果が提示され，認知的葛藤が喚起されたとしても，その結果を無視したり，概念や方略の部分的な修正にとどまったりすることも多いことがわかってきている。そこで，別の方法として考えられてきたのが，アナロジーを用いる方法，言いかえれば，他領域における適切な既有知識を援用する方法である。たとえば，電流の領域において，電流が回路を回るうちに消耗されるという誤った概念を克服するために，電流を列車の流れに見立て，その流れの一部の障害物（電球）のところで摩擦が発生し，列車を動かそうとする人

（電池）が消耗するというモデルが考案された（Johsua & Dupin, 1987）。そのモデルを用いた説明を教師が行なった結果，電流が一定であることが認識されるようになったことが報告されている。

②数学的概念の発達の促進可能性：
他領域の既有知識を利用したモデル操作の効果

以上のことから，数学的概念についても，同様に，他領域の既有知識を援用して子どもにモデルを操作させることで，概念の理解が深まり，より洗練された問題解決方略が用いられるのではないかと予測される。そこで，小中学生にとって理解の難しい濃度の概念の理解を促進するために，混み具合や均等配分という他領域の既有知識を用いたモデルが考案された（Fujimura, 2001）（図5-3参照）。1節（2）に示したように，混み具合（分布密度）の知覚的判断は6歳でも可能であり，また分離量の均等配分は幼児でも可能であるという知見が背景にある。水に溶けている濃縮ジュースを，平面上のドットの分布として表現させることで，濃度の理解が促進され，洗練された問題解決方略である単位あたり方略への変化が生ずることが予測された。以下では，藤村（Fujimura, 2001）の研究をもとに，方略の変化という観点からみた概念発達の促進プロセスについて紹介しよう。

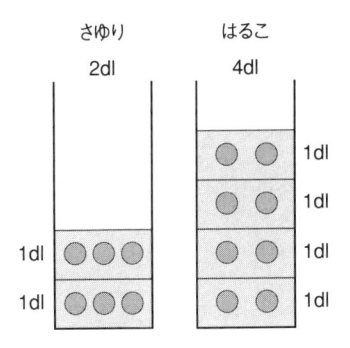

図5-3 濃度の概念発達を促進するための混み具合モデル（Fujimura, 2001）
（モデル上に均等に配置された場合の例）

小学校4年生76名を対象に，事前テスト（濃度比較課題），個別介入（混み具合モデルの操作，単位あたりの数値の記入，無関連な計算の3条件のうちのいずれか），事後テスト（事前テストと同種の濃度比較課題）の順で個別実験が実施された。

全般的な効果として，混み具合モデルの操作は他の2条件と比べて，濃度概念の理解促進（濃度比較課題の正答率の上昇）に対して有効であった。次に，混み具合モデルの操作を行なった条件について，どのような方略の変化が生じたのかを示したのが図5-4である。他領域の既有知識を利用したモデルの操

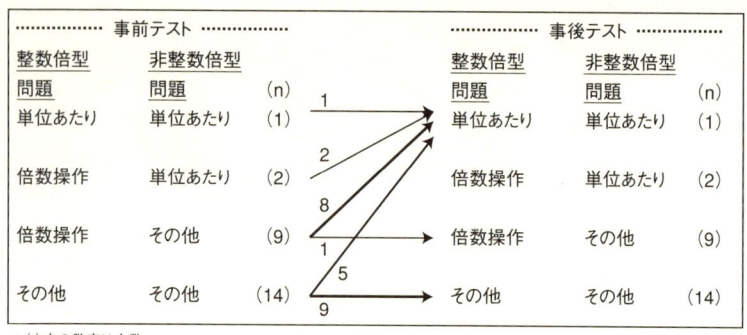

```
............ 事前テスト ............          ............ 事後テスト ............
整数倍型      非整数倍型                      整数倍型      非整数倍型
問題          問題         (n)                問題          問題         (n)
単位あたり    単位あたり   (1)    1           単位あたり    単位あたり   (1)
                                 2
倍数操作      単位あたり   (2)                倍数操作      単位あたり   (2)
                                 8
倍数操作      その他       (9)                倍数操作      その他       (9)
                                 1
                                 5
その他        その他       (14)               その他        その他       (14)
                                 9
```
*( )内の数字は人数

図5-4　混み具合モデルを用いた条件における方略の変化（Fujimura, 2001）

作を行なうことで，整数倍型の課題（既有の倍数操作方略でも，新たな単位あたり方略でも正答可能な課題）でも，非整数倍型の問題（新たな単位あたり方略によって正答できる課題）でも，一貫して，単位あたり方略（一定量の水に対する濃縮ジュースの量を比較する方略）という洗練された方略を用いるようになることが明らかになった。また，単位あたり方略への変化は，事前テストで，やや洗練された方略である倍数操作方略（水も濃縮ジュースも倍に増えるときは濃度は変わらないとする方略）を用いている場合に，より多く生起することも明らかになった。

　方略変化にいたるプロセスを明らかにするために，さらに，混み具合モデルの操作場面での子どもの判断や推理が分析された。図5-5に示すように，混み具合モデルの上で実際に均等配分を行なうこと（図のモデル操作場面の「配分」で「均等」に配分すること）は方略変化のための十分条件ではなく，均等配分した結果を見て，単位あたりに着目した判断を行なうこと（図のモデル操作場面の「モデルを利用した判断」で「単位あたり」または「他→単位あたり」の方略を用いること）が，事後テストでの単位あたり方略への変化に結びついていた。

　以上の結果は，子どもが問題のタイプに応じて異なる方略を用いること（方略の多様性）や事前の方略が多様であることが新たな方略の発見につながること，他領域における成功（単位あたり判断）が難しい領域における方略発見に

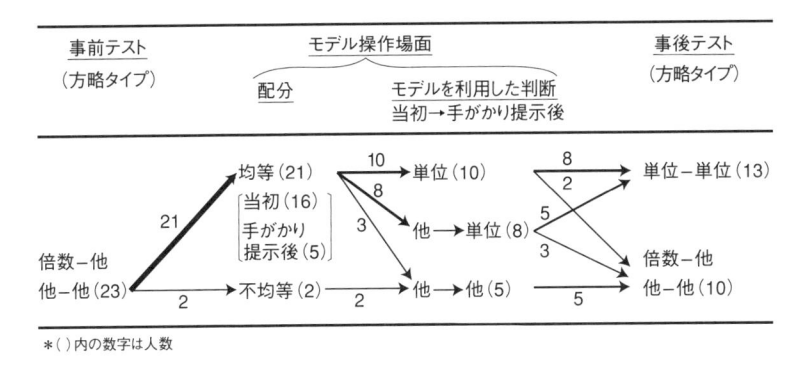

図5-5　モデル操作を通じた方略の変化プロセス（Fujimura, 2001）
（事前・事後テストにおける方略適用のパターンは，図5-4に対応する。）

つながることを示している。これらは，マイクロジェネティックアプローチが明らかにしてきた成果（2節（1）参照）と関連する様相が，他領域の既有知識を利用した概念発達の促進プロセスにも見られることを示している。一方で，事後テストにおいて洗練された方略（単位あたり方略）が一貫して用いられていたことは，方略変化の漸進性というマイクロジェネティックアプローチが明らかにしてきた知見とは異なる結果である。アナロジーを利用した働きかけが，他領域の知識を過剰に適用する（既有の方略によって成功していたタイプの課題にも新たな方略を適用する）可能性もあることに留意することが必要であろう。

3．概念発達をベースとした授業

(1) 授業場面における知識や方略の多様性

①方略や表象の多様性と方略変化

多様な知識を個人がもつこととその後の変化には，どのような関係があるのであろうか。2節の（1）で示したマイクロジェネティックアプローチによる研究では，個人内で事前の問題解決方略が多様であることと，その後の方略変化との相関が高いことが示されている（Siegler, 1996, 2006）。また，他領域の既有知識を利用した概念発達の促進可能性を検討した研究（Fujimura, 2001）

では，2節の (2) で紹介した実験に続く，第2，第3の実験の結果として，問題場面に対して単位あたりを含む多様な表象を形成可能であることが，その後の単位あたり方略への変化を予測することが示されている。これらの知見は，子どもが事前にもつ知識が，その子どもの中で多様に活性化されていることが，新たな問題解決方略の発見や般化に対して前提条件となることを示していると考えられる。

他者から示された多様な方略について説明を行なうことが方略変化に結びつくことも明らかにされている。一次方程式の複数の解法を比較対照することを求められた中学生は，解法を1つずつ学習した中学生に比べて，事後の一次方程式の手続き的スキルや一部の概念的知識に関して優れていることが示されている (Rittle-Johnson & Star, 2007)。手続き的スキルの獲得やその柔軟な使用において優れていたことの理由としては，比較によって問題の重要な特徴を区別し，一般に複数の解法を用いる姿勢を形成できたことが指摘されている。一方で，概念的知識の獲得は一部にとどまっていた。複数の解決を比較することに加えて，複数の解法を関連づけるような説明を行なうことや，それを他者との討論のなかで進めることが，解法に含まれている諸要素の理解を通じて概念的理解を深めることにつながるのではないかと考えられる。

②個別解決と練り上げの授業

日本の算数教育において，多様な解法が想定される問題を提示し，それに対して1人1人が個別解決を行なった後，集団討論を行なって解法を「練り上げる」という授業は長く実施されてきている。また，そのような問題解決型の授業は，授業の国際比較研究において日本の授業の特徴であることが指摘されてきた (Stigler & Hiebert, 1992)。

一方で，最近の国際比較調査 (PISA, TIMSS) の結果は，日本の子どもの全般的な学力水準は高いものの，問題別の結果を詳細に分析すると手続き的スキルに比して概念的理解の水準が低く（藤村，2005a），算数や数学に対する関心はきわめて低いことが指摘されてきている。それでは，1つの問題の解法をクラスで検討するような授業を実施しているにもかかわらず，どうして日本の子どもの概念的理解の水準は低く，教科への関心も低いのであろうか。その理由としては，問題が多くの子どもにとって正答にいたることが難しく，その解

法の検討が一部の子どもと教師の間でのみ行なわれていること，解法の比較検討が十分ではないこと，そのような授業の実施が単元の導入部に限られることなどが推測される。

以下では，多くの子どもが，自身が発達させてきた既有知識を用いて何らかの解法が導けるような導入問題を設定し，そこで考案された多様な解法を比較検討し，関連づけることを特徴とした授業（概念発達をベースとした授業）が，いかに子どもの概念的理解を促進しうるかについて，研究を紹介することにしよう。

(2) 既有知識活用型指導法による数学的概念の理解の深まり

①既有知識活用型指導法とは

授業という場は，他者との相互作用を通じてそれぞれの子どもが概念的理解を深めることのできる機会である。子どもが既有知識を利用して多様に解決可能な導入問題を設定し，そこでの多様な解法を利用して関連づけるような討論を組織することで概念の理解を深めることをめざす指導法を，「既有知識活用型指導法」と呼んでいる（藤村，2005b）。ここでは，その指導法による授業について，そのプロセスと効果を見てみることにしよう。

小学校算数の単位あたり量の導入に際して，一般に教科書では公園などの混み具合を比較する場面を用いて，（i）面積が共通，（ii）人数が共通，（iii）面積も人数も異なる，の順で課題が実施され，人数÷面積で混み具合が判断できることが説明される。（i）（ii）と比べて（iii）が急に難しくなり，多くの子どもにとって既有の倍数操作方略などを反映しにくい展開となっている。そこで，（i）倍数操作方略でも単位あたり方略（人数÷面積など）でも解決可能な課題（200㎡に15人いるプールと400㎡に45人いるプールの混み具合の比較）を導入課題として実施し，（ii）子どもの多様な方略を授業場面で発表させ比較検討した後に，（iii）単位あたり方略のみで解決可能な適用課題を実施するという授業が，既有知識活用型指導法として計画された（藤村・太田，2002）。以下では，藤村・太田（2002）の研究を基に，既有知識活用型指導法のプロセスと効果を説明する。

②既有知識活用型指導法のプロセスと効果

既有知識活用型の実際の授業では導入課題に対して倍数操作方略と単位あたり方略をそれぞれ2人の子どもが発表し，それらの違いや共通点はどのようなことか，どの解法がよいかなどについてクラスで討論がなされた。解法の発表・比較場面について，通常型の授業との間で発話を分析した結果，発言数，発言者数ともに，既有知識活用型指導法による授業の方が多かった。また，授業の翌日に概念的理解を測る事後テストを行なった結果，授業後の混み具合の理解度は，既有知識活用型指導法のクラスの方が通常の3段階指導法を行なったクラスに比べて高いことが明らかになった。

　授業を通じて1人1人の子どもがどのように概念の理解を深めていったかについて，導入課題と適用課題において子どもがワークシートに記入した内容，授業での発言の有無，授業後の混み具合テストの結果をもとに，問題解決方略の変化として示したのが図5-6である。導入課題では27名中19名（70%）が倍数操作方略を用いて課題を解決し，単位あたり方略を用いたのは3名（11%）であった。クラスでの討論直後に実施された適用課題では，討論時に他者が示した単位あたり方略を用いる子どもが21名（78%）見られたが，そのワークシートへの表現の仕方は2通りに分かれた。1つは「1人あたりの面積を求める」など計算の目的を書いた後に単位あたりの計算を行ない，判断の理由と答えを書くタイプ（意味理解群）で，もう1つは計算の式と答えのみを書くタイプ（形式適用群）である。前者は他者の解法の意味を理解し，自分自身のことばで言いかえて課題の目的に対応させて用いているのに対し，後者は解法の手続き的側面（大きな数値を小さな数値で割るなど）に着目し，その手続きを模倣していると考えられる。

　他者が示した解法の利用の仕方に関する以上の2つのタイプは，授業後のテストで対照的な結果を示した（図5-6参照）。200㎡に20人が遊んでいる公園と500㎡に40人が遊んでいる公園の混み具合を比べる課題に対して，意味理解群には単位あたり方略を用いて正答する子どもが多く，形式適用群には単位あたり計算を試みても比較判断の時点で誤りとなるタイプなど，意味の理解をともなわない「その他の方略」が多く見られたのである。さらに意味理解群は速度や濃度といった未習の単位あたり量についても形式適用群よりも概念的理解を深めていた。これらの結果は，討論場面で他者が示した考えの利用の仕方に

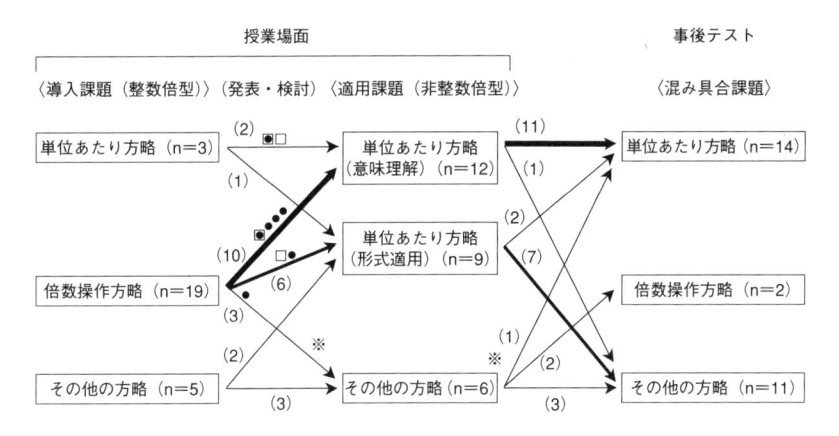

図5-6 授業場面における方略の適用と事後テストにかけての方略変化
（藤村・太田，2002）

よって授業後の概念的理解が異なってくることを示している。なお，意味理解群は形式適用群に比べて授業前に倍数操作方略を多く用いていたことから，子どものもつ既有の方略が授業場面で他者が示した方略の利用の仕方を規定し，それが授業後の理解に影響するといった流れ（理解の漸進的深化のプロセス）も示唆される。

　授業での発言と概念的理解との関わりについて，授業後の混み具合課題に正答した子どもの割合は発言者が非発言者に比べてやや高かったものの，未習の速度や濃度については非発言者も発言者と同様に理解を深化させていた。このことは，既有知識活用型指導法による授業においては，授業で発言しない子どもの中にも内的には討論に主体的に参加し，自己内対話を通じて自身の理解を深めている子どもが存在することを示している。一方，発言者の中でも討論場面で解法の意味や評価に関する発言を行なった子どもは授業後に精緻な方略を多く用いていることから，発言内容により概念的理解に違いが生ずる可能性もうかがえる。

　以上のことから，子どもの概念発達をベースに多様な方略を個別解決場面と

討論場面に活用した授業(既有知識活用型指導法による授業)では,他者が示した解法の意味を理解して自身の方略として使えた場合に,また解法の意味などに着目した発言を行なった場合に,授業後の概念的理解が深まると考えられる。算数の授業では子どもの既有の方略を利用することに加えて,討論場面で方略の意味への着目や他の方略との関連づけ(とくに方略間の差異と共通性に関する検討)をうながすことも重要であろう。また既有知識や既有の方略を算数や他教科の授業などを通じて長期的に豊かにしていくことも,理解の漸進性を考慮した長期的な発達支援の取り組みとして重要であると考えられる。

6 章

子どもの論理と教科の論理からの介入
── 分数と割合 ──

> 　子どもがらくらくと理解する概念がある。小学校に入学して最初に学習するたし算やひき算などが，そのいい例だろう。一方で，子どもが理解することがとても難しい概念もある。本書で主に取り上げている文章題，分数，割合などは，その典型だろう。なぜある概念は，理解することがやさしく，なぜ別の概念は理解できないのだろうか？　筆者は，これら2つの疑問への回答は，じつは表裏一体だと考えている。つまり，なぜやさしいかという疑問に応えることができれば，なぜ難しいかという疑問にも，類似の視点から応えることができるというわけだ。
> 　6章では，分数を材料にして，これらの疑問を以下の2つの視点，つまりインフォーマルな知識と学習中の認知的バリアという視点から検討する。前者は，子どもが分数を学校で公式に学習する前に日常生活の中で獲得してきた知識のことである。研究からは，こうした知識はかなり豊かであることが示されている。後者は，分数を学習する際に子どもが出会う認知的バリアとは何かを明らかにすることである。これらの内容を明確な形で提示することにより，なぜ分数の理解が困難であるのか，さらにその困難さを克服するにはどうすればいいかという疑問をかなり解決することができる。

　分数は，現在では，小学校4年から6年までの3年間で教えられる教材である。しかし，数十年にもわたって，分数は小学校3年から6年までの4年間にわたって教えられてきた概念である。それが，2002年の学習指導要領の改訂により現在のように4年生から教えられるようになった。ちなみに，この章で報告する研究は，2002年以前に行なわれたものであり，このため，対象となっている子どもが最初に学習するのは3年生であるということを，読者には常に意識しておいてほしい。
　分数が，小学校でどのように教えられているかを知ることは，本章の前提と

なるため，簡単に学年毎に学習する内容を紹介しよう（ただし，2001年までのカリキュラム）。まず3年生では，分母・分子といった意味，分数の大小，同分母の分数のたし算とひき算が教えられる。4年生では，仮分数と帯分数，等しい分数，たし算とひき算が導入される。5年生では，倍分と約分，通分，異分母のたし算とひき算が，6年生では異分母のかけ算とわり算がそれぞれ教えられる。

1．豊かなインフォーマルな知識

子どもが概念を新たに学び始めるときには，彼らはその概念について何も知らない，という一般的な常識がある。このため，新しい概念を子どもに教える際には，まったく最初から教えることになる。この指導それ自体は当然であるが，問題は，この「子どもは何も知らない」という前提となっている常識である。近年の研究から，これは明らかに間違っていることが示されてきた。子どもは，日常生活での体験をとおして，新しい概念に関連した内容についてかなり豊かな知識を獲得していることが示されてきた。本章では，こうした知識をインフォーマルな知識と呼ぶことにする（Mack, 1993）。こうしたインフォーマルな知識が豊かであることは，すでにたし算，ひき算，分数，割合などで実証されている（吉田，2003）。

さて，分数のインフォーマルな知識というとき，それは分母・分子といった観点からとらえることではない。分母・分子といった概念は，教科書で定義されているいわば公的な知識であり，子どもが学習する以前にそれを理解しているはずはない。となれば，そうした定義とはまったく異なる観点からインフォーマルな知識をとらえることが要求される。アメリカの数学教育学者，キーレン（Kieren, 1988）は，分数を分母や分子ということではなく，基本的には全体の部分への分割と定義している。このようにとらえると，学習する前の子どものインフォーマルな知識を部分—全体という視点から検討できる道が開ける。ここでは，分数の大小と分数の種類に関するインフォーマルな知識を紹介しよう。

分数の大小について，吉田（Yoshida, 1989）は，分数を学習する前の3年

生に以下の問題を与えて検討している。「1枚のチョコレートを3人で等しく分けるときと5人で分けるとき，1人分はどちらが多いでしょう」。この質問は，分母・分子といった用語こそないものの，1/3と1/5の大小を判断させる課題と見なすことができる。その結果，正しく大きさを判断できた子どもは，86%にも達していた。こうして，分数の記号を知らない子どもでも，その大小をかなり正確に判断できており，分数の大きさについてのインフォーマルな知識は十分に豊かであることが示された。

　次に分数の種類について考える。種類とは，真分数，仮分数，帯分数といったものである。数学的には真分数が基本なので，カリキュラムではこれが3年生で導入され，残りが4年生で教えられるという構造となっている。澤野・吉田（1997）は，分数を学習する以前の3年生に全体を部分に分割する2つの課題，「ピザ問題」と「色紙問題」を与えてインフォーマルな知識の問題を検討した。ピザ問題は，3つの四角を提示して，「3枚のピザを4人に等しく分けます。1人分を描きましょう」という描画課題で，色紙問題では，5つの四角を提示して，「5枚の色紙を3人で等しく分けます。1人分を描きましょう」という課題であった。

　適切に描かれた図を分析すると，主に2種類の方略が引きだされた。第1は，それぞれの四角（つまり全体）を人数で分割する方略であり，これを単位方略と呼ぶ。第2は，それぞれの全体を各人に割り振り，残りを単位方略で分割する方略であり，これを大単位方略と呼ぶ。ピザ問題は単位方略で，色紙問題は大単位方略で描かれることが多かった。この結果は，図6-1に示されている。

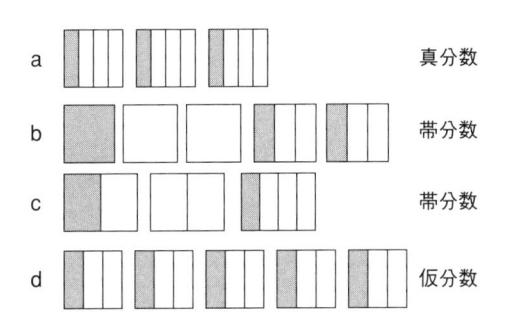

図6-1　ピザ問題と色紙問題における2つの分割方略

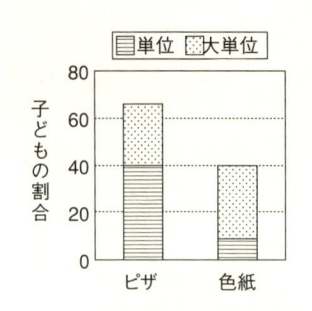

図6-2 ピザ問題と色紙問題への反応率

しかし、実際にはその反対、つまり、ピザ問題を大単位方略で、色紙問題を単位方略で描いている場合もあり、これも図6-1に示されている。

さて、このように描かれた図は、分数とはまったく無縁のものと思う読者がいるかもしれない。しかし気をつけてみると、これらの図は、真分数、仮分数、帯分数そのものと言うことができるのだ。つまり、図6-1のaは1/4を3つ集めたものであり、これはまさに真分数そのものである。図6-1のbは、整数の1と1/3を2つ集めたものであり、これは帯分数に対応していることがわかるだろう。さらに、図6-1のdは、1/3を5つ集めたもので、仮分数そのものである。

正解率を求めてみると、ピザ問題では66％、色紙問題では40％であった。しかし問題となるのは、そこで用いられた方略であり、その内訳が図6-2に示されている。ピザ問題がすべて単位方略で、また色紙問題が大単位方略で描かれているわけでない。この図からは、子どもは問題に応じて分割方略を柔軟に使い分けていることがわかる。

教科書では、数学的な論理から、真分数を3年生で教え、仮分数や帯分数を4年生で教えるという構造になっている。しかし、分数を学習していない子どもでさえも、じつは、分数の種類に相応する知識をインフォーマルに獲得していることが明らかになった。

2．新しい概念を学習する際の認知的バリア

ここでは、新しい概念を学習する際に子どもがもつ認知的バリアを考える。バリアの中身がわかることで、さまざまな対応を考えることができる。たとえて言えば、障害物競走で前方にあるのがネットであれば身を低くしなければならないし、ハードルがおいてあればジャンプする構えを取らなければならないのと同じである。

それらを紹介する前に，数学の論理からはどのような説明がなされているかを見てみよう。石田（1986）は，分数の困難さをもたらす要因として，意味の複雑性と表記の複雑性をあげている。前者は，割合としての分数と分子を分母で割った商としての分数という2つがあると指摘している。後者では，1つの値を表現する際にいくつもの標記ができるという複雑さである。たとえば，9/4は2と1/4であるといった具合である。

　これに対し，子どもの論理という視点から，吉田（1999）は，分数は2つのルール，つまり分数のルールと整数のルールという2つの知識で解決できる側面があり，それが分数の困難さをもたらす要因の1つであると指摘している。以下，この指摘を念頭におきながら，いくつかの認知的バリアを見ていこう。

(1) 分数の大小

　先述したように，学習する前の子どもは，インフォーマルには大小については豊かな知識をもっている。しかし新たに分数を記号として学習し始めると，その様相はまったく異なってくる。教科書では，3年では同分母で分子が異なる分数の大きさを指導し，異分母の大小については5年で通分の学習を終えた後での指導となる。また大小の知識を評価する典型的な問題は，「2/5と4/5のどちらが大きいでしょう」といった2つの分数の大小の判断を求めるものである。しかし，2つの分数の大小を比較させるといった問題からは，子どもの知識の何を評価しようとするのか，その意図が見えない。吉田・栗山（1991）は，3つの分数の大小判断を求める課題，たとえば「3/7，3/4，3/9の分数を大きい順に並べましょう」といった問題を与えることで，子どもがもっている知識を明らかにすることを証明した。彼らは，学校で分数を学習する前後にこれらの問題を与えるという形で，同一の学年の子どもを3年間にわたって縦断的に追跡した。

　まず，分数の大小問題を解決する際に子どもが用いた方略を見てみる。主に3種類の方略，つまり適切，L，Sという方略が見いだされた。適切は，もちろん正しい方略である。方略Lをもつ子どもでは，以下のように大小を考えていた，同分母の問題では［1/7 ＜ 3/7 ＜ 5/7］と正しく並べるが，同じ子どもが異分母の問題では［2/3 ＜ 2/5 ＜ 2/7］と間違っている。これは，偶然にこ

のように考えたのではなく，子どもがもっている知識にしたがって解決しているのである。読者には，子どもの知識を推定できるだろうか。見たところでは，分母または分子が同じなので，数が大きい分数を大きいと考えていることは，すぐにわかることだ。この方略は，分数の問題でありながら，分数の知識ではなく整数の知識を使って解決しているのである。

方略Sをもつ子どもは，同分母の問題では［5/7 ＜ 3/7 ＜ 1/7］と間違っているが，同じ子どもが異分母の問題では［2/7 ＜ 2/5 ＜ 2/3］と正しく答えている。再び，読者には子どもが使った知識がおわかりだろうか。数だけ見れば，数が小さくなる分数ほど，大きい分数にしているようだ。これは，分数で教えるルールと関係している。つまり分数では，全体を多く分けるほど分けられた１つ分は小さいというルールがあるが，その知識で解決しているのだ。それでは，方略LやSをもつ子どもが，異分母で異分子（4/9，2/3，3/4）の問題を与えられると，どのように並べるかを予測できるだろうか。LとSそれぞれの方略の意味をわかっている読者であれば，Lをもつ子どもとSをもつ子どもの答えを予測できる。また実際にその課題を与えると，予測どおりに並べる子どもがほとんどであった（吉田・栗山，1991）。

さて，３年間にわたって同一の子どもを追跡したこの研究（吉田・栗山，1991）では，先述したように３年から５年までのそれぞれの学年での分数単元の授業の前後に，同分母・異分子，異分母・同分子のタイプの大小の判断課題を与えている。200人強の子どもをテスト時期ごとに適切，L群，S群の３つのグループに分類した結果が，図6-3である。この図から，いくつもの興味あ

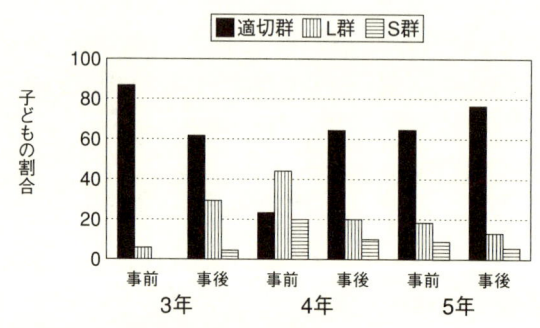

図6-3 同分母・異分子，異分母・同分子に対する３つの方略群の変化

る傾向を引きだすことができるが，その内の2つを指摘しておこう。第1に，分数を学習する以前は，インフォーマルには86%もの子どもが大小を適切に理解していたが，3年生が単元の学習を終えた時点では適切群は61%になり，学習をすることで子どもの理解度は何と25%も低下していた。われわれは，子どもが学校で学習すれば，前に比べてもっと理解するはずだと考えるが，その常識とはまったく逆の結果が得られた。第2に，4年の単元開始前の状態である。3年で学習を終わり，1年ほど分数から離れている空白の期間があった後で，4年で再び分数を学習するが，その時点で分数の大小を適切に理解していたのは，わずか23%の子どもであり，44%の子どもは，方略Lをもっていた。これは，分数に接していない間に子どもの知識は，整数という元の知識へ後退していたことを示唆するものである。

次に，常識的にはもっとも難しい問題とみなされている異分母・異分子の問題での結果（図6-4）を見てみよう。この結果も，さまざまな含みをもっている。第1に，分数の大小を記号としてではなく，量としてとらえることができる子どもがかなりいた。これらの問題は，常識的には5年で通分を学習した後に解決できると信じられているが，通分をまったく知らない4年の事後テストでも31%は適切に解答していた。第2に，図6-3の分母または分子のどちらかが同じタイプの問題では方略Lをもつ子どもが多かったが，分母も分子も異なるタイプでは方略Sを示す子どもが4割近くに達していることである。この変化は，子どもの学習が整数の知識から，完全に適切ではないものの，分数の知識に移行しつつあることを示している。

それでは，1人の子どもが分数の大小についてどのような理解の発達を示しただろうか？3年間にわたってそれぞれの子どもの方略の変化を検討することで，この疑問に応えることができる。分数は，先述したように，分数というルールだけでなく，整数の知識でも解決できるという性質がある。1人の子どもの3年間に

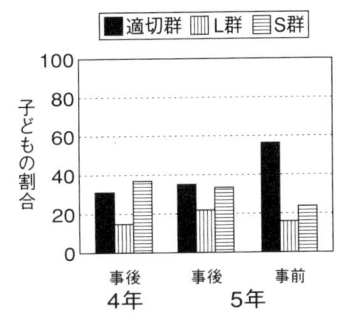

図6-4 異分母・異分子に対する3つの方略群の変化

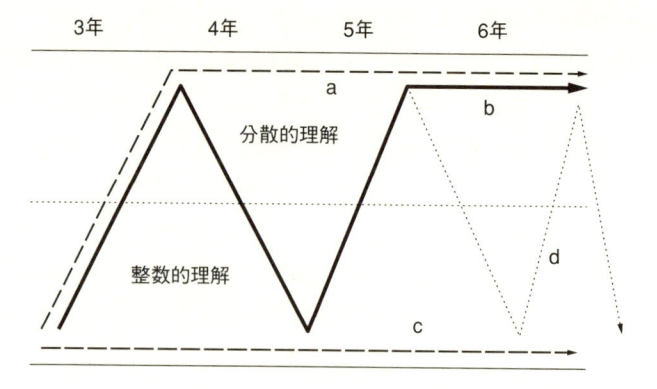

図6-5 分数の大小に関する知識の発達的変化

及ぶ方略の変化を分類してみると，主に3つのパターンが見いだされた。第1は，3年生で分数を学習することで，分数の意味や大小といった基礎となる概念をすぐに正確に理解した子どもである。第1のパターンの子どもを図示すれば，図6-5のaのようになる。こうした幸せな子どもは，しかし，全体の1割にすぎない。第2のパターンは，3年で分数を学習すると，分数ルールを獲得したように見えるが，分数に接していない期間があると，元の既有知識である整数の知識に後退し，4年で再び分数を学習することで，やっと分数ルールを学習するタイプである。図6-5のbが，これにあたる。こうした子どもが，全体のおよそ半数を占めている。しかし，2割ほどの子どもは，分数を3年間学習しても，整数ルールから脱却できない。このタイプが，図6-5のcである。さらに5％と小数だが，学習した後は分数のルールへ移行し，接していない期間には整数の知識への後退現象を繰り返す子どももいた（図6-5のd）。

このように見てくると，もっとも基礎となる大小という概念でさえも，理解することがいかに困難であるかがわかるだろう。

(2) 等全体

この原理は，計数の5つの原理（Gelman & Gallistel, 1978）で指摘された抽象性と類似している。抽象性の原理とは，1つのものは，1であるということを抽象化できることを指す。この原理は，数えられるようになった3歳前後の

子どもが，獲得するものである。分数では，それが形を変えて等全体という原理になったと考えればよい。

この等全体とは，さまざまな分数は，いずれも全体としての大きさ，これは1と言えるが，その全体はすべての分数で等しいという原理である（吉田，2003）。この原理は，分数では至極当然のことであるので，その重要性が認識されているとは言えないし，また学習指導要領では何も言及されていない。しかし，その原理に違反した例を見ると，その重要性が見えてくるのである。たとえば，2/3の大きさの作図を求めると，図6-6のaのような図を描く子どもがいる。これ1つだけ見れば，何の問題もない。しかし，2/5の作図をさらに求め，描かれた図（図6-6のb）を見ると，この原理が機能していないことがわかる。

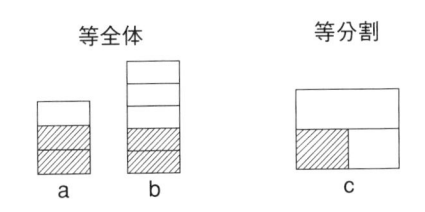

図6-6　学習中の認知的バリア

子どもは，分数の大きさをなぜ等全体に違反する形として理解しているのだろうか。主な理由は，以下の2つである。第1に，子どもが分数における等全体という知識をもっていないことによる。第2に，こうした子どもは，分数ルールというよりは整数ルールで分数をとらえている子どもに多く見られている（吉田，1991）。分数の方略で言えば，方略Lをもつ子どもがこのタイプの作図を多くしていた。

(3) 等分割

分数は，全体を部分に等しく分割したものという定義は，すでに紹介したとおりである。この等分割も分数では当然の前提である。さらに，この等分割も等全体と同じく，学習指導要領では指導目標とはなっておらず，このため授業でしっかりと教えられることはない。等分割も，それに違反した例を見ることで，重要さが浮かび上がる。図6-6のcが，その典型であり（吉田，2003），この作図をした子どもはこの図で1/3を表したつもりである。

等分割と等全体をしっかりと理解することは，分数をより深く理解することにつながる。たとえば，これらの知識をもっておれば，どの分数が大きいかと

いった問題は，よほど微妙な数でない限り，通分という面倒な操作なしに理解できる。たとえば，「2/5と5/6のどちらが大きいか」といった問題では，通分しなくても両方の知識を駆使すれば簡単に解決できる。

(4) 誤りの中に見る知識

一般に子どもが間違いをすると，その間違いを不注意やでたらめと考える人が多い。しかし，誤りの内容を分類した研究（吉田，1983）によると，誤りの中では不注意などは少数派で，わずか10〜20％ほどを占めるにすぎない。誤りのほとんど（70〜80％）は，子どもがもつ一貫した知識を反映したものであることが示されており，それらは誤り方略と呼ばれている。つまり，誤りは，子どもの知識そのものの反映であり，しかもそれらが誤りの多くを占めるとすれば，誤り方略をしっかりと分析することは，子どもの頭の中を知るという意味では，きわめて貴重な手がかりとなる。本章ではこれらについて詳説するゆとりはないので，吉田（1991）を参照のこと。

たし算やひき算といった領域では，子どもの誤り方略の中身を知ることは，難しいことではない。しかし，小学校も高学年となると，誤り方略を正確に知ることは，きわめて困難である。たとえば，図6-7の①の誤りは，すぐにわかるだろう。②はどうだろう？ちょっと考えるのではないか。これらは，簡単なひき算なので，子どもの頭の中の知識を推定することは，わりとやさしい。

しかし，領域が分数となるとそうはいかない。③と④の例について考えてもらいたい。③と④における左と右の答えは，それぞれ共通の方略で解決されたものである。読者には，共通の誤り方略を考えてほしい。左の問題のみにあて

① $\begin{array}{r}51\\-24\\\hline 33\end{array}$ ② $\begin{array}{r}723\\-285\\\hline 338\end{array}$

③ $2\frac{5}{6} - \frac{10}{12} = \frac{12}{12}$ $1\frac{3}{8} + \frac{5}{6} = \frac{37}{24}$

④ $2\frac{3}{11} - \frac{9}{11} = 1\frac{4}{11}$ $3\frac{3}{4} + \frac{2}{3} = 4\frac{5}{12}$

図6-7　子どもの誤り方略の例

はまる方略では，正しい（？）解決ではない。左右の問題に同じようにあてはまる方略を推定してほしい。かなり難しい推定ではなかろうか。ヒントをだせば，子どもの誤り方略は荒唐無稽なものではなく，正しい手続きの一部を削除したり余分な手続きを追加したりするといった特質をもつ（吉田，1991）。これをヒントに③を解いてほしい。また先述したように，分数は整数と分数の2つのルールが機能する領域だと紹介したが，④はまさにこの整数のルールが適用されている。これが，ヒントである。

　こうした誤り方略をきちっと理解することができれば，子どもの頭の中で働いている知識を推定することが可能となり，それはまた，子どもの認知的バリアを理解することにもつながる。

3．深い理解をもたらす介入とは

　1節では，分数に関して，子どもは豊かなインフォーマルな知識をもっていることを示した。それであれば，それらの知識と分数で用いる記号とを対応させる指導を行なえば，分数は簡単に理解できる概念となるはずである。しかし，子どもにとって分数は，学習することが大変難しい概念である。なぜそうしたことが起こるのだろうか？

　こうしたことが生じる主な要因としては，次の2つをあげることができる。第1は，学習指導要領で規定されているカリキュラムと子どものインフォーマルな知識との乖離である。第2は，カリキュラムが，新しい概念を学習する際に子どもがもつ認知的バリアをまったく考慮していないことである。

　現行のカリキュラムを考えてみると，算数や数学の学習内容は，数学という巨大な論理の世界があり，そこでの論理を子どもがわかるように短くまとめたものである。これは，何も数学に限ったことではなく，理科であれば自然科学という教科の論理を，社会であれば社会科学という論理の世界を子どもが理解できるようにやさしくまとめているのが，カリキュラムの基本である。カリキュラムは，こうして教科の論理を反映したものであると言える。このカリキュラムで子どもがらくらくと理解していけば，何の問題もないが，そうしたカリキュラムが，子どもには高いハードルとなっていることは，今のわが国の子ど

もの状況という現実が証明しているとおりである。

　将来のカリキュラムとしては，1節や2節で見たような子どもの論理と言える内容を組みこんだものとなることが期待される。残念ながら，こうした子どもの論理を反映したカリキュラムは未だほとんど試みられておらず，研究段階にある。しかし，子どもにとって理解することが困難な領域では，子どもの論理を反映するような方向への研究が展開されつつあり，本書に盛られている研究はそうした試みと言えるだろう。ここでは，分数に関する研究（Yoshida & Sawano, 2002）を紹介する。

(1) 子どもの論理をベースとしたカリキュラムによる指導

　子どもの論理をベースにした実際の学習内容を紹介する前に，教科書で分数がどのように教えられているかを知ることが，先決だろう。3年生での分数は，9時間の内容として教えられるので，少し冗長だが以下にその内容を述べる。1時間目は導入で，1mのひもを3分割するという課題を使って，端数としての分数を理解させる。2時間目は，分数の表記や分母・分子の意味を指導し，3～5時間目で単位分数や真分数あるいは分数の大小などを導入する。6～9時間目は，分数のたし算とひき算を教える。

　子どもの論理を反映させるために，まずカリキュラムと子どものインフォーマルな知識との乖離を小さくし，さらに認知的バリアの内容を組み込んだ学習内容にする必要がある。そのために，教科書で規定されている目標に加えて，等分割と等全体が分数単元の明確な指導目標として設定された。1～2時間目で等分割が指導され，また3～5時間目では等全体が指導された。さらに，1節で紹介した「色紙問題」を使って，そこから自然な形で分数の基礎になる単位分数や真分数を導入した。また，分数の大きさを視覚的にわかりやすく表現する際に，教科書で多用されている数直線ではなく，分数は1つの全体であるということを強調するために円や四角といった全体がはっきりとわかる教材を導入した。これらを具体化することで，子どもの論理をベースにした新たなカリキュラムができあがった。それらの主な内容は，表6-1に示されている。

　2種類のカリキュラムのもう1つ差は，社会的な相互作用の導入の意図性である。教科書群でも，もちろん子どもと教師との相互作用は活発であるが，子

表6-1　2種類の指導内容

時間	子どもの論理	時間	教科の論理
	等分割		
1	部分から全体を構成する	1	全体を部分に分割する
2	分母・分子の意味の導入;5枚の色紙を3人で分ける	2	分数の兵機や分母・分子の意味を理解する
	等全体		
3	同分母の分数の大小比較	3	量分数の指導:連続量を分数を使って表す
4	医分母の分数の大小比較	4	単位分数、真分数の導入
5	量分数の指導:連続量を分数を使って表す	5	同分母の分数の大小、相当関係を理解する
6	分数の加法と減法の計算	6	分数の大きさに関する練習問題
7	分数の加・減算の発展問題	7	同分母の加法の計算
8	まとめ	8	同分母の減法の計算
		9	計算練習

ども同士の相互作用を意図的に導入するという目標はなかった。このため，どちらかと言えば，教師からの直接的な指導が中心となる授業であった。これに対し，実験群では，子ども同士による相互作用を意図的に導入した。子どもからだされた意見が異なったときには，それを見逃すことなく，そうした意見をさらに別の子どもから求めて，子ども間の意見の違いを明確にさせ，そこから討論といった相互作用を意図的に遂行するという目標をもっていた。こうした指導で，メタ認知の育成が可能になることは，言うまでもないだろう。

　具体的な指導内容は，表6-1にあるとおりだが，この表を見ても，2つの指導がどのように違うかはわかりにくい。そこで，1時間目を取りあげてその違いを簡単に説明しよう。まず第1には，指導目標の違いである。教科書群は，等分割を指導することはなかったが，実験群では，これが目標として指導過程に組みこまれた。

　教科書群では，全体を部分に等分割する課題を導入し，その1つ分が分数であるという指導を行なう。1mのテープを3つに等しく折り，1つ分を示して，こうした端数を表現する手段が分数であり，記号としては1/3と表記することを教えた。さらに，同じテープを4つまたは5つに等分割することで，さらに1/4や1/5を教えるといった内容である。ここから明らかなように，等分割の目標が欠けているので，全体を部分に分割する際に教師は，たんに「いいですか，1mのひもを3つに等しく分けますよ」と言って，3等分したのである。この

1時間目の指導は，全体を部分に分割する指導と言える。これに対し，実験群では，等分割を指導目標としているので，教科書のように頭から等分割を前提とするのではなく部分から全体を構成する指導を展開した。まず1つの円を5つに等分割したものと，同じものを7つに分割したものを数種類用意してこれらを混ぜあわせ，子どもにはこれら混ぜあわされた部分を組みあわせて1つの円を作るように教示した。5等分された部分と7等分された部分とを使って1つの円を作ろうとすると，ぴったりとした円はできない。しかし，そうした組みあわせで円を作ろうとする子どもが大勢いた。それらの組みあわせを取り上げることで，等分割されたものでなければ，ぴったりした円は描けないことが指導された。この指導は，部分から全体を構成する指導と言えるし，そこでは等分割が明確な目標となっていることは，おわかりであろう。

　第2の差は，社会的相互作用の意図性である。教科書群でも，教師は子どもに問いかけ，子どもはそれに応答するという活発な過程が見られ，垂直的な相互作用は十分に機能していた。しかし，教師は，水平的な相互作用としての子ども間の討論を活性化することにそれほど意欲的ではなかった。そのため，ある子どもが別の子どもとは異なる意見をだしても，それをことさら取り上げることはなく，すぐに他の子どもに「あなたはどう思う？」と問いかけて，そこで生じた意見の違いは泡のように消えてしまった。実験群では，そうした意見の違いが生じたら，その瞬間を逃さずに，それら異なる意見をさらに追加するように求め，子ども同士の意見が異なることがクラスの中で明確にされた。これが，後で述べる激しい討論につながっていった。

　さて，こうしたカリキュラムを構成し，ある地方都市の小学校の3年生で実践的な介入研究を行なった（Yoshida & Sawano, 2002）。3年生に5クラスがある大きな小学校だったので，学年の教師と話しあい，3クラスがこの新たなカリキュラムによる指導を行なう実験群となり，残り2クラスが教科書による従来の指導を行なうことになった。しかし，2時間目が終わってから実験群の2人の教師が，教科書による指導に戻りたいと申しでた。その理由は，2時間目の授業にある。課題は，5枚の色紙を3人で分けるというものだが，子どもから自然な形で，真分数だけでなく，仮分数や帯分数の基になるアイデアが引きだされた。もちろん，この時間では，分数の記号としてこれらの分数を指導

するという狙いは一切なく，たんにさまざまな分割方法があるということを引きだすために用いただけなのである。しかし，学習指導要領では仮分数や帯分数は次の学年で教えると決まっているので，この2人の教師は，この実践研究での指導が学習指導要領を逸脱しているのではないかという不安にとらわれたのである。文科省の局長は，学習指導要領は，最低基準であると説明しているが，現場では守るべき最大の基準であるという大きな解釈の違いが浮かび上がった。こうした教師の考え方が間違っているというわけではない。これは，教師が抱える困難であり，これらを克服することで実際の教室にここで提案する子どもの論理をベースにした指導が浸透することになると考えられる。このため，こうした教師のもつ問題をどのように受け止めて対処するかについては，今後の研究で乗り越えるべき課題となるであろう。

それはともかく，まったく意図しなかったことだが，結果として5クラスがきわめて興味ある3群に分類されることになった。第1は，実験群（E群）で，ここでは教科書の目標に加えて，等分割と等全体をも指導目標として教えた群である。第2は，準実験群（SE群）で，この群は教科書での目標と等分割のみが指導目標であった。第3は，教科書群（T群）で，教科書で規定されている目標のみを指導する群であった。

実験群を担当したのは，この学校に所属しているが，院生として研究中の教員であった。彼は，子どもの名前も顔もわからない状況で飛び込みの授業をするという不安をもちながら，授業に入った。クラス担任の話では，クラスの子どもはおとなしく自発的に発表することも少ないということであった。しかし，授業がいざ始まってみると，手をあげる子どもが多く，教師の質問にも活発に答えるという具合だった。また，子ども同士の討論がきわめて活発になった。ある意見を子どもがだすと，その意見は間違っている・自分たちの方が正しいと主張する子どもがでてきて，クラスの子どもが2グループに分かれて激しい討論を展開した。こうした知的興奮は，授業が終わってからも収まらず，教室の後ろで観察していた著者の回りに10人ほどが集まって，自分たちの方が正しいと討論を再現したほどであった。

(2) 子どもは何を学習したか

こうした介入の結果，子どもは何を学習したのだろう。以下，単元の学習が終わった後でのテスト結果を紹介する。まず，等分割課題である。図6-8には，ルーティン問題と転移問題の結果が示してある。3つの群において，転移問題を教えることはなかった。図から明らかなように，教科書に載っているようなルーティン問題では，3群間に差はないが，転移問題ではE群の成績がきわめて高いことがわかる。理解の程度は，教科書で教えられたT群に比べると，3.5倍も高かった。

分数の大小課題の結果は，図6-9に示されている。これも，等分割課題と同じように，同分母の問題ではまったく差がない。しかし，異分母の問題では，E群はT群に比べて3.1倍もの成績を示した。

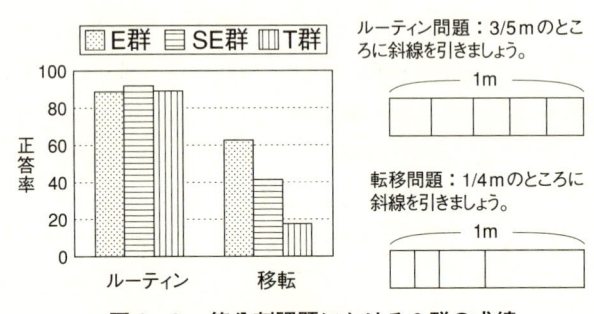

図6-8　等分割課題における3群の成績

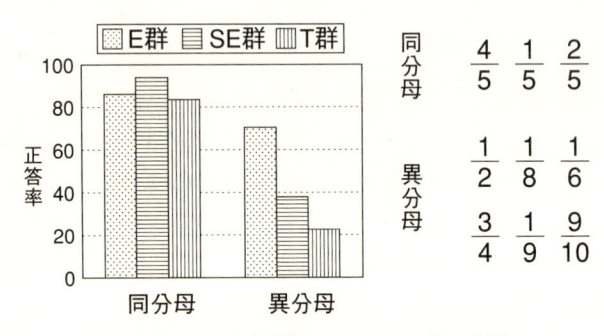

ルーティン問題：3/5mのところに斜線を引きましょう。

転移問題：1/4mのところに斜線を引きましょう。

図6-9　大小課題における3群の成績

同分母： $\frac{4}{5}$　$\frac{1}{5}$　$\frac{2}{5}$

異分母： $\frac{1}{2}$　$\frac{1}{8}$　$\frac{1}{6}$　$\frac{3}{4}$　$\frac{1}{9}$　$\frac{9}{10}$

等分割のみを指導したSE群は，いずれの課題の成績でもE群とT群との中間に位置していた。

　こうして，教科の論理のみを反映している現行のカリキュラムによる指導では，分数に関するもっとも基礎的な概念を獲得することは，きわめて困難であることが示された。いずれの課題でも，理解率はわずか20％ほどであった。しかし，子どもの論理を具体化したカリキュラムによる指導を行なうと，伝統的な指導に比べて3倍強もの理解を示していたのである。たんに理解が深化しただけではない。E群の指導過程から示されているように，子ども同士の討論もかなり深化したと言える。さらに，認知的バリアという点から見れば，2つのバリアの片方のみを指導するだけでは，分数の理解を促進することは難しいことも実証された。現在の時点で明らかになっているすべての認知的バリアを組みこんだ指導を行なうことが，子どもの理解を大きく促進することになるのである。

(3) 最後に

　子どもが，難しいと言われている概念を理解すれば，学習に対する意欲は高まり，算数嫌いや理科嫌いといった子どもを減らすことができるであろうし，またそれはまた子どもの学校への適応を大きく高めるものとなるだろう。こうして，子どもの論理を反映したカリキュラムを構成し，実施することは，わが国の教育を大きく変えていく原動力となると考えられるが，問題は多い。最大の問題は，こうした子どもの論理を反映したカリキュラムが，まだ小学校算数の中でも限られた領域でしか実現していないことである（吉田，2003）。そのためには，算数教育のさまざまな領域にわたって，先述したようなインフォーマルな知識を明らかにし，さらにその領域での認知的バリアを同定することが必要となる。残念ながら，これはまだ道半ばと言わざるをえない。

7章

比例への教授介入
―― 分析から改善へ ――

> 7章では、「比例の罠」に捕られている小学校高学年から中学生にかけての子どもの姿を明らかにする。比例の罠とは、たとえば正方形の1辺の長さが2倍になったときに、面積も、長さと同じく、2倍になるという知識に捕らわれていることを指す。この傾向は、比例ではない問題状況にも同じように適用されるという具合に、きわめてがんこな傾向であることも見いだされた。
> 比例を過剰に適用する傾向を抑制するためには、子どもが比例関係だけでなく、比例ではない関係についても深く理解することが重要であり、数学的なモデルを注意深く作り上げることが重要である。その目標を達成するために、10時間におよぶ実験的な介入を行なった。そのために、伝統的なスタイルの問題ではなく日常生活で出会うような問題に変更し、生徒同士の相互作用を活発に行ない、教材として多様な図や式を用い、さらにそれらの相互関係を理解できるような介入を行なった。その結果は興味あるものだった、つまり、介入を受けた子どもは、比例的な知識を獲得することができたが、比例の問題に対して新たに獲得した非比例の知識を過剰に一般化するという新たな傾向を引き起こしていた。こうして、10時間におよぶ介入が、大成功という結果にはならなかった。

1. なぜ比例モデルは過剰に使われるのか？

(1) 子どもによる比例モデルの過剰な一般化

比例関係は、古くから小学校高学年や中学校低学年における算数・数学の主要なトピックである。それは、比例関係が、純粋数学や応用数学といった領域での基礎となるモデルであるということに由来している。しかし、生徒が比例モデルを経験し慣れていくにつれて、これらのモデルは、「普遍的に」適用できるという幻想や、まったく異なる数的関係をまるで比例関係のように考える

傾向を子どもはもつようになることが，指摘されている（Freudenthal, 1983）。

この傾向は，さまざまな領域で，さまざまな教育段階で，確認され議論されてきた（Van Dooren et al., 2008）。生徒が比例を過度に使用する強い傾向があることは，ヴァーシャッフェルらの研究（Verschaffel et al., 1994）に見られる。そこでは，「ジョンの100 m走の最高タイムは17秒です。ジョンは1 km走るのにどれだけ時間がかかりますか」という問題に対して，10歳から12歳の児童の90％が170秒と回答していた。他の例では，「エレンとキムが運動場を走っています。2人が走る速さは同じですが，エレンは遅れてスタートしました。エレンが運動場を5周したとき，キムは15周していました。エレンが30周したとき，キムは何周しているでしょう」という問題に対して，12歳の児童のうち半数以上が90周と回答した（Van Dooren et al., 2005）。さらに中学校の高学年や大学生であっても，確率（Fischbein & Schnarch, 1997; Kahneman & Tversky, 1972; Van Dooren et al., 2003）や，代数パターンの一般化（Linchevski et al., 1998）を含むさまざまな領域において，比例を過剰に使用していた。

(2) 面積と体積における線形での拡大と縮小の効果

もっとも有名な例は，相似幾何図形の長さ，面積，体積を扱っている問題における比例の誤った使用である（Freudenthal, 1983）。この種の問題を支配している原則は，rという係数による拡大と縮小である。長さはr倍したもの，面積はr^2倍したもの，そして体積はr^3倍したものとなる。この原則を理解する際に不可欠なことは，これらの係数が，長さ，面積，体積という関係する大きさにのみ左右されるものであり，図形の特殊性（図形が正方形，三角形，錘，球，不規則な図形であるかどうか）には左右されないということである。フロイデンソール（Freudenthal, 1983, p.401）によると，「この原則は，洞察を深め，それが実行される素朴で科学的で社会的な現実における文脈を豊かにするため，幾何的計算と公式化の適用よりも優先されるものである」。

多くの研究者が主張しているように，相似図形の長さと面積と体積に関わる数学的関係をはっきり理解することは，とても困難でありゆっくりと理解される過程であり，理解が確立されるまでの長い間，生徒が比例を誤って使う傾向を示す。『アメリカ数学教師協議会（NCTM）スタンダード』には，次のよう

に記載されている。「5年生から8年生の生徒の多くは，相似図形を得るために，図形の1辺が2倍になると，面積や体積もまた2倍になると誤って考えている」(National Council of Teachers of Mathematics, 1989, p.114-115)。教員養成課程の大学生の面積概念を調査したティアニーら (Tierney et al., 1990) もまた，線の長さの変化が面積の変化へ過剰に一般化されることを見いだした。言いかえると，子どもだけでなく大人でさえも，長さと面積の関係は長さと体積の関係を二次的・三次的関係としてではなく，線形の関係としてとらえる傾向が強い。

相似幾何図形の問題における不適切な比例的類推の傾向の程度と固執についてのより系統的なデータを収集すること，この現象に対する説明を理解すること，子どもに見られるこの傾向が適切な教授介入によって修正されるかどうか，また修正されるのであればどのように修正されるのかを調査することを目的として，およそ十年前に，一連の体系的な研究が，ルーヴァン教授心理学・技術センター (CIP&T) で行なわれた。本章では，この研究のさまざまな段階について概説する（より詳細な報告はDe Bock et al., 2007を参照）。

2．子どもの比例概念を分析する

(1) 比例的類推の罠

初期の研究では (De Bock et al., 1998; De Bock, Van Dooren et al., 2002; De Bock et al., 2003)，相似な平面図形の長さと面積に関する問題，相似の物体の長さと体積に関する問題，比例問題と非比例の問題の同じ組みあわせから構成されたテストが用いられた。テストは，12～13歳と15～16歳の子どもを対象にいくつかの実験条件下で集団的に行なわれた。問題は，普通の文章題として示されたが，それらには異なる種類の平面図形（正方形や円などの規則的な図形や不規則な図形）の問題があった。次は，正方形の拡大に関する非比例の問題（カール1）である。

「農家のカールさんは，1辺が200mの正方形の土地に肥料をやるのにおよそ8時間かかります。カールさんが1辺が600mの正方形の土地に肥料をやるとすれば，何時間必要でしょう」。

この問題では，正方形の土地の一辺が3倍されているので，面積は9倍となり，

面積とおおよそ正比例の関係にある肥料をやる時間も，9倍になるはずである。

　これらの研究から，以下の傾向が示された。第1に，非比例の問題を解決するために，12〜13歳でこのタイプでの正答率はわずか2〜7％でしかなく，比例的類推を適用する傾向がきわめて強いことがわかった。また15〜16歳においても，正答率は17〜22％とかなり低く，その傾向は強力であった。誤りのほとんどは，不適切な比例的類推過程を使うというものであった。

　第2に，用いられた図形の種類によってその傾向はかなり異なっていた。使用された拡大図形が正方形や円のような規則的な図の場合には，地図のような不規則な図よりも，非比例の問題での成績は良好であった。

　第3に，生徒に問題状況を描くよう明確に教示することや，元の図と拡大図形の両方を与えるという操作も，生徒の理解には何の効果も及ぼさなかった。多くの場合，子どもは図を描くという教示を無視したり，拡大図そのものを無視していた。しかし，自分で図を描いたり，解決する際に与えられた図を使った子どもでは，正答が増加した。

　第4に，テストの前に，非比例の問題に対する正しい解決方略と誤った解決方略とを子どもに示すといったメタ認知的支援がなされたが，そうした支援は，非比例の問題において有意ではあるが小さな効果をもたらしただけだった。

　第5に，比例モデルが誤って適用されるのは，部分的には，従来の「欠損値」タイプでの問題（3つの数が与えられ，4つ目の未知数を決定しなければならない問題）で生じやすいことが証明された。その典型の問題（カール2）は，以下のようなものだった。

　「農家のカールさんは，正方形の土地に肥料をやっています。明日カールさんは，正方形の一辺が今日の3倍ある土地に肥料をやらねばなりません。その土地に肥料をやるのにあとどれくらいの時間が必要でしょう。」

　このカール2と先のカール1とは，数学的には同じ構造である。カール2を与えられた子どもは，典型的な欠損値問題よりも，比例的類推の罠を簡単に避けることができた（比較問題の正答率は23％，非比例の正答率は14％）。明らかに，多くの子どもにとって，そのモデルと特定の問題との関連があれば，比例的類推という罠が働きだすということだ（この場合は，欠損値タイプ）。しかし，こうした比較問題を出題された子どもであっても，およそ半分以上の問

題において，非比例の問題に誤って回答していた。

　第6に，小人の国を訪れるガリバー物語をビデオ化した場面をテストの前に提示し，さらにテスト問題をこれらのビデオ場面に直接関係づけたりするという，魅力的な「日常的」文脈下で問題を提示すると，生徒の成績に強い否定的な効果があった（非比例の問題でのこれらの場面を提示された群の正答率は25％であったが，統制群は41％であった）。

　第7に，特定の実験的操作をすることは，少なくとも何人かの子どもにとっては，問題の非比例的性質を発見したり解決を容易にするという促進効果があった。しかし，この肯定的な効果は，非比例の類推を比例的な状況に過度に一般化するという傾向をもたらし，非比例の類推の枠組みのもろさと不安定さが明らかになった。

　これらをまとめると，ディボックら（De Bock et al., 1998, 2003; De Bock,Van Dooren et al., 2002）による研究からは，12歳から16歳の子どもの大多数が，比例的類推を「何にでも」適用するという憂慮すべき強い傾向があり，相似の二次元図形の長さと面積に関する非比例の文章題を解決できないことが明らかになった。いくつかの実験的操作は，非比例の問題では子どもの成績に有意な肯定的効果をもたらしたが，その効果は，残念ながら小さいものであった。比例モデルを何にでも使用する傾向は，さまざまな年齢層の多くの子どもに，さまざまな状況において幅広く見られ，また非常に変化しにくいことがはっきりと示された。

(2) 比例的類推の罠のメカニズム

　これまでの研究では，比例的類推をなぜ誤って使うかに関する思考過程や，この過程が子どもの数学的な知識，概念，習慣や信念などといった子どもの個人差がそうした思考過程にどのように影響しているかについては，まだほとんどわかっていない。これらを明らかにするために，われわれは，子どもに問題を一斉に与える方法ではなく，少人数の子どもに対する個別面接による方法へと変更した（De Bock, Verschaffel, & Janssens, 2002）。

　面接では子どもに問題を与え，彼らが解いている最中に考えることをすべて声にだして言うように要求することで，子どもが問題をどのように解決するか

についての情報を得ることができた。12〜13歳の子ども20人と15〜16歳の子ども20人が，この面接調査に参加した。もし子どもが問題を比例的に解決していれば，彼・彼女に以下の4つの追加のヒントを与えた。(ⅰ)架空の子どもたちが出した答の度数分布表を子どもに与える。(ⅱ)その子どもに，問題を正しく解決した架空の子どもの主張を伝える。(ⅲ)その架空の子どもの主張の背後にある類推を与える。(ⅳ)規則的な関数の面積と不規則な関数の面積とのつながりをはっきりさせる。一見矛盾するようなこうした葛藤場面に対する子どもの反応を分析することによって，子どもが比例を使うことにどれだけ固執しているか，子どもの知識でどの側面がこの行動の原因となっているかを明らかにすることができた。

　面接からは，非比例の問題が与えられたとき，比例モデルが適用できそうにない反証事例にでくわしても，比例モデルに固執するという非常に強い根深い傾向の存在が，確認された。実際，40人中で2人を除く全員が，比例モデルを使って解決し，その後の面接でもごく限られた子どもだけが，ためらいがちに，そのモデルを棄却しただけであった。もっと重要なことには，面接からは，「比例の罠」に入りこむ子どもの類推，問題解決の過程，その背後にあるメカニズムについて多くの重要な知見が得られた。比例の不適切な使用の原因となっている子どもの知識基盤は，以下の4つのカテゴリーに分類できた。(ⅰ)フィッシュバイン (Fischbein, 1987) が言うところの直観的類推，(ⅱ)増加は常に比例的であるという信念（慎重に考えた上で，線形関数をいつでも適用することにつながる），(ⅲ)とくに不規則な図形の相似拡大や面積に関する幾何学についての知識の欠損，(ⅳ)数学に対して，とくに文章題の解決に関する不適切な習慣や信念 (Verschaffel et al., 2000)。これらすべての側面が，表面的あるいは不完全な数学的モデリングを適用する際の土壌となっており，そのことにより比例の不適切な使用というがんこな傾向が引きだされている。

3．比例概念を過剰に一般化する傾向を克服できるか？

　研究の次の段階は，比例の過剰な使用を抑制することを意図した学習環境を構成し，実際に遂行し，評価することであった。われわれの目的は，子どもに

比例関係あるいは非比例の関係や状況についての概念的理解を深めさせ，この種の問題を解決するために十分な幾何学的知識を作り上げ，数学的モデリングに対してより注意深く考えさせることであった。そのために，13～14歳の子どもに対する実験的授業を10時間にわたって行なった。

(1) 学習環境

　介入研究を行なうためにわれわれが開発した10時間の授業の内容の大枠が，本章の末尾に資料としてあげられている。各授業については，キーとなる学習課題と練習問題をつけている。学習材料については，ディボックら（De Bock et al., 2007）によって詳しく説明されている。以下，この授業のデザインの背景にある一般的な原理を説明しよう。

　本章の前半で述べた解明研究の結果と結論を考慮して，以下のような構成原理をあらかじめ設定した。10時間の授業では，不規則図形に関する面積の概念，図形の拡大や縮小に関する原理（1～2時限目），周囲の長さ，面積，体積を求めるための方略などといった生徒の幾何学的知識の欠如を補うようにした。比例と非比例の課題の種類を増やすために，面積や体積の直接的・非直接的な測定に関わる問題を出題した。また問題に対する比例モデルを適用できるかどうか徹底的に議論することで，子どもが比例を直観的に使う傾向を抑制するように試みた。具体的には，相似の拡大や縮小図形における多くの関係を把握するために線形関数を利用できるような環境を導入したが（たとえば，3時限目の課題を参照），その一方で特定の状況をモデリングする際に限界があることも説明した。また，4～5時限目では，子どもに認知的葛藤を引き起こさせ，小グループやクラス全体での活発な討論を引きだすために，「パンケーキ問題」を導入した。最後に，文章題の解決中に生じるさまざまな不適切な習慣や信念をできるだけ修正しようとした。それらの信念には，1～2種類の簡単な演算を適用すれば算数の問題を解決できるという考え，解決のために必要な情報は問題の中に最初から与えられているという考え，すべての問題には正確な答えがあるという考え，作図することは数学の問題解決には役立たないといった考えである（たとえば，6～7時限目の「犬小屋問題」や8～10時限目のまとめの授業を参照）。

一般的に言えば，学習環境を開発するためには，他のさまざまな研究を参考にした。たとえば，現実的数学教育（de Lange, 1987; Gravemeijer, 1994; Treffers, 1987），強力な学習環境，概念変化と高次の思考スキルの強化（Collins et al., 1989; De Corte et al., 2004; Vosniadou et al., 2001）などで明らかにされた原理である。

　参照した原理の第1は，介入授業で用いる問題である。特定の数学的（誤）概念や固定観念化された表面的なモデリング行動を克服するために，非常にバラエティに富んだ現実的で魅力的な問題を随所に取り込んだ。その例として，8時限目から10時限目に行なったまとめの授業について説明しよう。これらの授業では，『子鬼（Gnomes）』（Poortvliet & Huygen, 1977）という本に関わるプロジェクトに関係するものを取り上げたが，その本では子鬼の生活のすべての側面を非常に詳細に，感動的に，現実的に描いていた。介入授業では，子どもは，すべての長さが12分の1に小さくなった子鬼の世界に入りこみ，その世界で展開される複雑で，魅力的で，難解な問題を与えられ，それらの問題は新たに獲得した数学的知識を応用する機会となった。

　第2の原理は，学習環境である。その環境としては，教授テクニックの組みあわせ（小グループでの活動，グループのメンバーの役割の交代，グループ間の入れ替え，クラス全体での討論など）が導入された。これらのテクニックの導入は，子どもの深い理解と高次の思考スキル（明確な表現や熟考など）の発展に効果的であることが証明されている。

　第3の原理は，豊かで多様な教材を導入することである。問題での内容を表現するために，多様なやり方（図，枠組み，表，グラフ，式，文章）で学習内容を提示し，それら図や表や式などの相互関係が明確になるようにした（たとえば，Ainsworth et al. 2002., National Council of Teachers of Mathematics, 1989）。資料にあるように，その例として，正方形の一辺の長さと面積の二次関係は，以下のような多様な形で表わされた。

・正方形の面積の公式は，「A ＝ 辺の長さ × 辺の長さ ＝ 辺の長さの2乗」（二次関係が見られ，辺の長さは1.5倍の長さ，2倍の長さ，3倍の長さや別の値に置き換えることができる）

- 何種類かの辺の長さについて計算された面積の表（辺の長さが異なる面積の比較ができる）
- 辺の長さと面積の関係が描かれたグラフ（関係の比例ではない性質が描かれている）
- 図（それぞれの面積を視覚的に比較できるように，大きな正方形が小さな正方形を「覆っている」）

(2) 研究方法

同程度の学力をもつ中学生のグループ（2年生，13〜14歳）が，研究に参加した。実験群18人の子どもは，一連の実験的授業を与えられ，17人の統制群の子どもは通常の教科書による授業を受けた。実験授業の効果を評価するためには，比例問題2問（拡大された正方形と円の周囲の長さに関する問題）と非比例の問題4問（拡大された正方形，立方体，あるいは不規則な図形の面積や体積）の文章題を用いた。表7-1に，比例と非比例の問題の例が示されている。これと同じ構造だが形式が異なる他の3種類のテストが，実験群の介入の前（事前テスト），介入の後（事後テスト），そして3ヶ月後（保持テスト）に実施された。実践上の理由で，統制群は事前テストと保持テストのみを受けた。回答は，正答か誤答かで得点化され，誤答は，3つのカテゴリー（非比例の問題へ比例を適用，比例問題へ非比例のやり方を適用，その他の誤り）のどれかに分類された。

(3) 研究での目的と仮説

この研究の目的は，先述した特徴をもつ学習環境が，比例的な知識を過剰に

表7-1　テストに用いられた文章題の例

比例の問題（周囲の長さ）	非比例の問題（体積）
スティーブが正方形の砂のお城の周りに一辺50cmの溝を掘るのに10分かかります。スティーブが正方形の砂のお城の周りに一辺150cmの溝を掘るのにおよそどれくらいかかりますか。	ジョンは，おもちゃ箱の中に何種類かの大きさのサイコロを持っています。一番小さいサイコロは一辺10mmで重さは500mgです。 一番大きい一辺30mmのサイコロの重さはどれくらいですか。

利用する子どもを大幅に減少させることができるかどうかを検証することであった。事前テストで，ほとんどの子どもは比例問題に対しては正しく適用するが，非比例の問題に対しては誤って回答すると予想された。さらに実験群では，事後テストにおいて，非比例の問題において成績が有意に向上し，この向上は保持テストにおいてもおおむね維持されると予想された。統制群では，事前テストから保持テストにかけての成績の向上は予想されなかった。

(4) 介入の効果

表7-2に，それぞれの正答率が示されている。予想したとおり，事前テストにおいては実験群と統制群の双方で，比例問題では80％台半ばの高い成績を示し，非比例の問題では10〜20％台というかなり低い正答率であり，また比例問題では実験群と統制群の成績に差がなかった。非比例の問題でも両群に統計的な差はなく，両群は解決能力の点では等質であった。以下，統制群の結果について考察し，続いて，実験群の成績が事前テストから保持テストでどのように向上したのかについて分析する。

統制群については，事前から保持テストにかけて有意な成績の向上を予想していなかった。この予想どおり，事前から保持テストにかけては，非比例の問題においてほんのわずかな向上がみられたが（正答率が13.2％から16.1％），比例問題においてはわずかな低下が見られた（85.3％から73.5％）。これらの変化は，いずれも統計的には有意ではなかった。統制群の面接時の発言内容から，以下のことがわかった。第1に，事前と保持テストでの非比例の問題に対して，比例を不適切に使った回答率はおよそ80％であった。第2に，比例問題に対する，非比例の方略の過度の一般化が観察された（およそ11％から18％）。同種類のテストを繰りかえすという手続きのために，子どもの中には，以前に正し

表7-2 各テスト時期における比例の問題と非比例問題における両群の正答率（％）

	比例の問題			非比例問題		
	事前	事後	保持	事前	事後	保持
	％	％	％	％	％	％
実験群	83.3	58.3	52.8	29.2	61.1	50.0
統制群	85.3		73.5	13.2		16.1

く解いた比例問題に対して，非比例の解答方法を適用し始めた生徒もいたのだろう。こうした傾向は，先行研究ですでに観察されている（De Bock et al., 1998, 2003; De Bock, Van Dooren et al., 2002; De Bock, Verschaffel, & Janssens., 2002）。

次に，実験群の結果を見てみよう。事前から事後テストにかけて，非比例の問題において明らかに有意な成績の向上が見られ（29.2％から61.1％），事後から保持テストにかけての成績が低下していたが（61.1％から50％），その低下は統計的には有意ではなかった。このことは，実験群の生徒は，非比例の問題の成績において明らかな改善を示し，この改善は数カ月にわたって維持されたことを意味している。しかし，この成績の向上は，われわれが予想していたほどには高くはなかった。非比例の問題の結果とは逆に，比例問題での実験群の成績は，事前テストでの83.3％から事後テストでは58.3％へと低下しており，保持テストでは52.8％とさらに低下していたものの，事後から保持テストへのこの低下は有意ではなかった。

こうして子どもは，比例を適用することで解決できない問題があると気づいたときには，比例問題に対して非比例の解決の枠組みを適用しており，これは先行研究と同じ傾向である（De Bock et al., 1998, 2003; De Bock, Van Dooren et al., 2002; De Bock, Verschaffel, & Janssens., 2002）。実験群への面接での回答を分析してみると，事前テストにおいては，非比例の問題に対する全回答の約70％が，比例的な解決を行なっていた。この不適切な比例的回答は，事後テストではおよそ18％まで低下したが，保持テストでは再び約30％まで上昇していた。面白いことに，非比例の問題に比例的な解決方法を適用しなくなった子どもは，以前に比べて必ずしも良い成績をおさめたわけではなかった。むしろ彼らは，事後と保持テストで非比例の問題に対して，非比例の解決方法を適用するという誤りを犯していた（面積と体積を混同する，与えられた数字の1つを単純に2乗するなど）。事前テストでは，比例問題に対する全回答のうち約13％のみが，非比例の方略の適用であると見なされたのに対し，事後と保持テストではそれが36％まで上昇していたのである。

実験群の子どものこうした結果から，子どもが新たに学習した非比例的類推の知識が，もろくて不安定であることが示唆されるだろう。実験群での授業のビデオ映像を詳細に分析したところ，この示唆が妥当であることがわかった。

多くの子どもにとって、比例ではない関係と面積や体積の拡大の効果を理解することは、本質的にとても困難であり、また彼らの直観に反するものであることが示された。たとえば、子どもは、正方形の一辺の長さが2倍になるとその面積は4倍になる（面積の拡大は「二次的」に進行するから）ことを理解してはいたが、それを周囲の長さに対しては適用できなかった。実験者の質問に対してある子どもは、周囲の長さも「2方向に」増加すると説明した。

(5) まとめ

　この実験から、われわれの仮説が妥当であることが示された。まず、実験群と統制群の両群は、比例問題では好成績をおさめたが、非比例の問題に対しても比例的な方法を誤って適用していた。実験的な介入が終わった後では、実験群の生徒は、非比例の問題に対して比例的解決方法を以前よりも適用しなくなっていた。明らかに、こうした子どもにおいては比例的な関係を過剰に使用するという傾向は、抑制されたと言える。しかし、事後と保持テストでの非比例の問題に対しては、比例的類推のため、あるいは比例ではない方略の適用という失敗のために、正確に解決することができなかった。さらに、事後と保持テストでは、実験群は、比例問題において介入前に比べてより多くの誤りをするようになった。これは、以前はうまく解決できた比例問題に対して、新たに学習した非比例の方略を過度に一般化し始めたためであった。実験的な介入が終わった後で、子どもは、どのモデルをどの状況に使用しなければならないかを理解できないようであった。

　それゆえ、われわれは、一連の実験的な授業を実施したことで目標を到達できたと言うことができない。実験的授業では、比例であることと比例ではないことのより深い理解や、比例的にモデル化できる、あるいはできない状況を区別する力を獲得させることができなかった。このことは、実験群の生徒が新たに獲得したと思える比例ではない類推の枠組みが、もろく不安定であることを示している。

　こうしたことが生じた第1の理由は、われわれの介入が13～14歳を対象にしたことである。彼らは、比例的類推の知識をある程度獲得して、利用している子どもであったことだ。そのため、子どもが初めて比例関係をもつ問題状況に

出会ったときに，比例がうまく適用できない反例の問題も経験していたことは重要だ。第2に，10時間という実験的介入は，通常の数学の授業と比べるとかなり少ない経験であり，不適切な比例的類推の発生を促進し表面的なモデリング過程につながるような子どもの習慣や信念を変えるためには，十分な時間ではなかったのかもしれない。

資料: 実験的授業において用いられた材料の例

<u>1−2時限目: 相似な図形，相似な物体</u>
目標: 相似形で拡大・縮小された図形や物体を認識し，作図する。またその特徴を理解する。
例: マルグリットによって書かれたオリジナルの絵画の複製のうち，一番良いのはどれでしょう。

その他の活動: さまざまな絵画や3次元の物体（缶，封筒，びん，など）の相似形を検証する。与えられた図形の拡大および縮小した相似形を作図する。相似形を作図するための「より簡単な」方略を見つける。

活動後: 以下の項目について，クラス全体で討論する。
・相似図形（二次元）と相似物体（三次元）の性質
・さまざまな大きさの相似形の作図方法
・拡大率・縮小率kの意味

<u>3時限目: 相似形の線形的な関係</u>
目標: 相似図形の比例関係を理解し，その図形の異なる大きさでの長さを予測するために，その関係がどのように用いられるかを知る。
例: 表を完成させて，表からグラフに数値を移しなさい。

	A	B
絵の幅		
絵の対角線		
黒板の高さ		
その他の長さ		

	高さ	対角線
A		
B		
C		
D		

活動後: 以下の結論にいたるグループでの討論を行なう。
・図Aのそれぞれの長さが，図Bの長さのk倍になっている。
・無作為に選んだ2つの長さの割合は，どの図形においても同じである。
・その図形の異なる大きさにおける長さについての予測は，線形のグラフの補間や補外によって可能である。

<u>4－5時限目: 周囲の長さの一次的増加と面積の二次的増加</u>
目標: もし図形がk倍で拡大あるいは縮小されたなら，その図形の周囲の長さもk倍になるが，面積はk^2倍になるという原理を理解し，それを利用する。
例: 1.5リットル入りの大きなコーラのボトルは，0.5リットル入りの小さなコーラのボトルの相似図形ですか。

例: 小グループ活動
今日はアンの誕生日で，彼女のお母さんは大きさが違う3つのフライパンでパンケーキを作ろうとしています。アンが友達に「大きなパンケーキ（直径30 cm）を2つか，ふつうの大きさのパンケーキ（直径20 cm）を4つか，小さなパンケーキ（直径15 cm）を6つかの，どれか選んでいいよ。」と言いました。
友達は次のように考えました。「2×30 cm ＝ 60 cm，4×20 cm ＝ 80 cm，6×15 cm ＝ 90 cmだから，小さいパンケーキ6つがいいと思うわ。」
あなたは，アンの友達の考えについてどう思いますか。
解き方を比べてください。大きなパンケーキ1つと同じ量にするためには，小さなパンケーキは何個必要でしょう。また，それはどうしてですか。

クラス全体での討論: 考えられるアプローチを見つけるために，他のグループの

解き方について討論する。面積を計算する。厚紙の円盤をモデルとして用いる（厚紙の円盤に重さをつけ，大きな円盤をいくつかの小さな円盤に切り分けたり，いくつかの小さな円盤を大きな円盤にあてはめたりする）。

活動後: 以下のやり方で，周囲の長さと面積の拡大と縮小の影響を調べるためのクラス全体での討論をする。
・複数の提示方法（式，表，図，グラフ）
・さまざまな図形（正方形，円，長方形，不規則な図形）
・たとえば

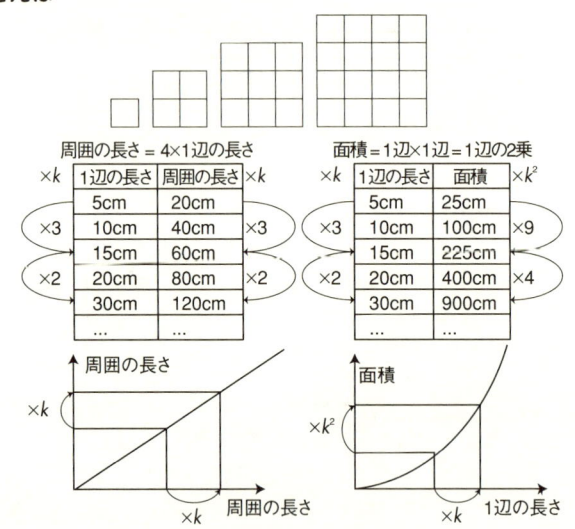

1辺の長さ	周囲の長さ
5cm	20cm
10cm	40cm
15cm	60cm
20cm	80cm
30cm	120cm
...	...

周囲の長さ = 4×1辺の長さ

1辺の長さ	面積
5cm	25cm
10cm	100cm
15cm	225cm
20cm	400cm
30cm	900cm
...	...

面積 = 1辺×1辺 = 1辺の2乗

×k，×3，×2 ... ×k^2，×9，×4 ...

（グラフ：周囲の長さ vs 周囲の長さ，×k；面積 vs 1辺の長さ，×k^2）

いくつかの適用問題の練習（個別か2人1組で）: たとえば，タイニーの両親は床タイルを 25 cm² 購入しました。リビングルームには 19 cm² が必要でした。タイニーの寝室は，長さも幅もリビングルームの半分です。タイニーの寝室に敷くだけのタイルは残っていますか。

<u>6 − 7 時限時限目時限目: 体積の三次的増加</u>
目標: もし物体がk倍で拡大あるいは縮小されたなら，その体積はk^3倍（面積はk^2倍）になるという原理を理解し，それを利用する。
例: 小グループ活動
トミーは，右の図にしたがって犬小屋を作ろうと思います。すべての板の面積はどれだけですか。板をどれだけ注文しなければならないでしょう。

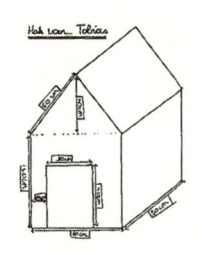

トミーのおじさんはもっと大きな犬を飼っています。もしおじさんがまったく同じ犬小屋を2倍の大きさで作るとしたら，板はどれだけ必要でしょう。
小さな犬小屋の体積を計算し，大きな犬小屋の体積を推定しましょう。大きな犬小屋はどれくらい大きいでしょう（立方体のような単純なモデルを使って説明してみましょう）。

クラス全体での討論: 考えられるアプローチを見つけるために，他のグループの解き方について討論する。

活動後: 面積と体積に及ぼす物体の拡大と縮小の効果を調べるためにクラス全体で討論する。
- 複数の提示方法（式，表，図，グラフ）
- さまざまな図形（立方体，直方体，円柱，球など）
- たとえば

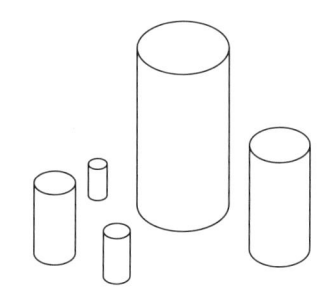

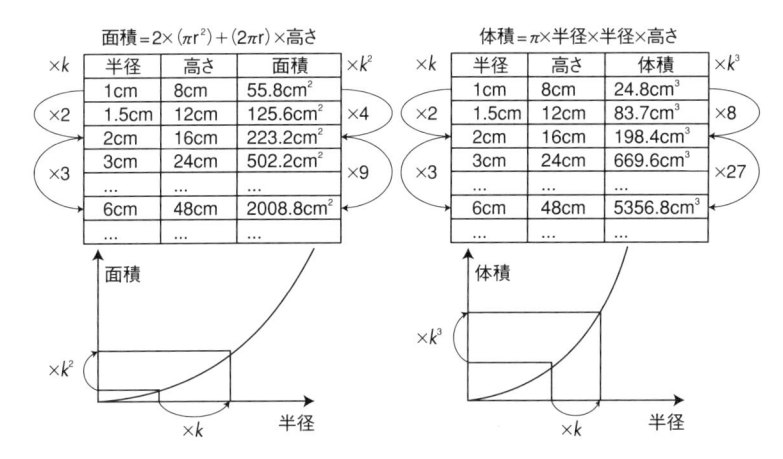

面積 $= 2 \times (\pi r^2) + (2\pi r) \times$ 高さ

×k	半径	高さ	面積	×k²
	1cm	8cm	55.8cm²	
×2	1.5cm	12cm	125.6cm²	×4
	2cm	16cm	223.2cm²	
×3	3cm	24cm	502.2cm²	×9
	...	...	...	
	6cm	48cm	2008.8cm²	
	...	...	...	

体積 $= \pi \times$ 半径 $\times$ 半径 $\times$ 高さ

×k	半径	高さ	体積	×k³
	1cm	8cm	24.8cm³	
×2	1.5cm	12cm	83.7cm³	×8
	2cm	16cm	198.4cm³	
×3	3cm	24cm	669.6cm³	×27
	...	...	...	
	6cm	48cm	5356.8cm³	
	...	...	...	

いくつかの適用問題の練習（個別か2人1組で）: あるリンゴ農家では大きさが異なる2種類のリンゴを売っています。1つは平均して直径6cmあり，10セントです。もう1つは，平均して直径9cmあり，20セントします。

2種類のリンゴの大きさを比べてみましょう。拡大率（k）はいくらでしょう。リンゴは相似形だとします。大きなリンゴは小さなリンゴに比べてどれだけ重いでしょう。

　アップルソースを作るとしたら，どちらの大きさのリンゴを買うのが経済的でしょう。

　別のリンゴの農家では，この2種類のリンゴに別の値段をつけています。「直径が平均6cmのリンゴは1kgあたり1ユーロで，直径が平均9cmのリンゴは1kgあたり1ユーロ20セントです。」この場合，どちらのリンゴを買うのが経済的でしょう。

8 − 10 時限目: まとめ

子鬼の身長:15cm

子鬼の体重:300g

子鬼が人間と相似形だと仮定した場合，身長15cm，体重300gの子鬼というのは存在するでしょうか。

	子鬼		人間
	15cm	―（×12）→	180cm
	300g	―（×12³=1728）→	518400g（ありえない！）
（妥当！）	40.6g	←（:12³=1728）→	70000g

小グループ活動: 子鬼が人間と相似形で，12分の1の大きさだとします。自分たち人間の世界の知識を使って，以下の子鬼の世界についての質問に答えなさい。必要ならば，その他の情報も集めなさい。
　・子鬼のベルトの長さはどれくらいでしょう。
　・子鬼の足の裏の面積はどれくらいでしょう。
　・女の子鬼のためにスカートを作るにはどれくらいの布が必要でしょう。
　・子鬼がお風呂に入るのに，どれくらいの水が必要でしょう。

8 章

認知的／社会的文脈を統合した学習環境

　近年の教育心理学研究を支えるもっとも基本的な研究動向は，以下の2つの流れに要約することができる。1つめの流れは，20世紀半ばからの「認知論的アプローチ」によって，個人の頭の中に閉じられた形での認知的変化や知識構造の解明などに焦点をあてた知見が蓄積されてきた。2つめの流れは，20世紀後半からの「社会文化論的アプローチ」によって，協同的探究の場面における，個人を取り巻く社会・文化的諸要因との相互関連に焦点があてられるようになり，伝統的な知のあり方が問い直されてきた。
　こうした大きな変化を踏まえながら，本章の1節では，1つめの流れに対応し，個人内における認知的文脈に焦点をあてた，素朴概念や知識構造を解明する研究や，学習者の動機づけを高め，概念変化をうながす教授法などの研究を扱う。2節では，2つめの流れに対応し，コミュニティにおける社会的文脈に焦点をあてた，教室での協同学習をうながす足場作り，知識の協同構築を成立させるアーギュメントの構造や質の解明などに言及した研究をまとめて取り上げる。さらに，3節では，両者の知見を統合的にとらえる，「認知的／社会的文脈を統合した学習環境」をデザインするという新しい試みを紹介し，その理論的な意義と実証的可能性を論じる。

1．認知的文脈を考慮した学習環境とは

(1) 認知的葛藤を導く教授方略

　学校教育場面において科学教育が行なわれる場合，学習者はすでにさまざまな経験を通じて，その領域における何らかの概念を獲得している。自然現象を矛盾なく整合的に説明する科学的概念とは異なり，日常的現象を個別バラバラに説明する学習者特有の概念の存在については，1970年代初頭から精力的な調

査が重ねられてきた。その結果，これまでに，さまざまな構成概念〔「先行概念」（Hashweh, 1988），「誤概念」（Clement, 1993），「素朴概念」（稲垣, 1995）など〕が創出され，科学的概念と対置される形で，その構造や属性の特徴が明らかにされてきている。これらの概念はいずれも，年少の子どもから高校生や大学生にいたるまで，広くかつ一般的に保持されていることが明らかになっており，「概念変化」の問題は，現在もなお学校教育の抱える不可避の課題となっている。

　概念変化とは，「既存の知識体系の大規模な再構造化」であり，その変化の形態は，変化が自発的に生じるものか，教授によって引き起こされるものかによって区別されることが大筋で認められている（波多野・稲垣, 2006）。自発的に生じる概念変化は，生活世界の中で子どもが経験を積むことによってゆっくりと漸次的に生じる，いわば局所的でボトムアップ的な変化である。これに対して，教授に基づく概念変化は，学習者自身が概念的知識の不十分さを自覚し，認知的葛藤を引き起こすことによって急進的に生じる，いわば目標志向的でトップダウン的な変化であり，社会的・教育的要因が促進効果をもつ学童期以降に，体系的な骨の折れる過程を経て達成される。本章では，とくに，後者の概念変化に焦点をあてて，以下論を進める。

　1980年代の半ば以降，「古典的な概念変化アプローチ」と呼ばれる教授方略の先駆けとして，ポスナー（Posner et al., 1982）による「概念転換の条件」（既有の概念では不満足であり，新しい概念はわかりやすく，もっともらしく，実り多い，という条件）が提唱されて以来，「認知的葛藤」を概念変化の一要素ととらえたさまざまな教授方略が提案されてきた。たとえば，「概念地図法」（Tasker & Osborne, 1985），「概念変容モデル」（Hashweh, 1986）（図8−1），「橋渡し方略」（Clement, 2000）（図8−2），「矛盾仮説呈示法」（Limon, 2001）などがあげられる。われわれは，新しい概念を無から作り上げるということはしない。既有の概念と論理的に関連づけながら，新しい概念を作り上げていくのである。これらの研究はいずれも，学習者のもつ既有の概念構造を解き明かした上で，それと矛盾するデータや仮説を併置し，認知的葛藤を組み込んだ思考のガイダンスを行なうことで概念変化の一定の効果をあげる，という概念変化研究の流れに拍車をかけ，具体的な介入の方法を提供してくれた。

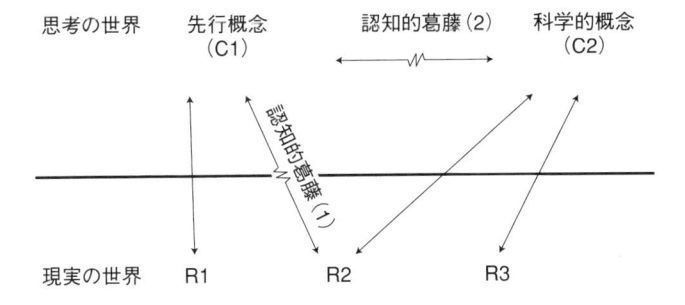

思考の世界　　先行概念　　　認知的葛藤(2)　　科学的概念
　　　　　　　（C1）　　　　　　　　　　　　（C2）

認知的葛藤(1)

現実の世界　　R1　　　　　R2　　　　　R3

＊このモデルにおいて，思考の世界(world of ideas)の先行概念(preconception)C1は，現実の世界(real world)の特定の領域R1に関連づけられている。そのため，先行概念C1は，現実世界の領域における反証事例R2と認知的葛藤(Conflict(1))を起こし，かつ授業で提示される科学的概念C2とも認知的葛藤(Conflict(2))を起こすとされる。

図8-1　概念変容モデル（Hashweh, 1986）

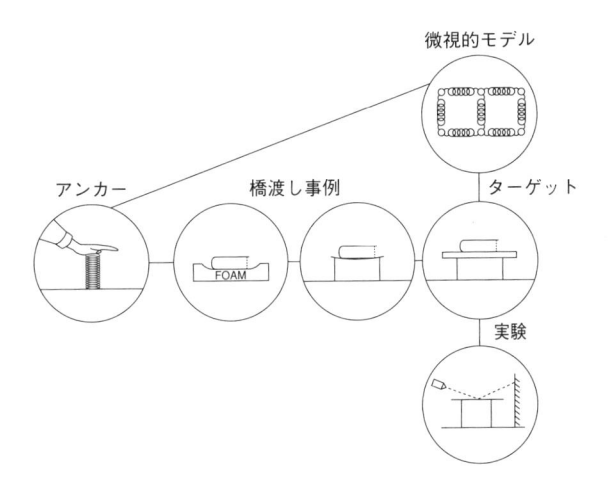

　　　　　　　　　　　　　　　　　　　微視的モデル

アンカー　　　橋渡し事例　　　ターゲット

　　　　　　　　　　　　　　　　　　　実験

＊このモデルでは，学習者に親しみのある経験や知識（アンカー）を学習の出発点とし，最終的に獲得されるべき科学的概念（ターゲット）との間に存在するジャンプを橋渡しするために，両者のアナロジーとなり得る概念(橋渡し事例)を媒介させる。このとき，アンカーとターゲットはおおよそ表層的には類似していないが，「力は相互作用である，物体にはバネ的性質（弾力性）がある」という構造的な一貫性を有している。

図8-2　橋渡し方略（Clement, 1993）

(2) 動機づけの活性化と概念変化

　概念変化の有力な仮説とされた「古典的概念変化アプローチ」に端緒をおくこれまでの教授方略は，そのほとんどが，内容水準（教授者が設定した学習内容の到達水準）の観点から，学習内容（知識や法則など）が獲得できるか否かに焦点があてられてきたため，学習に介入する際の学習者主体の「動機づけ」からは隔離しているという点が払拭しきれない。この点について，ピントリックとデグルー（Pintrich & De Groot, 1990）は，概念変化がスムーズに行なわれるためには「認知的な（冷たい）側面」だけでなく，「動機づけ的な（暖かい）側面」がともなっている必要があると指摘している。近年，概念変化研究の新たな潮流として，学習者主体の役割をいかに重視するかといった視点から，概念変化の認知的側面とメタ認知的側面とを関連づけ，低い従事のアルゴリズム的な浅い処理から高い従事の「意図的な深い処理への変化のプロセス（intentional conceptual change）」を明らかにしようとする研究（Sinatra & Pintrich, 2003）などが現われてきている。

　日本においても，高垣ら（2008）によって，学習者自身が動機づけを高めながら概念変化を促進させる教授方略のモデル化が試みられている。そこでは，一連の有意味な観察・実験，経験，説明，知覚から構成された足場作りを行なうことによって概念変化は引き起こされるとして，コンフリクトマップ（Tsai, 2000）に依拠した教授方略（高校物理の波動の概念学習に適用）が考案されている（図8-3）。通常の授業では，自分自身が信じている先行概念についての妥当性を常にチェックするということは稀である。一方，このモデルでは，「現実世界」の領域において，「矛盾する事象」（過去の経験や先行概念と矛盾するもの），「サポートする知覚」（親しみのあるイメージしやすいもの）を提示し，さらに，「思考世界」の領域において，「決定的な事象」（先行概念と科学的概念を結びつけるもの），「適切な概念」（科学的概念を補足説明するもの）などの一連の足場作りに沿って，自分自身の先行概念を，意識化したり，言語化したり，モニタリングしたりしながら科学的概念へと変容させていくため，学習者自身が動機づけを高めながら概念変化を促進させる。実際に，現行のカリキュラムの「高校物理・波動」の教育内容に即して教授的介入を行なった結

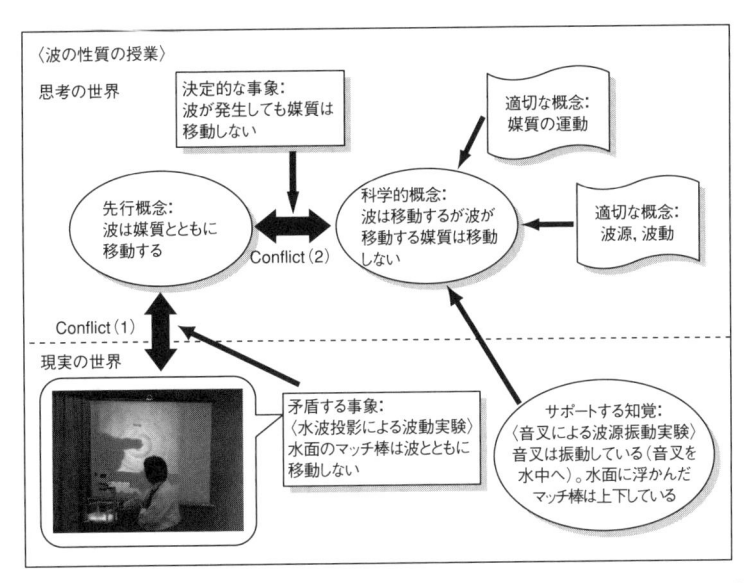

図8-3 Tsai (2000) のコンフリクトマップを波動の概念学習に適用した教授方略

果，学習者の多くが，波は「物質」のカテゴリーに属するものではなく「過程」のカテゴリーに属するものである，という概念変化に成功している点から，実証的側面からも意義づけられた。このような動機づけと概念変化を関連づける教授方略の開発は，今後の教育心理学研究における重要なトピックの1つとして注目される。

2. 社会的文脈を考慮した学習環境とは

(1) アーギュメントの構造

前節までで見てきたような，既有知識との整合・再構成といった，個人内の情報処理過程をモデル化しようとする視点に替わって，近年，社会的な合意形成と検証といった，個人間の社会的相互作用を重視しようとする視点が急速に導入されつつある。認知論的アプローチに対置される社会文化論的アプローチの台頭にともない，学校教育場面において，とりわけ科学教育を扱った領域では，豊かな社会的相互作用をともなう「アーギュメントの実践」を重要なもの

と見なすことが研究者間の合意になっている（たとえば, AAAS, 2001; National Research Council, 1996; 新学習指導要領・文部科学省, 2008）。

　教室という時間と空間を共有する場において，成員間でアーギュメントの実践を行なう中で学習は可視的になる。比較的恒常的な成員の間で展開されている「アーギュメントの実践」に参加していく過程では，いかに知識が共有され，理解が促進されていくのだろうか。本章では，ここ数年間の教室におけるアーギュメントの実践に主眼を置いた研究を取り上げ，これらの研究を以下の2つのタイプに区別する。1つは，アーギュメントの構造を吟味する研究であり，もう1つは，アーギュメントの質を吟味する研究である。前者については（1）項で，後者については（2）項で述べる。

　まず，第1のタイプに属する研究においては，アーギュメントの様相を可視化し，構造化するための判断基準として，トゥールミン（Toulmin, 1958）の定式化したアーギュメントの6つの要素を部分的に採用しているものが多く見受けられる。トゥールミンによると，「主張（claim）」は，結論として述べたいこと，「データ（data）」は，主張の正しさを支える実証可能な根拠となる対象または事実，「論拠（warrant）」は，データがなぜ主張の根拠となりうるかを示す理由づけ，「裏づけ（backing）」は，論拠の妥当性を支持するための一般的な法則や原理，「限定語（qualifier）」は，主張がどの程度の確率で真といえるかの蓋然性の程度，「反証（rebuttal）」は，論拠の効力に関する保留条件および適用範囲を特定するものを示す（福澤, 2002）。こうした主張，データ，論拠などのアーギュメントの機能的な「修辞的手段」を，認知的スキーマとして獲得することによって，個人内の既有の知識と提示された新たな情報との間で効率的かつ合理的に吟味・検討が行なわれ，アーギュメントを構造化することが可能となる。

　この立場における研究では，アーギュメントの構造の分析をとおして，いかなる修辞的手段が獲得されたとき，それが思考の展開にどのような役割を果たすのかを解き明かすことを試みている。たとえば，サンドバルとミルウッド（Sandoval & Millwood, 2005）は，ダーウィンの進化論（自然選択説）を題材に取り上げ，「論拠」が明確に獲得されることによって，科学的概念の深い理解が促進されることを見いだしている。このとき，「どのようにしてその原因

が結果を引き起こすのか」を，単にグラフや図表などの直接的に自然現象を表わすデータから引用するのではなく，日常的かつ真正な文脈と関連づけられた，経験的な事実（データ）をもち込みながら，理由づけ（論拠）がなされなければならない。ただし，この立場における研究は，アーギュメントで導出された構造に焦点があてられているため，アーギュメント構造を支える個人間で分かちもたれる対話の質がどのように変化したのか，という動的なプロセスを説明しようとするものではない。

(2) アーギュメントの質の解明

第2のタイプに属する研究について，個人間で展開されるアーギュメントは，静的なものではなく常に変化しており，アーギュメントの質が洗練されていくプロセスは，メンバー間の質疑や説明のやりとりのダイナミックな相互規制が働く動的なものとしてとらえられる。

高垣・中島（2004）は，小学校4年生における「力学の概念」を題材に，「走ってくる車（左の車）が止まっている車（右の車）に衝突したとき，それぞれの車に及ぼす力の大きさは同じかちがうか」を考える理科授業を実施した。そして，理科授業におけるアーギュメントの質が，議論展開にともないどのように変化するかを事例をとおして検討した。その結果，(a) 合意を形成しながら知識を協同的に構築していく過程には，「振り子モデル」（Berkowitz et al., 1987）で言われるような「個別的」vs.「統合的」の二項対立的な相互作用の揺さぶりによる組織的変化（相互作用のスタイルが，単一の理由づけ→関連づけ→反証→分析の共有と螺旋的にシフトしていくこと）が必要であることがわかった（図8-4）。また，(b) 互いの考えを認知的に操作する対話である「操作的トランザクション」（Berkowitz & Simmons, 2003）（表8-1）の連鎖が生成され，図

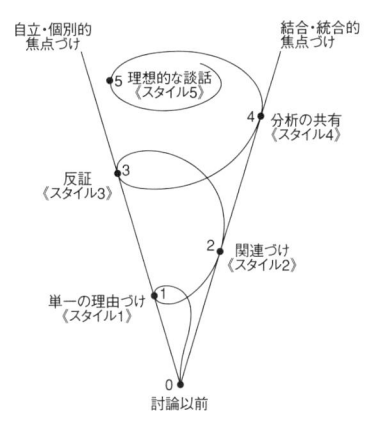

図8-4　振り子モデル
（Berkowitz et al., 1987）

表8-1　トランザクティブディスカッション (相互作用のある対話) の2つのカテゴリー

	カテゴリー	分類基準
表象的トランザクション	1-(a) 課題の提示	話し合いのテーマや論点を提示する。
	1-(b) フィードバックの要請	提示された課題や発話内容に対して、コメントを求める。
	1-(c) 正当化の要請	主張内容に対して、正当化する理由を求める。
	1-(d) 主張	自分の意見や解釈を提示する。
	1-(e) 言い換え	自己の主張や他者の主張と、同じ内容を繰り返して述べる。
操作的トランザクション	2-(a) 拡張	自己の主張や他者の主張に、別の内容をつけ加えて述べる。
	2-(b) 矛盾	他者の主張の矛盾を、根拠を明らかにしながら指摘する。
	2-(c) 比較的批判	自己の主張が他者の示した主張と相容れない理由を述べながら、反論する。
	2-(d) 精緻化	自己の主張や他者の主張に、新たな根拠をつけ加えて説明し直す。
	2-(e) 統合	自己の主張や他者の主張を理解し、共通基盤の観点から説明し直す。

＊Berkowitz & Simmons, 2003 をもとに筆者が作成

8-5に示すように，新たな根拠をつけ加えて既有知識を精緻化したり (⑱⑳㉑)，「力は単独で存在する」vs.「力は物体間で作用し合う」という対立する2つの解釈を力の相互作用の観点から統合したりする (㉓) などのやりとりが行なわれているプロセスにおいて，相互作用の組織的変化が生起する，ということを明らかにした。

また，高垣ら (2006) は，小学校5年生における「振り子概念」の協同学習を題材に，文脈の違いによる説明活動の質の変化を見いだしている。表8-3に示すように，説明活動の質は，課題の困難度の違いに即してダイナミックに揺れ動き，以下の説明活動が各課題ごとに生成された場合，科学的概念の変容がうながされる，ということを実証的レベルで解明している (表8-2に各カテゴリーの内容と発話事例を説明)。

(ⅰ) 理解の困難度が低い課題の場合，物理現象を「先行概念」と関連づける説明活動。
(ⅱ) 困難度が中程度の課題の場合，納得がいくまで何度も観察・実験を繰り返す「反復性」，物理現象を数の領域へマッピングし「数学的関係」を用いて理解する説明活動。
(ⅲ) 困難度が高い課題の場合，シミュレーションを繰り返す過程で，何度も予測に立ち返り「予測精度」を上げながら理論を解釈し直す説明活動。
(ⅳ)「クラス全体」の討論で小集団の理論を再構築する場において，他のグ

【左の車＜右の車説】　【左の車＝右の車説】

① 課題提示

② フィードバックの要請

③ 主張

④ 主張

⑤ 正当化の要請

⑥ 主張

⑦ 精緻化

⑧ 比較的批判

⑨ 正当化の要請

⑩ 拡張

⑪ 精緻化

⑫ 言い換え

⑬ 科学的概念の説明

⑭ フィードバックの要請

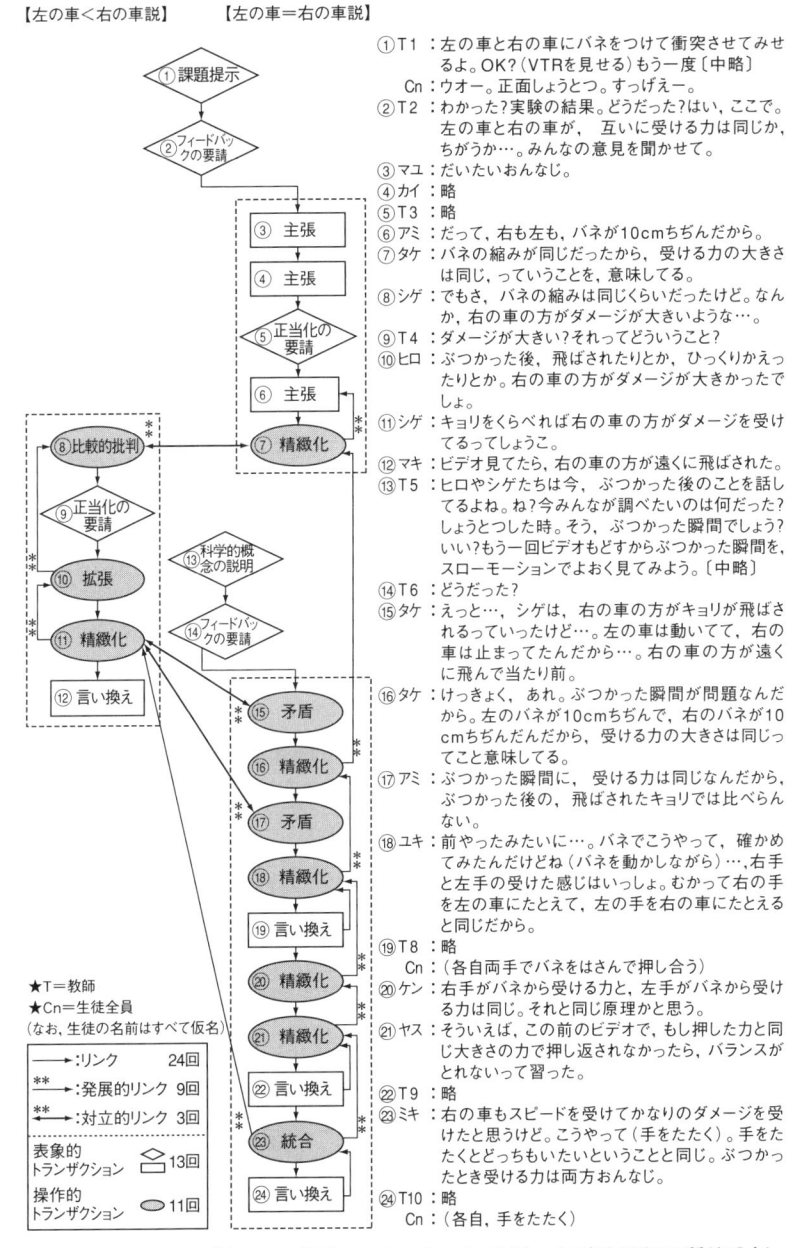

⑮ 矛盾

⑯ 精緻化

⑰ 矛盾

⑱ 精緻化

⑲ 言い換え

⑳ 精緻化

㉑ 精緻化

㉒ 言い換え

㉓ 統合

㉔ 言い換え

★T＝教師
★Cn＝生徒全員
（なお、生徒の名前はすべて仮名）

⟶：リンク　　　　　24回
＊＊：発展的リンク　9回
＊＊：対立的リンク　3回
表象的トランザクション　⬡ 13回
操作的トランザクション　⬭ 11回

①T1　：左の車と右の車にバネをつけて衝突させてみせるよ。OK？（VTRを見せる）もう一度〔中略〕
　Cn　：ウオー。正面しょうとつ。すっげえー。
②T2　：わかった？実験の結果。どうだった？はい、ここで。左の車と右の車が、互いに受ける力は同じか、ちがうか…。みんなの意見を聞かせて。
③マユ　：だいたいおんなじ。
④カイ　：略
⑤T3　：略
⑥アミ　：だって、右も左も、バネが10cmちぢんだから。
⑦タケ　：バネの縮みが同じだったから、受ける力の大きさは同じ、っていうことを、意味してる。
⑧シゲ　：でもさ、バネの縮みは同じくらいだったけど。なんか、右の車の方がダメージが大きいような…。
⑨T4　：ダメージが大きい？それってどういうこと？
⑩ヒロ　：ぶつかった後、飛ばされたりとか、ひっくりかえったりとか。右の車の方がダメージが大きかったでしょ。
⑪シゲ　：キョリをくらべれば右の車の方がダメージを受けてるってしょうこ。
⑫マキ　：ビデオ見てたら、右の車の方が遠くに飛ばされた。
⑬T5　：ヒロやシゲたちは今、ぶつかった後のことを話してるよね。ね？今みんなが調べたいのは何だった？しょうとつした時。そう、ぶつかった瞬間でしょう？いい？もう一回ビデオもどすからぶつかった瞬間を、スローモーションでよく見てみよう。〔中略〕
⑭T6　：どうだった？
⑮タケ　：えっと…、シゲは、右の車の方がキョリが飛ばされるっていったけど…。左の車は動いてて、右の車は止まってたんだから…。右の車の方が遠くに飛んで当たり前。
⑯タケ　：けっきょく、あれ。ぶつかった瞬間が問題なんだから。左のバネが10cmちぢんで、右のバネが10cmちぢんだんだから、受ける力の大きさは同じってこと意味してる。
⑰アミ　：ぶつかった瞬間は、受ける力は同じなんだから、ぶつかった後の、飛ばされたキョリでは比べらんない。
⑱ユキ　：前やったみたいに…。バネでこうやって、確かめてみたんだけどね（バネを動かしながら）…、右手と左手の受けた感じはいっしょ。むかって右の手を左の車にたとえて、左の手を右の車にたとえると同じだから。
⑲T8　：略
　Cn　：（各自両手でバネをはさんで押し合う）
⑳ケン　：右手がバネから受ける力と、左手がバネから受ける力は同じ。それと同じ原理かと思う。
㉑ヤス　：そういえば、この前のビデオで、もし押した力と同じ大きさの力で押し返されなかったら、バランスがとれないって習った。
㉒T9　：略
㉓ミキ　：右の車もスピードを受けてかなりのダメージを受けたと思うけど。こうやって（手をたたく）。手をたたくとどっちもいたいということと同じ。ぶつかったとき受ける力は両方おんなじ。
㉔T10　：略
　Cn　：（各自、手をたたく）

図8-5　トランザクティブディスカッションを用いた討論過程の質的分析

表8-2 説明活動の質的分析と発話事例

カテゴリー	内容	発話事例
(a) 情報の信頼性	情報の信頼性に言及する発話(教科書、先生の言ったこと等)	先生の実験を見てたら、振れ幅の大きさを変えても[周期が]変わらなかったから、すごく納得した。
(b) 直接体験・観察	今ここの場で自分たちが直接体験・観察することによって発見したことにのみ言及する発話	(ロープにぶら下がり)うぉー、早くなったー。短くしてのった方が、だんぜん[周期が]速い。〈直接体験〉 [振れ幅が]20°のときの方が、[振り子の]動きが速かった。〈直接観察〉
(c) 反復性	実験・観察結果の反復性についての発話	10g、15gって、おもりをどんどん重くしてみた。何回も測ったけど…。[周期は]ほとんど変わらなかった。
(d) 社会的参照	自分たちと他の児童の実験・観察結果を比べ、一致したかどうかに言及する発話	振れ幅の大きさ[の実験結果は]、うちの班は自信がなかったけど。他の班と同じだったから、正しいことが確かめられた。
(e) 情報の複合性	データ等がさまざまな側面から検討されたものかどうかに言及する発話	今度は、[5gと10gのおもりをつけた]2つの振り子を同時に並べて測ってみたら、比べられるんじゃない?[直接比較できる]
(f) 予測精度	現象が正確に予測できるかどうかについての発話	10°、20°…っていって、周期は変わらなかったんだから30°も変わらないと思う。だから、計算するまでもないよ。???
(g) 数学的関係	児童がデータ等に数学的な関連性を見いだしたことを示す発話	2倍、3倍におもりを増やしても、[周期は]1.09秒、1.09秒になったから、比例しないで、変化しないことがわかった。
(h) 先行概念	今行なっている実験・観察に関係する先行体験や先行概念、少し以前に行なった観察結果などについて言及する発話	X公園のターザンロープもそうだったけど、やっぱりロープを短くすると、[周期が]速くなる。

* 発話事例の[ ]内は分析者による補足を示す。

表8-3 困難度別の各課題における説明活動の出現頻度

カテゴリー	理解の困難度(振り子の3要素/授業)							
	困難度数 (ひもの長さ/1h)		困難度数 (おもりの重さ/4h)		困難度数 (振れ幅大きさ/7h)		全体の討論 (3要素/8h)	
情報源の信頼性	20	(9.1)	19	(5.0)	9	(1.9)	23	(25.3)
反復性	31	(14.1)	96	(25.1)	118	(25.0)	4	(4.4)
社会的参照	40	(18.2)	20	(5.2)	21	(4.5)	25	(27.5)
情報の複合性	22	(10.0)	68	(17.8)	36	(7.6)	14	(15.4)
予測精度	33	(15.0)	19	(5.0)	122	(25.8)	4	(4.4)
数学的関係	11	(5.0)	96	(25.1)	120	(25.4)	13	(14.3)
先行概念	63	(28.6)	64	(16.8)	46	(9.8)	8	(8.7)
合計頻度	220	(100)	382	(100)	472	(100)	91	(100)

* 数値は、「ひもの長さ」「おもりの重さ」「振れ幅の大きさ」の振り子の各要素に対して、理解度に有為な上昇が見られた授業(「ひもの長さ」(1h)、「おもりの重さ」(4h)、「振れ幅の大きさ」(7h))において、各々の振り子の要素に言及した発話を対象に、各発言がどのカテゴリーに当てはまるかを判定し、カテゴリー別に集計した頻度である。なお、全体の討論(8h)では、クラス討論における発話(3要素)を分析対象とした。カテゴリーは相互排他的ではないため、各発話が複数のカテゴリーに該当する場合もある。また、基本的にコード化の単位は発話ターンだが、同一人物が一続きの内容あるいは同じ内容の繰り返しを複数の発話ターンにわたって発言している場合には、それらを1つの発話ターンと見なしてコード化した。なお、( )内の数値は、各理解の困難度における合計頻度に対する割合を示している。

ループのデータや理論を照合する「社会的参照」，個別の理論を組織的に統合する教師の視点を受け入れる「情報の信頼性」の説明活動。

以上の結果を踏まえると，瞬時瞬時に展開していく，現実的な協同学習場面における問題解決の理解レベルは，単調に増加するのではなく多くの紆余曲折があり，メンバーの集合的な営みの中では，絶えず繰り返される自己との対話，自己と他者との間での質疑や説明のやりとりなどのダイナミックな相互規制が働いていることが読み取れる。このように，社会的相互作用における教室談話の様相を真にとらえるためには，ダイナミックに揺れ動く対話の微視的な過程分析をとおして，概念変化が生じたのはどの過程でどの要因が効いているからなのか，といった背後に関わるメカニズムを解明していくことが求められる。

3．認知論的／社会文化文脈を統合した学習環境とは

(1) 認知的／社会的文脈のもとでの理解過程

本章の1節では，個人の頭の中に閉じた営みとしての理解過程や知識構造の解明を通じて，いかに先行概念の変容にアプローチできるのか，という認知的文脈のもとでの教授方略に焦点をあてた研究を展望した。2節では，社会的状況下のダイナミックな相互作用における合意形成を通じて，いかに知識が創発され統合されていくのか，という社会的文脈のもとでの理解過程に焦点をあてた研究を展望した。先行概念は個人的な経験に基づくものであるが，多くの場合，その経験は社会や文化において共有されているものであることから，人間の認知は個人に閉じたものではなく，社会的・文化的に価値ある文脈に根本的な成立基盤をもつ。つまり，本来この2つの文脈は，個別独自の関係ではなく相互補完の関係にあるべきものであると言える。しかし，これまでの教育心理学研究では，それぞれの文脈が二分論で論じられ，それぞれに独自性をもって学習環境がデザインされてきている。よって，現時点で重要となる課題は，認知論的アプローチと社会文化論的アプローチを統合する，という理論的の想定を実証的に検討することである。「教育心理学ジャーナル（*Educational Psychologist Journal*）」においては，概念変化研究における2つのアプローチ

の統合（cognitive-sociocultural approach）がテーマに取り上げられ，特集が組まれている。

そこでは，ヴォスニアドゥ（Vosniadou, 2007）が，認知的文脈，社会的文脈のもとでの理解過程がどのような役割を担うのかに関して，「認知的文脈」のもとでの学習を「獲得」としてとらえている。すなわち，子どもの先行概念と領域固有の知識が十分に研究されたカリキュラムを提示して，先行概念の変化をうながし，科学的概念を獲得させる，明示的かつ意図的な学習のプロセスを想定している。一方，「社会的文脈」のもとでの学習を「参加」としてとらえ，そこでは，意味のある対話的な実践の過程に参加し，競合する理由づけの妥当性を吟味する話し手や聞き手の役割を経験することをとおして，科学の規範や価値体系に意味づけられたメタ認知を体得していくプロセスを想定している。

また，稲垣・波多野（2005）は，「社会的文脈」における集団討論を含む社会的交渉活動において，多様な異なる視点が提供され不整合な情報に晒されるという経験は，「概念的くさび」として働き，「認知的文脈」における個人内の主観的な真理値（どれだけ強く真理であると信じられているか）を揺さぶり，既存の知識体系における不一致や協調欠如の認識を生みだす源になり，可能な解決法の情報源ともなりえるため，個人内の概念変化に寄与することを示している。

こうして見ると，外部にある「社会的文脈」が，内部にある「認知的文脈」へと機械的に転移するわけではなく，学習者自身の能動的な再構築の相互作用が介在していると言えよう。

(2) 認知的／社会的文脈を統合した学習環境のデザイン

日本においても，認知的／社会的文脈を統合した視点から，教授内容の具体的な提案がなされ始めている。高垣の一連の研究では，個々の教科・単元のカリキュラムの特殊性，学習者の領域固有の先行概念，発達段階などを考慮した，「認知的文脈」のもとでの教授方略を，協同的探求活動をうながす教師の足場作り，他者との相互作用，参加者の構造による機能的分化などを考慮した，「社会的文脈」のもとでの学習環境と統合して枠組みを広げ，「認知的／社会的文脈を統合した学習環境」をデザインし，その学習環境下での科学的概念獲得過程の詳細な分析が試みられている（一連の研究成果は，高垣（2009）にまと

められている)。

　高垣・田原（2005）は,「認知的文脈」のもとでの学習環境の枠組みとして,「既有の概念」と「科学的概念」の両者の間に生起する認知的葛藤が解消することで, 概念が変容するというモデルである「概念変容モデル」（Hashweh, 1986）（図8-1）を, 小学校4年生の電気概念の教授学習場面の指導に適用できるようにデザインした。そこでは,「同じ量の電流がもどってくるのになぜ電池は減るのか？」という, 目に見えない電流と電圧の振る舞いの関係において生起する, 認知的葛藤を解消させる手だてを講じている（図8-6）。一方,「社会的文脈」のもとでの学習環境の枠組みとして, 小グループの議論の場において,「相互教授（Reciprocal Teaching）」（Herrenkohl et al., 1999）を導入した（表8-4）。そこでは, まず, 本来は熟達者の「個人内（intramental）」で行なわれる理解のプロセスを,「個人間（intermental）」の役割として外化することで, 教師から適宜援助やフィードバックを受けながら, 個人間の対話をとおして理解を深めていった。そのプロセスは, 以下のステップで構成されている。

(i) 予想と理論化：まず予想を立てることから始め, 次に実験・観察の経験と, そのデータに基づく科学的な議論を繰り返す。
(ii) 発見の要約：同一の現象に対するメンバー相互の発見の観点や主張の矛盾点を論破しあい, 自分よりもっともらしい考えが存在することを見いだす中で, 自分の考えの限界に気づく。
(iii) 証拠と予想・理論の調整：新しい理論は, 現存のデータ及び新しいデータのフィードバックから生成される。証拠と理論を調整するためには, 結果の集積を描画化, 図式化して再検討すると効果的である。

次に, 各参加者に役割と責任をもたせるような「参加者の構造」を設定した。

(i) リーダー役：教師役を任され, 質問を生成したり, 3つの教授方略を用いて対話をリードしたりする責任をもつ。
(ii) 聞き役：リーダー役の貢献をチェックする。
(iii) レポーター役：グループの活動を要約し, クラス全体に報告する。

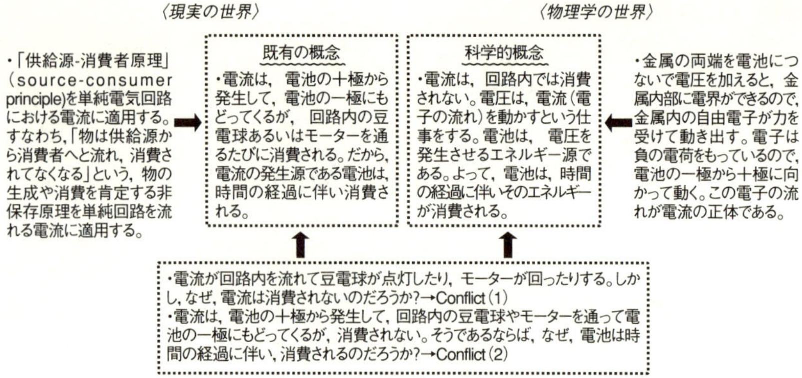

〈現実の世界〉　　　　　　　　　　〈物理学の世界〉

・「供給源-消費者原理」（source-consumer principle）を単純電気回路における電流に適用する。すなわち，「物は供給源から消費者へと流れ，消費されてなくなる」という，物の生成や消費を肯定する非保存原理を単純回路を流れる電流に適用する。

既有の概念
・電流は，電池の＋極から発生して，電池の－極にもどってくるが，回路内の豆電球あるいはモーターを通るたびに消費される。だから，電流の発生源である電池は，時間の経過に伴い消費される。

科学的概念
・電流は，回路内では消費されない。電圧は，電流（電子の流れ）を動かすという仕事をする。電池は，電圧を発生させるエネルギー源である。よって，電池は，時間の経過に伴い，そのエネルギーが消費される。

・金属の両端を電池につないで電圧を加えると，金属内部に電界ができるので，金属内の自由電子が力を受けて動き出す。電子は負の電荷をもっているので，電池の－極から＋極に向かって動く。この電子の流れが電流の正体である。

・電流が回路内を流れて豆電球が点灯したり，モーターが回ったりする。しかし，なぜ，電流は消費されないのだろうか？→Conflict（1）
・電流は，電池の＋極から発生して，回路内の豆電球やモーターを通って電池の－極にもどってくるが，消費されない。そうであるならば，なぜ，電池は時間の経過に伴い，消費されるのだろうか？→Conflict（2）

図8-6　概念変容モデル（Hashweh, 1986）を電流の概念学習に適用した教授方略

表8-4　認知的／社会的文脈を統合した学習環境のデザイン

授業過程	使用する教授方略	子どもが単純電気回路に適用する電気モデル	学習内容（概要）
導入期 (1h〜3h)	【RTの教授方略】 〈話し合い〉 ①予想と理想化 ②発見の要約 ③根拠と予想・理論の調整 〈参加者の構造〉 ①リーダー役 ②聞き役 ③レポーター役 ④記録役 ⑤評価役	衝突モデル	乾電池1個にモーターをつないだ回路を作る。回路を閉じるとモーターが回転することから，回路内に流れているものの振る舞いを予想する。 乾電池の向きを変えると，モーターが反対向きに回る現象を観察する。観察結果から，回路内を流れる電流の向きは一方向であることに気づく。
展開期 (4h〜6h)		減衰モデル	乾電池1個にモーターをつないだ回路内を流れる電流の向きと大きさを予想する。 簡易検流計を適切に操作し，乾電池1個にモーターをつないだ回路内を流れる電流の向きと大きさを計る。測定結果から，回路内を流れる電流の向きは一方向であり，かつ大きさは一定であることに気づく。
終末期 (7h〜10h)	【概念変容の教授方略】 目に見えない概念間（電気，電圧，電池）の関係性を具象化し，現実の世界における「既有の概念」と物理学の世界における「科学的概念」を整合的に結びつける。	科学モデル	教師の提示した模型による「ポンプモデル」，及び3D CGによる「電池モデル」を見て，単純電気回路における電流と電圧の関係を理解する。 乾電池2個とモーターをつないで，直列電気回路と並列電気回路を作ることができる。 直列電気回路と並列電気回路は，各々乾電池1個のときと比べて，モーターの回転数が変化したり，変化しなかったりすることに気づく。
フォローアップ期 (5週間後)			直列電気回路と並列電気回路は，各々乾電池1個のときと比べて，モーターの回転数が変化したり，変化しなかったりする理由を，単純電気回路における電流と電圧の関係に基づきながら，説明することができる。

＊ 導入期，展開期，終末期は1つの議論セッションで見られる位相を分類したものであるが，本研究が対象とする10時間にわたる議論は，同じテーマについてのものであるため，一続きの議論として見なした。

表 8-5 論理過程におけるトランザクティブディスカッションの出現頻度

	表象的トランザクション							操作的トランザクション					
	1-(a)	1-(b)	1-(c)	1-(d)	1-(e)	総度数		2-(a)	2-(b)	2-(c)	2-(d)	2-(e)	総度数
導入期	7(5.2)	33(24.3)	28(20.5)	54(39.7)	14(10.3)	136(100)	導入期	4(40.0)	2(20.0)	1(10.0)	2(20.0)	1(10.0)	10(100)
展開期	12(14.8)	13(16.0)	15(18.5)	33(40.8)	8(9.9)	81(100)	展開期	7(10.8)	26(40.0)	19(29.2)	10(15.4)	3(4.6)	65(100)
終末期	15(19.7)	12(15.8)	14(18.4)	31(40.8)	4(5.3)	76(100)	終末期	9(11.0)	12(14.6)	14(17.1)	16(19.5)	31(37.8)	82(100)

＊数値は頻度を示す。( )内は合計頻度に対する割合を示す。

(iv) 記録役：レポーター役が報告する情報を適切にまとめる。

(v) 評価役：グループのメンバーが議論に行き詰まったときに，使用すべき有効な方略を示したり，やりとりの良い点や改善すべき点に対して即時にフィードバックを与えたりする。

このような「認知的／社会的文脈」を統合した学習環境下において，議論過程で生成された相互作用のある対話を指す「トランザクティブディスカッション」(表 8-1)の各カテゴリー〔「表象的トランザクション」(課題の提示，フィードバックの要請，正当化の要請，主張，言い換え)，「操作的トランザクション」(拡張，矛盾，比較的批判，精緻化，統合)〕の出現度数が，議論過程によって異なるのかどうかを検討した (表 8-5)。その結果，「導入期」においては，「フィードバックの要請」，「正当化の要請」の表象的トランザクションが多く生成され，(a) 課題の状況や条件について探索する，(b) 自己や他者の理解状態を分析する，という思考活動がもたらされていた。「展開期」においては，「矛盾」，「比較的批判」の操作的トランザクションが多く生成され，(a) 他者が示す新たな考え方と自己の考え方との差異が明確化される，(b) 他者というフィルターを介して自己の概念の範囲の限界に気づき，認知的葛藤が生成される，という思考が機能していたことが明らかにされた。

さらに，「終末期」における協同学習のプロセスを，トランザクティブディスカッションの対話分析を用いて検討した結果を，表 8-6 に示す。終末期における 7 時間目の授業の前半では，単純電気回路において「同じ量の電流がもどってくるのなら，なんで電池は減るのか？」(H2) という認知的葛藤が，メンバーの間で引き起こされていることがわかる。問題解決の方向に向かった情報が提示されない状況で議論は行き詰まり，表象的トランザクションが繰り返

表8-6　終末期における討論過程

時間	発話者(役割)	発話事例	TDの分類
5'13	H1(記録役)	同じ量[の電流]がもどってくるのに、電池が減るんだ…。	〈主張〉
5'18	T1(聞き役)	えっ?何それ。	〈正当化の要請〉
5'23	H2	電池の量は減らないのに、何で電池が減るんだろう?	〈主張〉
5'31	M1(リーダー役)	そっか…。時間がたつと電池が減るから、電流の量も減るはずだよね。	〈精緻化〉
5'38	H3	何でだと思う?	〈フィードバックの要請〉
5'40	M2	えっ?分かんないよ。	〈主張〉
5'46	評価役	電流の量は、モーターの前も後ろも0.8で変わらないってことは確かだよね。じゃあ、この結果を、「もっと分かりやすく説明する考え」を考えてみよう。	〈課題の提示〉
5'58	Y1(レポーター役)	モーターに入る[電流の]太さと、モーターから出る[電流の]太さを同じに直せばいいんじゃない?	〈主張〉
6'09	M3	でもさ、それじゃあ、[電池が]なくならないはずじゃん?おかしいよ。	〈矛盾〉
		[議論の行き詰まり]	
	※教師の介入	教師による師範実験〈「自家製ポンプ装置」及び「電池モデル3D CG教材」の提示〉	
14'05	M4	今の実験の結果、わかりやすく説明しよう。	〈課題の提示〉
14'12	Y2	今の実験、浄水場で見たポンプにそっくり。	〈主張〉
14'16	M5	((そう。)) 思い出した。	
14'21	Y3	浄水場のポンプは、検査をして通り過ぎて、清掃されてまた流れる…。水がグルグル回ってる感じがよく分かった。	〈精緻化〉
14'35	H4	水の流れが、電流の流れだよね。水はグルグル回り続けるから、電流の量は変わらないんだ。	〈統合〉
14'46	評価役1	それで、水の高さの差が、電圧です。高い所から水が一気にジャーって落ちて、その勢いで、水車はくるくる回る…。分かった?	〈精緻化〉
14'58	Y4	これって、こないだ見た川みたい。	〈主張〉
15'04	T2	((そう。)) 滝の流れみたいに、上から一気にながれ落ちてるね。	〈拡張〉
15'10	H5	この水の高さが、電圧ってことだよね。	〈統合〉
15'18	評価役2	それで、電池は、エネルギーのもと。電池ってさあ、みんなのおもちゃとかゲームとか、いろんなものを動かしてるよね。	〈統合〉
15'28	H6	でも、永遠には続くわけじゃないでしょ。	〈主張〉
	Y5	電池のエネルギー、なくなったら?	〈フィードバックの要請〉
15'38	M6	高いところからのほうが勢いがあるね。ダムとか浄水場とか、社会で勉強した…。電池のエネルギーがだんだんなくなってきて。高いところから落ちてくる勢いがなくなると、電流は止まっちゃう。	〈統合〉
15'52	T3	そっか。電池がエネルギーがなくなると持ち上げられなくなるから、電流は流れなくなるんだ。	〈統合〉
16'08	M7	ぼくたちの図、書き直す?(前回の履歴を再生する)	〈課題の提示〉
	T4	じゃあ、さー。電流の矢印も、帰りの矢印も、同じ太さに直そう。(ペンタブレットを握る)	〈主張〉
16'20	H7	(みんなの顔を見回しながら)ねえ、発表の時さあ、今まで考えた図を全部ならべたら、どう?	〈フィードバックの要請〉
		[中略]	
40'03	Y6	〈クラス全体の話し合いにおける各グループの発表〉 最初、モーターの中で+の電流と-の電流がぶつかってプロペラが回る、と考えてました。あっ、ちょっとまって。(コンピュータ上に「衝撃モデル」を提示する) 検流計の実験で変わったところは、電流が+極から出て、モーターを通って電流が使われて、少し減って電池の一極にもどってくる。(「減衰モデル」を提示) だけど、電池モデルを見て変わったところは、電池のエネルギーが電流を持ち上げて電流は+極から出て、同じ量のままで-極までもどって、ぐるぐる回る。それで、電池のエネルギーがなくなったら、電流は止まる。(「科学モデル」を提示)	〈統合〉

＊数字は発話番号、( )内は初話者の行為、[ ]内は分析者による補足、(( ))内はよく聞き取れない発話、[は発話の重複、…は短い沈黙、?は上昇音調を示す。「参加者の構造」において、Hは記録役、Tは聞き役、Mはリーダー役、Yはレポーター役を示す。

されている（H1,T1,H2,H3,M2）。そこでこの場面において，教師が問題解決の方向に向けた情報として，目に見えない電流と電圧の振る舞いを具象化する「概念変容モデル」（図8-6）の教授を行なった。それをきっかけに，評価役（本授業における評価役はT.T.加配教師）が，メンバーから生成された対話を「精緻化」したり（評価役1：「電流」と「電圧」の振る舞いの因果関係を認識させる），「統合」したり（評価役2：「現実の世界」と「物理学の世界」を関

連づけて理解をうながす）して，思考の流れを足場かけしている。そのような議論の流れの中で，4人のメンバーの間に，以下に示す2つのタイプの「統合」が創出された。

（ⅰ）メンバー間で共通理解した理論と，新しいデータとの整合性を「統合」する（H4,T3）。
（ⅱ）自己の理論（現実の世界）と，示されたデータ（物理学の世界）を関連づけて「統合」する（H5,M6）。

さらに，「参加者の構造」における4人のメンバーの各々の役割遂行には，以下の機能を見いだすことができた。

（ⅰ）リーダー役は，議論のモニタリングを頻繁に行ない，暫定的であってもメンバーを結論（共通認識）へと導くように議論を進めようとしていた（M4,M6,M7）。
（ⅱ）記録役は，共通理解したアイデアを要約し,図式化することを提案していた（H7）。
（ⅲ）レポーター役は，資料に基づいて，クラス全体の場で発表する前にリハーサルを行ない，グループで共有した情報の提示を明確に行なっていた（Y6）。

以上の実験結果を踏まえると，「認知的／社会的文脈」を統合した学習環境のもとでは，協同学習場面で生じた社会的葛藤が，個人の内部に認知的葛藤をもたらす場と機会になっていたことがわかる。成員間の間では，これらの葛藤を処理するために，葛藤場面と修正場面が繰り返され，「理解や表現の不十分な発話や，個人的経験に基づく発話」も，課題解決につなげられていった。

「終末期」における対話に注目すると，電気現象における概念間の関係性を明示化する「概念変容モデル」の足場かけを手がかりにしながら，各自が対話の担い手として一対一の情報の受け渡しではなく，一対多の対話的交流が展開されていた。そこでは，固定的な解釈ではなく，誤解や衝突や修正を繰り返し，

葛藤を内包しつつ，実験・観察より得られたデータが首尾一貫する柔軟な解釈を，協同で提案したり，洗練したりする，双方向の対話が引きだされていた。

一方，本研究の変数として導入された「参加者の構造」に注目すると，各個人はその役割と機能をとおして十全的な参加者となっていき，メンバー間の役割交替による相互吟味が深められていったことが確認された。役割遂行とあいまって，メンバーによって協同構築された学びのリソース（資源）が，個人内にも分かちもたれ，「物理量間の因果関係」（単純電気回路においては，何が供給源でどのようなルートで何が消費されるのか）が統合的に結びつけられていった，というケースがそれに相当する。

高垣・田原（2005）の実験で明らかにされたように，個人的な認知変化は，社会的なダイナミクスの中で浮かび上がるものであり，理解が進展する背景には，2つの文脈が相互にあいまって絶えざる往還作業を行なうことが必要である。よって，学習の一部を取りだすのではなく「認知的／社会的文脈」を統合した視点から，概念の獲得に必要な条件や，互恵的な協同学習を支援する足場作りを検討する学習環境の実証的研究は，現実の教育実践により近づいたものになり，授業過程における変容の軌跡をより詳細にとらえるものになる。2つの文脈を補完しあう所以も，まさにこの点にある。

なお，こうした実践的研究において採用する「研究手法」は，前提として「研究者と実践者のコラボレーション」を主軸に据えることで，大きな効果が期待できる。ここで重要なのは，研究者は，フィールドに深く根を下ろし，学校教育で展開されている現行のカリキュラムを研究対象とし，実践者とともに教材や指導法を開発して学習環境をデザインすることである。そして，新たな成果を協同で創り上げていくという共通の認識をもって，言語的・非言語的振る舞いの詳細な観察と微視的な分析を行ない，フィールドの内側から研究を記述していく「枠組み」をもつことである。ただし，こうした実践的研究は，まだ端緒についたばかりである。今後は，教室を共通のフィールドにした，心理学，教育学，社会学，人類学，教育工学，教科教育学といった，学際的な研究知見を広く視野に入れながら検討していくことで，「認知的／社会的文脈」を統合した学習環境がさらに発展していく可能性が見いだせる。

9 章

適切な説明表現を支援するための教授介入

> わかりやすく説明するのは難しい。情報の送り手(書き手・話し手)が「わかりやすい」と思っていても，その評価基準は受け手の側にある。受け手に「わかりにくい」と言われたらどうしようもない。まして，わかりやすい説明のしかたを指導するとなると，さらに難しくなる。何をいつ頃からどのように指導したらよいのか，そもそもそれは指導可能なのかなど，支援に必要な基本的事項が十分わかっていないからである。
>
> 9章では，この問題にアプローチしてみる。わかりやすい説明の支援について，教授介入するには，「相手を意識すること」の指導が重要だと考える。では，具体的にはどのような介入ができるのだろうか。今回紹介する研究は，児童を対象に，相手を意識するにはどのような能力・技能が必要なのか，それはどのように発達するのかを検討したものである。結果は，説明についてのメタ認知的知識が重要であること，そのメタ認知的知識をどのように把握しているかによって，児童の説明表現の適否が決まってくることがわかった。さらに，相手を意識して説明することが，児童期を通じて発達的に変化することも明らかになった。これらの知見に基づくと，教授介入の方法をいろいろ考えることができるだろう。

1．説明を表現する力とは？

(1) 説明を表現する力と学力

説明を読む，あるいは聴いて正しく理解すること，そして，情報を書き，あるいは話して的確に説明できることは，大変重要な能力・技能である。理由は，それらが単に学校での学習活動をうまく行なうためのものだけではなく，卒業した後の社会生活や職業生活でさまざまな活動を行なう上で，もっとも基盤となる能力・技能だからである。

説明を理解し表現する力は、「学力」の中核をなすものであり、学校教育を通じて育成されると考えられている。この「学力」について、2008年3月に公示された学習指導要領では、「生きる力」を支えるものとしての「確かな学力」の育成を強調しているが、とくに、「知識・技能を活用して課題を解決するために必要な思考力・判断力・表現力等」を育成することを重視してきている。このことを「説明を理解し表現する力」にあてはめると、説明を「理解する」力の育成はもちろんだが、今後は、説明を「表現する力」の育成に重点を置き、それをどのように支援するのか、どのように教授介入するのかが焦点になってきていると言えよう。最近、PISA型の読解力の指導方法がいろいろ提案されてきている中でも、読解と関連して、表現、すなわち自分の意見を述べたり、書いたりする機会の充実も求められているのである（文部科学省，2006）。

(2) 良い説明とは？

　ただし、本章で注目するのは、情報を説明する力、すなわち、事実・知識・操作手順などを的確に説明表現する活動である。感想や印象や心情を表現する力ではない。心情を豊かに表現できることも重要なのだが、多くの職業人にとっては、情報を的確に説明できる方が圧倒的に必要で重要であると考える。説明書やマニュアルを書く、手順や操作方法を伝える、プレゼンテーションを行なう、報告書を作る、口頭で情報を伝える、口頭で状況を報告する、などの活動は、職場での活動そのものと言っても過言ではない。それらの活動を、本章では、情報を表現する力、あるいは説明表現の力と名づけておく。

　では、説明を的確に表現する力とはどのようなものなのだろうか？説明の適否は、知識や情報を「正確に」「わかりやすく」伝えられるかどうかによって決まる（岸，2004）。そして、「正確に」「わかりやすく」伝えるために必要な要素としてあげられるのが、説明する内容についてどのくらい知っているか、すなわち先行知識の程度である。知らなければ「正確に」説明できないのは当然であり、必要条件なのである。では、先行知識が豊富なら「わかりやすい」説明ができるかといえば、そう簡単なことではない（岸・綿井，1997）。十分条件として重要なのは「説明相手を意識する（audience awareness）」こと、すなわち、相手の知識状態を把握し、相手にあわせて説明を変更できること、

なのである（岸, 2004; 辻・中村, 2004）。

学校などで実際に説明表現を指導する場面を見てみると，表9-1に示すように，いろいろな指導のねらいや課題が設定されている。それらを分類すると，やはり，「正確に」説明するための練習や準備と「わかりやすく」説明するための準備に大別できる。

表9-1 説明技術を指導するときに使われる課題の例

指導のねらい	課題の例
正確さ	・調べ学習によって情報の正しさを吟味する ・皆が調べた情報をお互いにチェックし合う
わかりやすさ	・相手に合わせた説明をする ・説明順序と構成を考えて説明する ・図表やイラストを使って説明する
いろいろな媒体	・いろいろなメディアを使って説明する ・質問を受けながら口頭で即応的に説明する 　　　　　　　　　　　　　　　　　など

それらに加えて，メディアや媒体は何を使うのか，書くのか話すのか，一方向か対話か，などに応じてそれぞれに特有の技能を指導する場合が含まれる。

そして，これらの説明する力の育成にとって，何と言っても重要なのが，メタ認知的知識とメタ認知的活動（モニタリング・コントロール）の働きである（詳しくは，三宮（2008）を参照）。すなわち，「説明表現をする」というきわめて複雑で高度な作業をスムーズに行なえるようにするためには，メタ認知的知識，すなわち，何を伝えるのかの課題，説明相手，わかりやすく説明するための方略，などの知識を備えた上で，説明が伝わっているかどうかのチェック，説明のしかた修正などのモニタリングやコントロールを的確に実行できることが不可欠なのである。

そこで，まず，説明表現を準備したり実施したりする場面で，子どもがどのようなメタ認知的知識をもち，それを活用しているのかを探ってみることにしよう。

2．「説明すること」についてのメタ認知的知識とは

(1) 説明表現のメタ認知をとらえる

子どもは，説明表現をするときに，どのようなメタ認知的知識をもっているのだろうか。これを探るのはとても難しい。メタ認知知識や活動は，行動として表出されにくく，メタ認知の状態について質問しても，うまく回答を表現で

きるかどうかわからない。そもそもそれがうまくできないことが，本章の論点なのである。しかし，子どもが説明表現をどのように行なっていくのかの手がかりが得られなければ，説明表現の評価やそれを基にした指導内容の組み立てができないはずである。子どもはすでに（インフォーマルに）何を知っているのか，何が発達するのか，教授介入の効果が大きいのは何か，などについての知見がないままでは指導はできない。

崎濱（2003）は，青年期の学生を対象に，情報の説明文（情報伝達文）を書くときのメタ認知的知識を探る質問紙を作成している。そして，因子分析の結果，3つの因子，すなわち，文章全体をわかりやすくすることに関連する「伝わりやすさ」，読み手が興味や関心を持つ内容から選ぶことに関連する「読み手の興味・関心」，文章を簡潔にすることの「簡潔性」，を抽出し，メタ認知的知識の構成要素としている。

そこで，われわれは，崎濱（2003）の質問紙を参考に，情報を説明しようとするときに関係するメタ認知的知識について，それを探るための質問項目（「説明表現のためのメタ認知的知識質問項目（児童用）」，以下，児童用メタ認知質問紙）を作成した。そして，作成した質問紙の妥当性と信頼性を検討し，十分に使用できるレベルであることを確認した。検討は次のとおりである。

（2）説明表現のためのメタ認知的知識質問紙（子ども用）の作成

まず，質問紙の構成概念を設定した。構成概念は，崎濱（2003）にしたがって，「伝わりやすさ」「読み手の興味・関心」「簡潔性」の3因子を用いた。スカーダマリアとベライター（Scardamalia & Bereiter, 1987）の文章産出（作文）の知識変換（knowledge transforming）モデルによれば，作文を行なう過程では，内容的な知識（何を書くのか）と文章構成についての修辞的知識（どのように書くのか）の両者を常に行き来しながら書き進めているとしている。これについて，崎濱は，「何を書くのか」の要素が「読み手の興味・関心」因子に，「どのように書くのか」が「伝わりやすさ」と「簡潔性」にそれぞれ含まれているとし，3因子の内容は，スカーダマリアらの提案と対応していると述べている。

ただし，本章で紹介するような，子どもを対象にした質問紙を作るときには，

これら3つの因子では不十分なのである。まず，「表記」についてのメタ認知的知識の程度をとらえることが必要である。というのも，子どもの中には，表記のルールについて，それにはどのような働きがあるのかをきちんと把握していない子どもがいるはずだからである。もう1つは「プランニング」についてのメタ認知的知識の状態をとらえることである。実際の説明表現指導やプレゼンテーション技能の指導では，説明内容を選択し，組み立てる課題が入念に行なわれているからである。したがって，構成概念は，「伝わりやすさ」「表記の工夫」「簡潔さ」「読み手の興味・関心」「プランニング」の5因子とする。各因子に対応して計18の質問項目（5件法）を作成した。

(3) 質問項目の妥当性の検討

そして，小学校5・6年生の子ども376名に調査を実施し，質問紙の妥当性を検討した。妥当性は，メッシク（Messick, 1995）の定義にしたがっている（具体的な検討では，平井（2006）を参照した）。この定義を言いかえると，妥当性とは，「『この測定の結果は大丈夫である』ことを示す証拠がどのくらい（質的にも量的にも）あるかによって総合的に判断する」となる。以下，判断の根拠を示していこう。

（ⅰ）内容的側面からの妥当性：小学校教員10名により項目の内容を吟味してもらった結果，項目はいずれも小学校5・6年生ならば回答できる内容で，かつ，測定したい因子に対応していると思う，との意見が得られた。よって，内容的側面からの妥当性は確認されたと判断した。
（ⅱ）構造的側面からの妥当性：18項目について，項目と因子との対応を検討するために確認的因子分析を行なった。その結果，表9-2に示す13項目によって，モデルとのあてはまりが確認された（GFI=.96, RMSEA=.045）。因子間の相関は表の下欄のとおりである。そこで，この13項目を質問項目として採用し，構造的側面からの妥当性は確認されたと判断した。なお，信頼性係数（a）=.855であった。
（ⅲ）外的側面からの妥当性：この妥当性の検討は，メタ認知質問紙結果と実際に表現された説明文（小学校5・6年生135名）の評定結果とが対応

表9-2 説明表現のためのメタ認知的知識質問紙（子ども用）の確認的因子分析結果

因子名	因子負荷量	項目	平均(SD)
伝わりやすさ	0.64	読む人が内容をイメージしやすいように書く	3.26(1.1)
	0.69	他の人が見ても分かりやすい文の構成にする	3.46(1.0)
	0.63	自分の伝えたいことをはっきりさせて書くようにする	3.70(1.0)
	0.69	内容が正しく伝わるように書く	3.73(1.0)
表記の工夫	0.63	読みやすくするために、段落分けをする	3.19(1.0)
	0.64	読みやすくするために、句読点（「、」や「。」）をつける	3.93(0.9)
簡潔さ	0.72	1つ1つの文を短くまとめようとする	3.08(1.0)
	0.60	知らせたいことだけを簡単に書くようにする	3.29(0.8)
	0.61	文章全体が長すぎないようにする	3.31(0.9)
読み手の興味・関心	0.65	読む人が「おもしろい!」と感じるように書こうとする	3.33(1.2)
	0.64	最後まで読んでもらえるように書こうとする	3.59(1.1)
プランニング	0.61	何を書くのか頭の中で整理しておくようにする	3.64(1.2)
	0.64	何を書くのかメモを書くようにする	2.94(1.3)

＊ GFI=0.96, RMSEA=0.045　＊平均欄の最高点は5点

因子間相関係数

	伝わりやすさ	表記の工夫	簡潔さ	読み手	プランニング
伝わりやすさ	－－				
表記の工夫	0.78	－－			
簡潔さ	0.72	0.68	－－		
読み手の興味・関心	0.64	0.47	0.44	－－	
プランニング	0.82	0.62	0.77	0.59	－－

するかどうかを分析して行なった。表現してもらった説明文は図9-1に示す課題である。この課題を選んだ理由は、書き手の先行知識量差が少ないことであり、具体的には、岸・吉川（2008）を参考に作成した。表現された説明文の評定は、大学生によって「伝わりやすさ」「簡潔さ」「読み手の興味・関心」の程度を5件法で行なった。また、「表記の工夫」は、段落分けを使っているか、「プランニング」はメモ用紙を使っているか、をそれぞれチェックした。そして、質問紙の因子ごとの構成概念スコアをもとに、子どもを上位・下位群に分け、評定結果・チェック結果がどうであったのかを比較した。

結果は図9-2と図9-3のとおりである。図9-2で、「伝わりやすさ」以外の「簡潔さ」「読み手の興味・関心」にはそれぞれ有意差がみられ（$p<.05$, $p<.10$）、上位＞下位であった。言いかえると、たとえば「簡潔さ」について、メタ認知質問紙で、「簡潔に」書くことに注意する程度が高い子どもの説明文は、他者が読んでも簡潔な傾向がみられていたの

図9-1　文章表現課題の内容

> 問　あるところに、坂道ばかりの小さな国がありました。
> そこに住む人たちの移動手段は徒歩のみです。
> 荷物を運ぶときには、手押し車を使います。
> 自転車というものは、見たことも聞いたこともありません。
> そこで、この国に暮らす小学5年生に、「自転車」について説明するための説明文を書いて下さい。
> （必要ならばメモ用紙を使用してください。）

である。図9-3の「表記の工夫」「プランニング」でも，χ^2検定の結果，有意差の傾向がみられた（$p<.10$）。すなわち，メタ認知質問紙で「表記の工夫」をすることに注意する程度が高い子どもは，低い子どもよりも，説明文での段落分けを多く行ない，「プランニング」ではメモ用紙を使うことが多かったのである。

このように，すべての因子で質問紙の結果が説明文の評定結果と一致したわけではないが，おおむね一致しており，外的側面からの妥当性は確認されたと判断した。

そして，（i）〜（iii）の結果を総合すると，3つの側面から，測定の結果を信用するに足る証拠が得られており，今回作成した質問紙の妥当性はおおむね確認されたと判断できる。

(4) 子どもは何を学習しているのか？何を指導するのか？

まず，質問紙全体の信頼性係数（α係数）がかなり高い値であったことから，質問紙を使って，上位・下位群はうまく識別されているとみなした。その上で，

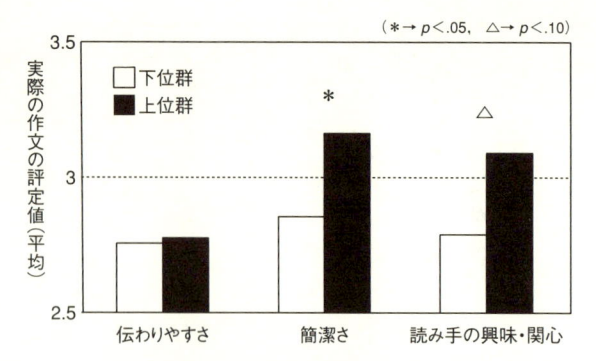

図9-2 メタ認知質問紙の構成概念スコア（上位・下位）と実際の作文とが対応するか（その1）

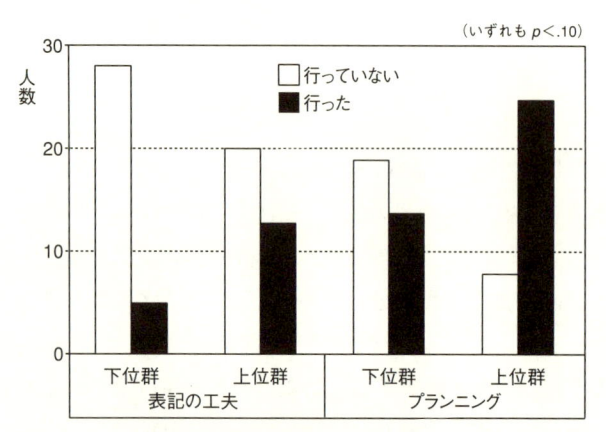

図9-3 メタ認知質問紙の構成概念スコア（上位・下位）と実際の作文とが対応するか（その2）

個々の因子の特徴を見てみると，「簡潔さ」「読み手の興味・関心」は，上位・下位群の間で差が見られたことから，メタ認知の様子が実際の説明文に反映されており，「書くときや話すときに注意しようとしている」ことが実際に実行されている，あるいは「注意したことをどのように実際の説明文に表すかを知っている」ようである。その意味では，これらの因子をきちんと意識させ，指導を行なうことで，説明表現の質の向上に寄与するといえよう。また，2つの因子の内容について，子どもが事前に何らかの妨害的な知識をもっていたとい

うこともなさそうである。これら2つの因子の内容は，岩永（2007）が提案している「説明スキーマ」の構成要素として，指導の効果が期待できる側面であると思われる。そして実際の指導場面では，文章や発話量や説明時間などを制限した中での練習，ことばだけでなく，図表やイラストを多用した資料作り，プレゼンテーション練習などが考えられる。

　それに対し，「伝わりやすさ」については，上位・下位群間でまったくと言っていいほど差がなかった。「伝わりやすさ」はメタ認知的知識として注意を払ったとしても，それが実際の表現には表れにくい，あるいは表すことが難しいと言えよう。それを裏づけるのが表9－2の平均値である。伝わりやすさを構成する4つの項目の平均点は比較的高い，すなわち，「注意する」と回答する傾向が高いのである。にも関わらず，表現された説明文に反映されていないということは，授業を通じて，伝わりやすさが重要なことはわかってきているが，どのようにすればよいかがわからないようだ。同じことは，崎濱（2003）による大学生を対象にした研究でも指摘されており，伝わりやすさ向上のためのスキルトレーニングをしないと，改善されない可能性が高い。具体的な練習方法のヒントとしては，岸・吉川（2008）が複数の練習方法を比較し，「読み手に合わせた書き換え（rewrite）練習」がもっとも有効だったことを示しているが，あくまで大学生の結果であり，今後，子どもを対象にした知見が待たれる。

　「表記の工夫」と「プランニング」については，各因子の構成概念スコア上位・下位群間でいずれも有意差の傾向がみられたが，とくにプランニングの方は，上位群と下位群との間で人数が大きく逆転していたのである。このことは，プランニングを行なうことに注意を向ける児童とそうでない児童とでは，メモを自発的に使うかどうかがはっきりと異なっており，「注意するとしないとでは大違い」の状況が生まれているのである。やはり，プランニングすることに慣れていない子どもに対し，その意義ややり方をきちんと伝えることがきわめて重要である，と指摘できる。

3．「相手を意識する」とはどのようなことか？

(1)「相手を意識する」ことをとらえる

　さて，1節で紹介したように，「正確に」説明するのが，わかりやすい説明のための必要条件なら，十分条件は「説明相手を意識すること（audience awareness）」である。具体的には，相手の知識状態を的確にとらえること，相手にあわせて説明を変更できること，が求められる。しかし，これは教えにくく，なかなか難しい指導内容である。「意識する」こと自体は，指示をすればできるだろうが，問題は「意識」した後に何をどのようにするのかについては，あまりにも多様な対応があるので，「臨機応変」としか言いようがなくなってしまうのである。さらに難しいのは，「意識できない」子どもはなぜできないのか，「意識すること」にはどのような能力や技能が関与しているのか，がよくわかっていない点である。これがわからなければ指導できないはずである。

　杉本（1989）は，文章を書く過程についてのモデルやプロセスについて，論点や研究の動向をわかりやすく紹介している。その中で「読み手（相手）意識」の問題について解説し，子どもの読み手意識が低いのは，古くはピアジェの自己中心性によって説明されていたが，実際は，子どもでも読み手を意識することができ，説明の読み手の違い（教師か一般の読者か，など）によって文章の質が大きく異なると論じている。そして，文章を書くことに負担を感じているような人でも，適切や課題や状況を設定することで読み手を意識しながら表現するとまとめている。

　佐藤・松島（Sato & Matsushima, 2006）は，読み手を意識することで文章の何が変わるのかを検討している。道案内などの手順に関する情報を示す手続き的説明文を使い，教示によって読み手意識を3レベル設定して，表現された文章を比較している。その結果，読み手意識が高いと，文章構成に違いが生じるとともに，メタ説明や補助的な説明が多く出現することを見いだしている。ただし，松島・佐藤（2007）では，教示によって読み手意識が高まり，文章が必ず良くなるという訳ではなく，読み手意識とともに修辞的な工夫も必要であ

ると指摘している。また，読み手からのフィードバックも，文章の質の向上に有効であるとしている。

これらの研究から，説明表現にとって相手（読み手）を意識することの重要性とともに，いろいろな要因が読み手の意識の程度を規定していることがわかる。そして，相手意識を適切に機能させるには，課題の状況をチェックする・相手の違いをチェックする・相手からのフィードバック情報をチェックするなど，やはり，説明表現のメタ認知的知識や活動が関与していることが予想できる。

では，子どもは，相手（読み手）意識をどのようにとらえ，学年とともにどのように発達していくのだろうか？子どもが相手を意識した文章表現をどのように行ない，どのように発達していくのだろうか？さらに，相手を意識することはどのような能力・技能と関係するのか，などの疑問点について検討していこう。

(2)「相手を意識した表現」を分類する

始めに，説明表現の中で何が「相手を意識した表現」なのかの分類基準を作る必要がある。そこで，いろいろなタイプの説明文を網羅する基準ではなく，道順案内，マニュアル，操作説明などの手続き的説明文（Mills et al.,1993; 岸,2004）に焦点をあてた分類基準を作成した。ただし，このタイプの説明文は，小学校国語科教科書で，道順案内，おもちゃの作り方，会議の進め方などを題材にして多数教材化されており，教材分析や教材の吟味の際にも使うことができるはずである。

表9-3がカテゴリー分類基準とその一例である。カテゴリーは大きく4つに区分されるが，そのうち，「情報の付加」には多数の場合が想定されるので6つの下位カテゴリーを設定した。これらの分類は，岸・中村（1999），崎濱（2003），Sato & Matsushima（2006），松島・佐藤（2007）などを参考にして作成した。

(3) 子どもの説明表現の中に見られた「相手を意識した表現」

まず，公立小学校2年から6年生の子ども239名に説明表現を書いてもらっ

表9-3 「相手意識」を示す表現のカテゴリー分類

カテゴリー		内容
情報の付加	結果の明示	行動後の結果を知らせる (例) 右に曲がるとトイレが見えます
	注意喚起	読み手の不安に配慮する (例) 道に迷ったら聞いてください
	否定の明示	失敗や反対事項を挙げて,否定する (例) 階段がありますが,降りないでください
	例示	具体事例や例えを出す
	詳細説明	さらに詳しい情報を述べる
	メタ説明	説明に対する説明を述べる (例) これから体育館に行く道を説明します
情報の抜粋(簡略化)		必要な情報のみをのべる
修辞の工夫		やさしい文体や相手に配慮した言い回しを用いる (例) 3組という教室があります
表記の工夫		読みやすい表記にする (例) 漢字にルビをふる,段落ごとに改行を行なう

た。内容は自分が通う学校の校舎内を案内する文章だが,その際,説明する相手を2通り設定した。1つは,初めて学校に来た祖母という設定である課題A,もう1つは同じく幼稚園児という設定の課題Bである。子どもはいずれか1種類に回答している。実際に子どもに呈示した課題内容(課題A,B)を図9-4に示す。

表9-3の基準にしたがって分類された「相手を意識した表現」の出現率を学年別に示したのが図9-5(課題A:祖母)と図9-6(課題B:幼稚園児)である。なお,図にはすべてのカテゴリーではなく,主なものを示した。

2つの課題とも学年間で出現比率に有意差が見られたが(いずれも$p<.05$),注目すべきは,課題Aと課題Bで出現率のパターンがまったく異なっていたことである。

図9-5は全体に4年生の出現率が最大になって5年・6年と低下していく傾向が見られるのに対し,図9-6では,多少の例外はあるものの,6年生が最大になるような増加傾向が見られたのである。とくに6年生は,説明相手に応じて表現のしかたを大きく変えていることがわかる。また,図9-5が示すのは,説明を書く行動の中で,しだいに「減少していく」という発達傾向が見

【課題A：祖母】
明日は授業参観です。ひろしくんのおばあちゃんが、初めて○○小学校にやって来ます。
おばあちゃんは、昇降口から入って、体育館に行って、音楽室に行って、プールへ行く予定です。でも、行き方を知りません。
そこで、昇降口のところで、おばあちゃんに行き方を説明した文章を渡そうと思います。
その文章を、分かりやすく書いてあげてください。

【課題B：幼稚園児】
明日、いちご幼稚園の子どもたちが、○○小学校の学校見学にやって来ます。
子どもたちは、昇降口から入って、体育館に行って、音楽室に行って、プールへ行く予定です。でも、行き方を知りません。
そこで、昇降口のところで、子どもたちに行き方を説明した文章を配ろうと思います。
その文章を、分かりやすく書いてあげてください。

図9-4　校舎案内文作成課題の内容

られていることである。

　このような結果の理由として、課題Aの説明相手は祖母、すなわち文章理解力が十分であると想定できることである。そのような相手に対しては、「相手意識」による表現を減らし、丁寧な説明よりも簡潔な説明へと切り替えたと思われる。というのは、同じ6年生が、課題Bのように、説明相手が幼児、すなわち文章理解力が不十分な相手に対しては、「相手意識」による表現を多用していたからである。とりわけ結果の明示・メタ説明など、「わかりやすさ」に大きく貢献する表現を増やしているのがわかる。簡単な説明でもわかる相手ならなるべく簡単に、わからない相手にはとにかく丁寧に、という高度な調整技能が6年生になると備わるといえよう。

　また、4年生くらいまでは、いろいろな表現がどんどん増えていく傾向が見

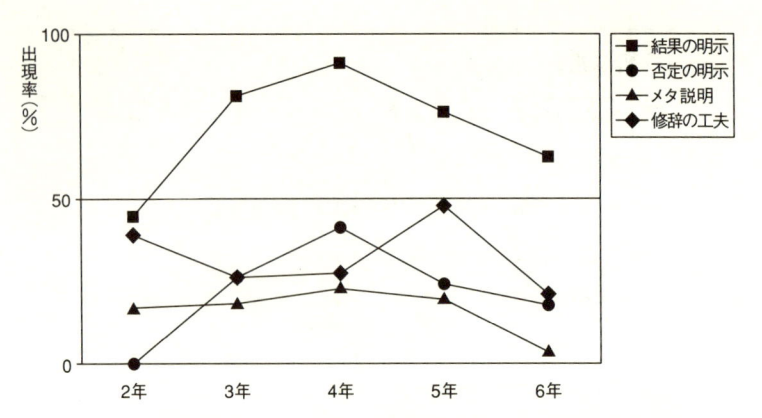

図9-5 説明表現にみられた「相手を意識した表現」の出現率
（課題A：相手は祖母）

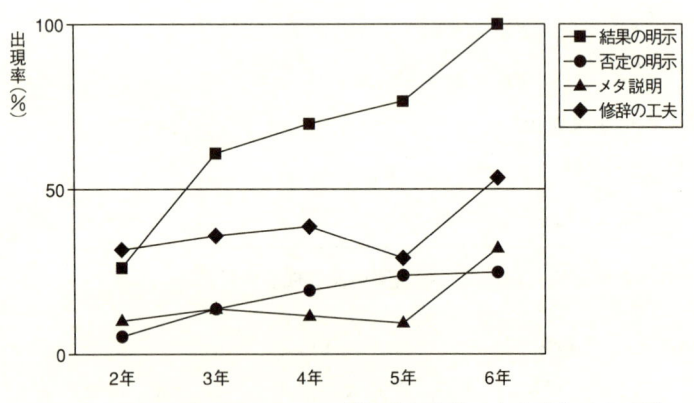

図9-6 説明表現にみられた「相手を意識した表現」の出現率
（課題B：相手は幼稚園児）

られる。しかし，わかりやすい説明表現のためには，増やすのみではないことを指導する必要がある。分量を制限した説明の練習，相手にあわせた書き換え（rewrite）練習（岸・吉川，2008），表9-3のカテゴリーを使った表現の練習などが有効と思われる。

(4) 相手を意識した表現とメタ認知的知識とは関係するか？

協力をお願いした子どもには，説明文作成とともに，2節で紹介したメタ認

図9-7　メタ認知的知識と「相手意識」による表現の出現数（課題A）

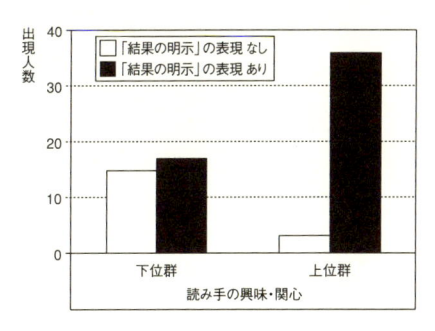

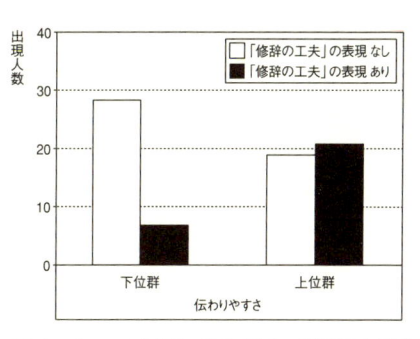

図9-8　メタ認知的知識と「相手意識」による表現の出現数（課題B）

知質問紙にも回答してもらった。回答をもとに「伝わりやすさ」「表記の工夫」「簡潔さ」「読み手の興味・関心」「プランニング」の5因子ごとに構成概念スコアを求め，それぞれ上位群と下位群とに分けた。そして，上位・下位群の間で，「相手を意識した表現」がどのくらい出現したのかを比較したものの代表例が図9-7と図9-8である。

　メタ認知的知識の8因子と相手を意識した表現との組みあわせの多くで，χ^2検定の結果有意な差がみられた。その中で，とくに，祖母に向けた課題Aでは，結果の明示や否定の明示など，情報の選択に関係する表現で有意差が多くみられ，一方，幼稚園児の課題Bでは，修辞の工夫との間で有意差が多く見られたのである。具体的に例をあげると，図9-7は，「読み手の興味・関心」に注意を向けている児童は「結果の明示」の表現を多用していることを，図9-8は，同じく「伝わりやすさ」に注意を向ける子どもが「修辞の工夫」を多用していることがわかる。このことは，児童が，文章理解力のある祖母（大人）に対しては修辞よりも情報の選択を重視して簡潔な表現をめざす一方，幼稚園児に説明するときは，「文章理解力の未発達な幼稚園児には，難解な文章では説明がうまく伝わらない」と判断し，文章の修辞的な面に気をつけたと考えられ，(3)で示した特徴を裏づける結果となっているのである。

　以上のように，説明表現指導では，このような発達の方向があることを想定した上で，書き換え（rewrite）練習や情報の吟味とそれらの追加・修正・削除練習などが有用であろう。「相手を意識して」という指示のみでは，説明表

現のわかりやすさの向上は見込めない。どのような場合にどのような表現を使うのか，またそれはなぜか，などを繰り返し練習することによって，しだいに身につけていくと思われる。と同時に，メタ認知的知識の側面のアセスメントを頻繁に行ない，知識のアンバランスを修正するアプローチも重要である。

[付記]
2，3節の調査は，横浜市立舞岡小学校本田千絵教諭，金沢市立大浦小学校田井和基教諭との共同研究である。研究の概要は，2005（平成17）年度～2007（平成19）年度科学研究費補助金研究成果報告書「ICT環境での説明技能を育成する方法に関する基礎研究」（代表者：岸　学）に詳しい。

10 章

自己質問作成による活用力の向上

　自己質問の作成は，子どもが学習した知識や技能を活かして行なう探求活動の表現である。子どもの興味・関心に基づいて，自らの生活や教材の中に，学習した知識や技能に関する新たな問いを見いだし，その問いに自ら答えることができるかどうかが自己質問作成の鍵である。また，自己質問を作成することで，それらの知識や技能の習得を確実にするとともに，知識や技能の活かし方を学ぶものである。
　国際的な学習比較調査などで，日本の子どもの考える力が弱いことが明らかになっているが，それは，学校で知識や技能そのものは教えられるが，それをいつ，どこで，どのように活用したらよいかが教えられないからである。そのような中，新学習指導要領では，「活用」が重視されるようになった。自己質問作成は，まさに，各教科の日々の授業での学習した知識や技能を，いつ，どこで，どのように活用すべきかを子ども自身が見いだす取り組みである。
　知識や技能の活かし方はさまざまであり，教科によって，また，子どもの興味・関心によって工夫が必要である。とても教師によって，すべて教えられるものではない。そこに，クラスの子ども全員で発見し，工夫した多様な活かし方を持ち寄り，共有することのメリットがある。また，知識や技能の活かし方についての意義や価値を話しあうことで，問いを一層深めることもできる。その意味で，自己質問の作成は，今日の教育課題に対する有効なアプローチの1つである。

1．考える力（活用力）を育てる授業研究

(1)「自ら学び，自ら考える」ために

　以前，冥王星が惑星ではなく，矮惑星とされたニュースがメディアに流れたことがあった。このニュースは，私たちの学習する知識が科学技術や世界情勢

の進歩によって絶えず作り変える必要があることを端的に示している。「水，金，地，…，海，冥」と暗記した惑星についての知識は今では通用しなくなってしまった。いつ過去のものになりかねない知識を暗記するよりも，新しい知識を生みだす意欲や態度を育てる方が重要であると言われてから久しい。確かに，宇宙や天体について知りたいという意欲や，自分から調べる態度を子どもたちがもっていれば，惑星のリストを覚えるまでもなく，宇宙についての本や雑誌を読んだり，宇宙についてのニュースや番組を見たり，天体観察を行なったりと，宇宙や天体についての新しい知識を更新することができるであろう。しかし，そもそも，宇宙や天体について知りたいという意欲や，自分から調べる態度は，どこから生じるのであろうか。

　自発的な学習の意欲や態度は，心理学では，「動機づけ」というテーマで研究されてきた。動機づけとは，活動を引き起こす源であり，特定の活動の選択（テレビの視聴ではなく，算数の勉強），活動のレベル（漫然とではなく，集中的な勉強，問題の意味を考えるなど高度な方略の使用），活動の持続性（長時間，長期的な勉強の遂行），活動の成果（試験の成績や入試の合格）に影響を及ぼす。動機づけには，表10-1のような3つの要素があり（Pintrich, 2003），それぞれの要素がやる気を引き起こしたり，減じたりする。

　第1に，期待の要素である。期待の要素は，課題を遂行する自己の能力や内的統制に関する信念を含んでいる。自分ができると思う課題や，自分で選んだ解決方略に対してはやる気が起こるが，自分ができないと思ったり，必要な解決方略が利用できなかったりすると，やる気が起こらない。たとえば，宇宙や天体を知るためには，ブラックホールについての専門書を読む必要があると言われたとする。もし専門書を理解する自信がなかったり，専門書が身近になかったりすれば，宇宙や天体を知りたいとは思わなくなる。

表10-1　動機づけの3つの要素

要素	内容	例
期待	課題を遂行する自己の能力や内的統制に関する信念	自分は宇宙について自分で調べることができる，知ることができる
価値	学習の目標，課題の重要性，おもしろさ，有用性に関する信念	宇宙について知ること自体に興味がある，大切である，役に立つ
情動	課題に対する自己の気持ちや情動的反応	宇宙について調べることは楽しい

第2に，価値の要素である。価値の要素は，何のために学習するのかといった目標，課題に対する内発的な動機づけや，課題の重要性・有用性に関する信念を含んでいる。親にほめられたり，叱られたりするからでなく，課題自体がおもしろかったり，課題が自分にとって重要であったり，生活に役に立ったりするとき，やる気がでる。たとえば，宇宙の謎や天体の美しさに興味があれば，宇宙について自分で勉強したいと思うであろう。また，数十年に一度の流星群の接近をニュースで知っても，流星群が何であるかを知らなければ，夜空で観察したいと思うこともないであろう。

　第3に，情動の要素である。情動の要素は，課題を行なっているときの楽しさや不安などを含んでいる。楽しければ，活動を続けたいと思うし，退屈を感じると，活動をやめたいと思うであろう。

(2)「自ら学び，自ら考える」ことを支えるメタ認知

　それまでの学びから子どもたちが学びに対してポジティブな期待，価値，情動をもつことができれば，「自ら学び，自ら考える」ことがうながされるが，逆に，ネガティブな期待，価値，情動をもてば，「自ら学び，自ら考える」ことは，阻害される。学びの活動と，期待，価値，情動は，相互作用的なサイクルをなしている。この相互的なサイクルについて，再度，宇宙や天体の学習を例にして，説明しよう（図10-1）。

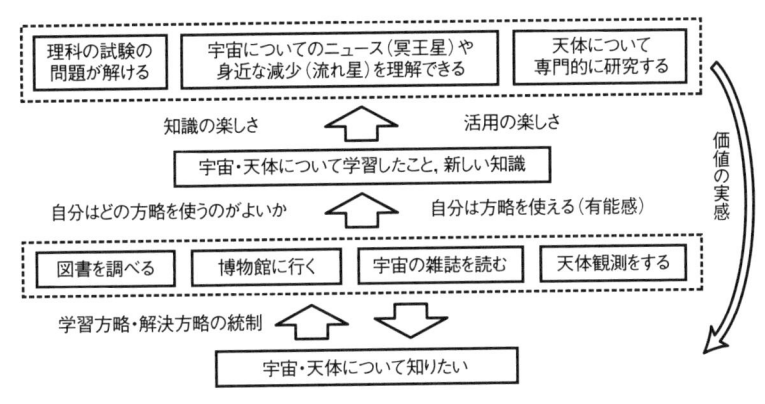

図10-1　「自ら学び，自ら考える」ことの動機づけのサイクル

宇宙や天体について知りたいという気持ちは，ある時，夜空に輝く星の美しさに気づいたり，たまたまテレビでブラックホールの番組を見たりして，起こるかもしれない。しかし，宇宙や天体について知りたいという気持ちも，具体的にどのように調べたらよいかわからなければ，一過性のものに終わってしまう。自分にあった勉強の仕方や，まさに自分が解きたい謎の解決方法がわかったとき，自分に対する自信がもて，もっと勉強したいと思うようになるだろう。
　こうして，宇宙や天体について学習した知識は，潜在的に，さまざまな場面で問題に活用することができる。知識は，活用することで，その価値を実感することができるし，また，活用することに楽しさがある。第1に，学校の理科のテストである。理科のテストで宇宙や天体の問題が出題されたとき，学習した知識が役に立つ。第2に，宇宙や天体に関する身近な出来事を適切に解釈することができる。たとえば，見知らぬ土地を訪れ，道に迷ったとき，夜空の星を見て，方角を判断することができる。また，冥王星が惑星ではなく，矮惑星とされたといったニュースがメディアで流れたとき，惑星や冥王星が何であるかを知らなければ，そのニュースの意味を理解することはできない。第3に，天体や宇宙の研究を行ない，新しい星を発見したり，宇宙の謎を解明したりすることである。
　ここで，「潜在的に」と言うのは，知識をもっていることが必ずしもその知識を活用できることを意味しないからである。第1の学校のテストでは，出題範囲が決まっていて，答えが一義的に求められる解決方法が定まっている。それでも，問題がどのようなタイプの問題であるかわからなかったり，解き方が思いだせなかったりする。第2のタイプの活用法では，身近な出来事を解釈するために使用すべき知識ははっきりしないし（出題範囲が決まっていないし），答えも必ずしも定まっていない。ついでに言うと，このようなタイプの活用ができることは，リテラシー（活用力）またはPISA型能力として，近年，注目されている学力である。最後のタイプの活用法は，専門的な学問領域での理論や思考を深めることであり，使用すべき知識の領域は比較的はっきりしているが，活用の仕方には，創造的に思考することが必要である。
　このような知識の活用を支えるのが，メタ認知の働きである。メタ認知とは，自分（の認知活動）を知り，自分（の認知活動）を律することである。自分を

知ることには，オンラインで自分や自分の置かれた状況をモニタリングし，把握するという動的な意味と，その結果，把握した自分（の認知活動）についての知識という静的な意味がある。前者は，自分（の認知活動）を律する（コントロール）こととあわせて，メタ認知的活動と呼ばれている（三宮，2008を参照）。図10-1で，自分の気持ち（何を知りたいか）や問題を意識し，それに応じた目標を設定し，目標に到達するための方略を選択するのが，メタ認知的活動である。一方，後者の知識は，メタ認知的知識と呼ばれるもので，図10-1の方略についての知識や，知識をいつ使うのか，なぜ使うのかといった条件についての知識を含んでいる。このように，メタ認知は，「自ら学び，自ら考える」ことの動機づけのサイクルを支えている。

(3) 考える力（活用力）を育てる授業研究

　知識を活用するためには，メタ認知の働きが前提であるが，メタ認知の能力を伸ばすためには，実際に現実の場面で知識を活用する必要がある。知識を活用する中で，メタ認知を働かせ，それによってメタ認知の働かせ方を学び，また，知識をいつ使うのか，なぜ使うのかといったメタ認知的な知識を獲得する。近年，日本の子どもたちにおける学力や学習意欲の低下が指摘され，取りわけ，日本の子どもが考える力に劣っていることが問題にされている。これまでの日本の学校では，主に，図10-1での「学校のテストの問題が解ける」という限られた場面での知識の活用が取り上げられてきた。そのため，子どもたちは，現実の場面でメタ認知を働かせながら，教科に関して学んだ知識を活用する経験に乏しかった。また，学習することの価値は，テストで良い点を取るということに置かれ，そのことが以前と異なり，今では，学習に対して子どもたちを強力に動機づける力を失ってしまった。それに対して，知識の活用の場面を広げることが必要であり，それによって，子どもたちの考える力を伸ばし，知識を身につけることの価値を伝えることが今の学校の課題である。以下，この課題について具体的な授業研究を例にして説明する。

　まず，図10-2の評価テストを考えていただきたい。銅と酸化銅との質量比をどのように求めたらよいかという問題である。おそらく，多くの読者が，表に示された銅と酸化銅の質量の数字を計算して答えを求めようとして，うまく

下の量の銅を十分加熱してから、電子天秤で質量を測定したところ、以下のようになった。この表から銅と酸化銅との質量比をどのように求めたらよいか。

銅 (g)	1.0	2.0	3.0	4.0	5.0	6.0
酸化銅 (g)	1.2	2.5	3.7	4.1	6.2	6.7

図10−2　湯澤・山本(2002)の評価テスト

答えがだせなかったのではないだろうか。図10−2に示された質量の数値には、誤差が含まれている。そのため、選択した数値の対によって異なる質量比になり、また、きれいな比にならない。ところが、実際の化学の実験においては、このような測定誤差が生じるのがむしろ当たり前のことである。図10−2に示されたような測定結果を見たとき、誤差が含まれていることに気づき、それに対処するためには、たとえば、測定値をグラフに描き、質量比を推測するといった適切な方略を選択する必要がある。そのような気づきや、適切な方略の選択は、どうしたら可能になるのであろうか。

　湯澤・山本(2002)は、表10−2にまとめた2種類の授業方法で公立中学校の2年生に理科の授業を行なった。実験群の授業では、最初に、定比例の法則を分子モデルから演繹した後、数学の比例の知識を用いて、酸化前後の金属の質量比を求める課題を2回行なった。その際、理科と数学の教師がチームで指

表10−2　実験群と統制群の教授方法・内容の違い（湯澤・山本, 2002)

	実験群の授業	統制群の授業
カリキュラム編成における理科と数学の関連づけ方	数学と理科との関連性が最初から明示され、数学は理科の課題解決の手段として、位置づけられる。	理科の定比例の法則を学習することが授業目標であり、数学の学習は授業の明示的な目標ではない。
定比例の法則についての教授方法	分子モデルに基づいた酸化の説明から、法則を演繹する。	燃焼前後の金属の質量関係を調べた実験結果から、法則を帰納する。
生徒による実験の実施と課題解決	燃焼前後の質量の整数比を求める課題2回	燃焼前後の質量関係を調べる課題1回、燃焼前後の質量の整数比を求める課題1回
教師による指導体制	理科の教師と数学の教師のチーム・ティーチングによる教授と指導	理科の教師1人による教授と指導

表10-3　評価テストに対してそれぞれの解決方法を示した生徒の人数
（湯澤・山本，2002）

	実験群	統制群
白紙	0	14
数の操作（計算）のみから解答を生成する[1]。	1	11
グラフを描くが, グラフの読み方, 描き方がわからず, 解答がない。	9	3
グラフを描き, 視覚的に解答を求めるが[2], グラフを読み違える。	1	0
グラフを描き, 視覚的に解答を求めるが, グラフが不正確なため, 解答が不正解である。	5	3
グラフを描くが, 誤差のある数を含めて解答を計算するため, 不正解である。	3	4
グラフを描き, 直線上に位置する点のみを考慮して, 解答を計算するが, 計算間違いのため, 不正解である。	1	0
グラフを描き, 誤差のない数から正しい解答を計算する。	5	2
グラフを描き, 視覚的に正しい解答を求める。	10	0

[1] 計算間違いの場合も含んでいる。
[2] "視覚的に解答を求める"とは, 計算をせずに, グラフ上の点から直接解答を求めることである。たとえば, 直線が(4,5)の点を通るから, Cu:CuO=4:5と判断する。

導にあたった。このように実験群の授業では，数学と理科との関連性が授業の最初から明示され，実験において，子どもたちは，数学や理科の知識を活用しながら，課題解決を行なうようになっていた。他方，統制群では，教科書に沿って授業を行なった。すなわち，マグネシウムの酸化の実験を行ない，そこから，定比例の法則を導いた。その後，分子モデルによる説明を受け，実験群と同様に，酸化前後の金属の質量比を求める課題を1回行なった。ただし，すべて理科の教師から指導を受けた。

　授業後，数学の比例の知識を用いて，酸化前後の金属の質量関係について計算し，予測できるかどうかについてのテスト（従来の理科のテスト），および図10-2の評価テストを行なった。その結果，実験群の子どもは，統制群の子どもよりも，従来の理科のテストの得点が高かっただけでなく，図10-2の評価テストに対しても適切な方略を用いることができた。すなわち，実験群の子どもの多くは，誤差のある測定値をそのまま使用せず，グラフを利用して，正しい測定値を推測した上で，質量比を求めようとしたのに対して，統制群の子どもは，測定誤差を必ずしも考慮せず，そのまま質量比を求めようとした。

　実験群の子どもが誤差に気づき，グラフから推測するといった方略を選択す

ることができたのは，以下のような学習活動のためであると考えられる。第1に，実験群の子どもは，分子モデルをとおして質量比が比例関係にあることを演繹的に理解した上で，課題解決を行なったため，測定値がモデルにおける関係と異なることを強く意識した。第2に，実験群の子どもは，整数比を求めるためには，どのような量の金属をどのように燃焼させたらよいのか，誤差を含む測定値からどのように整数比を求めるのかについて，理科の知識や数学の知識などを利用しながら，工夫しなければならなかった。そのような課題解決のプロセスの中で，学習する知識（金属の酸化）を多様な知識（比例，グラフ，誤差など）と有機的に関連づけながら，それらの知識をいつ使うのか，なぜ使うのかといった条件についてのメタ認知的な知識を獲得したと考えられる。

2．考える力（活用力）を育てる教科横断的な枠組みづくりへ

(1) 考える力の基盤となる知識の定着を支援する

前節では，メタ認知が「自ら学び，自ら考える」ことの動機づけのサイクルを支えていること，また，メタ認知の能力を伸ばすためには，実際に現実の場面で知識を活用する必要があることを述べた。一方で，知識を活用するためには，その土台となる知識（基礎学力）をある程度，身につけている必要があるが，ここでも，メタ認知は重要な役割を果たしている。ただし，現実の場面で知識を活用する方略と，基礎学力を身につけるための方略は，その性質が異なっている。たとえば，金属の燃焼前後の質量比を求めるために比例やグラフをどのように活用するかのメタ認知的知識は，金属の酸化という学習文脈に固有な知識である。比例やグラフについての一般的な知識をもっていても，図10-2の問題に対して必ずしも適切に対処することはできない。金属の酸化という学習文脈で，比例やグラフについての一般的な知識を用いて，工夫することで初めて，それらの知識が類似した文脈で活用できるようになる。一方，活用の土台となる知識，たとえば，比例やグラフについての一般的な知識を学習するときの方略は，算数，国語，理科，社会など他の領域一般に活用することができる。そのような学習方略として，以下の2つを区別することができる。

第1に，授業で勉強したことで，わからなかったところや，十分理解できな

かった点に気づき，それに対応した行動を取ることである。たとえば，わからなかったところについて，教科書を再度読む，参考書を調べる，教師や友人に尋ねるなどである。また，十分理解できなかったところを問題集で確認する。第2に，授業で勉強したことの中で，大切なところや自分にとって興味のあるところに気づき，それに対応した行動を取ることである。たとえば，大切なところに線を引いたり，大切な箇所を書きだしたり，要約したり，詳しく説明（精緻化）したりする。または，大切なところや自分の興味あるところに関する問題を何度も解いたり，発展的な参考書を読んだりする。

　もちろん，子どもが最初から独力でこのような学習方略をとれるわけではない。子どもが自分を見つめ，自分の理解をチェックできるような教師による支援，子どもが自ら必要な行動に気づき，より効果的な行動をとれるような教師による支援が必要である。たとえば，授業でわからないところがあっても，そのままにしておけば，ますますわからなくなってしまう。授業でわからないところがなかったかどうかを教師が子どもにチェックさせ，理解が不十分な子どもに対しては，適切な課題を行なわせるなどの対応を教師が行なう必要がある。

　「自ら学び，自ら考える」力を伸ばすための授業は，教科ごとの独自性や個別の単元の内容に応じた異なる工夫が必要である。しかし，考える土台となる知識を子どもが身につけるための工夫は，教科ごとにバラバラであるよりも，教科横断的な学校全体の枠組みがある方が効果的である。それは，算数のある単元でわからない問題に対処した方略が，その子どもにとって，その場限りのものではなく，他の教科にも生かせるものとして意識されるからである。

(2) 教えて考えさせる授業

　考える土台を作るための教科横断的な枠組みの1つの例として，「教えて考えさせる」授業（市川，2004）をあげることができる。教えて考えさせる授業は，今のところ，理科の教科の中で，「先行学習」という名前で実践されている（鏑木，2007）。教えて考えさえる授業は，図10-3のような習得サイクルと探求サイクルからなっている。習得サイクルでは，授業を中心にして，復習と予習が繰り返される。復習と予習は，学習内容の定着をはかり，考える土台を作るための学習方略であり，すべての教科の学習にあてはめることができる。

図10-3 「教えて考えさせる」授業における習得と探求の学習サイクル
（市川，2004）

一方，探求サイクルは，既習内容を活用した探求活動や表現活動を行なう。探求活動や表現活動は，教科や教科の単元によって展開の仕方は異なっている。

(3) 自己質問作成によるメタ認知の向上

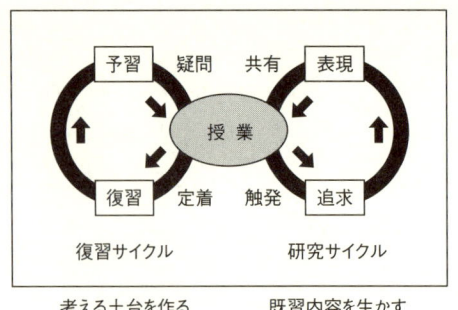

考える土台を作るための教科横断的な枠組みの第2の例として，自己質問作成の取り組みをあげたい。自己質問作成の取り組みは，次のような手順で行なわれる。

(ⅰ) 小単元ごとに，子どもは，授業内容に関する質問，およびそれに対する解答を作成し，自己質問カードに記入し，提出する。自己質問は，1個以上，好きなだけ作成する。
(ⅱ) 子どもは，自分の作成した質問のタイプ（表10-4），および質問を作成した理由をカードに記入する。学習が不十分だと思うところがあれば，必ずそれに関する質問（タイプA）を作成し，それに加えて，以下に説明するようなタイプB，Cの質問を作成する。
(ⅲ) 教師は子どもの自己質問をチェックし，次の授業時間の冒頭，カードを返却する。代表的な質問に関して，意見を求めたり，解説したりする。

タイプAとBの自己質問は，それぞれ，本節の (1) であげた2つの学習方略に対応している。すなわち，タイプAは，授業で勉強したことで，わからなか

表10-4 子どもの理解目標と自己質問のタイプ

理解のレベル	学力	メタ認知の役割	自己質問	具体例
A.学習内容を理解する	基礎学力の獲得	わからないところに気づく	自分の学習が不十分なところはどこか	GDPとは何か
B.学習内容を構造化する	基礎学力の定着	学習の大切なところに気づく	授業で大切なところはどこか	なぜヨーロッパの国々はEUを作ったのか
C.学習内容を応用する	基礎学力の深化	いつ、どのように応用するのか判断する	授業で学習したことでどのような新しい問題が解けるようになるか	なぜ日本とマレーシアは自由貿易協定(FTA)を結ぶのか

ったところや，十分理解できなかった点についての質問であるのに対して，タイプBは，授業で勉強したことの中で，大切なところについての質問である。図10-4の具体例は，中学社会科でフランスについての授業後，子どもが作成した自己質問である。ある子どもは，授業ででてきたGDPという用語の意味がわからなかったので，「GDPとは何か」というタイプAの自己質問を作成した。また，フランスをとおしてEUの役割を理解することが授業のテーマであったので，別の子どもは，「なぜヨーロッパの国々はEUを作ったのか」というタイプBの自己質問を作成した。タイプAとBの自己質問は，一般的な学習方略を，教科を超えて利用することを支援する。図10-3で言うと，習得サイクルに属する活動である。他方，タイプCの自己質問は，学習したことの活用であり，図10-3の探求サイクルに属する活動である。ある子どもは，フランスについての授業後，偶然，日本がマレーシアと自由貿易協定（FTA）を結ぶというニュースを耳にして，それがEUと共通した役割があることに気づく。そこで，「なぜ日本とマレーシアは自由貿易協定（FTA）を結ぶのか」という自己質問を作成した。

　自己質問は，子どもの学習の記録のみならず，授業の評価として利用できる。タイプAの自己質問が多いことは，子どもの理解が不十分なことが多いことを意味し，一方，タイプCの自己質問がでてくるかどうかは，授業の中で，子どもの追求を触発できたかどうかの指標である。

3．自己質問作成で子どもの活用力を高める

(1) 自己質問から子どもの理解を読み取り，次の授業に活かす

　ここでは，大崎上島町立大崎中学校，および広島大学附属中高等学校で行なわれた自己質問作成の取り組みを具体的に紹介しながら，自己質問作成が子どもの活用力の向上や授業の形成的評価の道具としてどのように役立つのかを述べる。

　まず，表10−5の1と2の自己質問を比べていただきたい。両者の自己質問は，社会の授業後，学習の大切なところに関して別の子どもが作成したものであり，内容や答えは，ほとんど同じである。しかし，質問を作成した理由が異なっている。1が歴史の流れを考慮したうえで，問題を作成しているのに対して，2は，そうではない。2の自己質問を作成した子どもは，キリスト教伝来の重要性に気づいているが，その歴史的意義を十分に理解していない。このような場合，教師は，次の授業でこれらの質問を紹介し，キリスト教伝来がどうして大切なのかを考えさせることで，子どもたちの理解を確実なものにすることができる。

　また，中学校国語科「古典に親しもう，枕草紙・第一段」の授業で，音読と口語訳の2回の授業後に，子どもが作成した自己質問の多くは，「枕草子の筆者は誰か」「をかしの意味は」といった個々のことばの意味や事実を問う自己質問（タイプA）がほとんどであった。一方，タイプBの自己質問は，ほとんど作成しなかった。次の授業で，教師が個々のことばの意味や事実を尋ねると，子どもは，積極的に答えるが，「枕草子は何について書いてあるのか」という発問には答えられなかった。子どもたちは，ことばの意味を理解するのに精一杯で，それ以上のことを考える余裕がなかったと考えられる。このような場合，授業で，枕草子全体の要旨や筆者の伝えたいことなどを子どもに考えさせる必要がある。

(2) 子どもの探求を触発する

　これまでの自己質問作成の取り組みをとおしてわかったことの1つとして，

表10-5　子どもの作成した自己質問の事例（1）

例	タイプ	自己質問	自己質問	自己質問
1	B	1549年にキリスト教を伝えたのは誰？	ザビエル	キリスト教が伝わったことで歴史に影響がでたと思うから。
2	B	1549年にイエズス会のだれが何を伝えにきましたか？	フランシスコ・ザビエルがキリスト教を伝えるため	太字で教科書にかいてあるし、よくきく人の名前だから大切だと思った。
3	C	少年の日の思い出で主人公が過去を語った相手が実はエミールだったらどんな展開になる？思い付く限り書きなさい。	・エミールが「あの時は幼かったんだ」と過去のことを謝罪する。 ・エミールが過去のことは気にするな」と言って元気づけようとする。 ・主人公がエミールに必死に過去のことを説明しようとする。 ・2人で「今は今だ」とこれから仲良くしていく。 ・過去のことをエミールが引きずっていて仲が悪くなる。 （以下，省略）	Cを作ろうとがんばったらこんな問題ができた。
4	C	どうして「建武の新政」はうまくいかなかったのですか？後醍醐天皇また、それに関係する人や物を用いて書きなさい。	後醍醐天皇は自分の宮殿を造るために、たくさんのお金を使った。そして、天皇中心の政治を行っていたため、天皇のまわりにいたのは、公家。もちろん、公家は恩賞をもらっていた。しかし、お金を出したり、戦っていたりしている武家は、十分に恩賞がもらえなかった。だから、武家たちも、足利氏を中心に反発していった。だから、政治（社会）は乱れていってしまった。そして、足利氏は室町幕府をおこした。	Cの問題を作りたかったから。
5	C	刀狩や太閤検地，さらには兵農分離まで行った豊臣秀吉ですが、この人はまわりの人からどう思われていたのでしょうか？①武士の意見，②農民の意見，それぞれ考える。	武士：刀を持っていられるのは俺らだけだ。豊臣さんはきっちりしたんだ。農民：あ〜あ、刀をとられてしまった。最悪だ。豊臣は悪魔だ。	兵農分離で分けられた2つは、それぞれどう思ったのか、考えてみようと思った。

＊タイプは，子どもが自己申告したもの。

自己質問の作成を単に繰り返しても，タイプCの自己質問はほとんどでてこないということである。自己質問の作成を繰り返すと，最初の頃は，タイプAの単純な自己質問が多く，次第に，タイプBの自己質問も増加するが，学習したことを応用したタイプCの自己質問はほとんどでてこない。タイプAとBの自己質問は，数学や理科などいずれの教科にもあてはまる領域一般的な学習方略を利用して作成できるが，タイプCの自己質問は，それぞれの教科の内容にある程度，依存しているからである。そのため，単に，「学習したことを応用しよう」という教示だけでは，子どもはどのような問題が作成できるのかよくわからないのである。また，教える側の教師がタイプCの自己質問の具体的なイメージを必ずしももっていないという問題も明らかになった。教師自身がタイプCの自己質問を作成できないのに，子どもに作成しろと言うのは無理な話である。

そこで，授業の実施前に，授業後，子どもたちがどのようなタイプCの自己質問ができるのかを教師がイメージしたうえで，授業の指導案を作成することにした。すなわち，それぞれの教科の単元の内容に応じて，子どもたちに学習内容を活用した探求の仕方（教科に依存した思考方略）を示すことで，子どもたちが自ら同じ方略を用いて，探求できるようにうながすということである。以下，複数の教科での実践例を取り上げる。

①国語：「主人公がもし○○をしたら」

中学1年国語「古典に親しもう　枕草紙・第一段」単元での最後の授業の問いは，「筆者がタイムスリップして，現代に来たら，○○を見て"をかし"，"つきづきし"と言うだろうか」であった。この問いの意図は，枕草子の筆者の季節感を子どもの季節感と比較することで，筆者の季節感（枕草子）への理解を深めることにあった。○○には，夏の花火，エアコンなど，身近な季節の風物をあてはめ，筆者の季節感や美意識から，"をかし"，"わろし"などと評価し，話しあいを行なった。このことは，子どもたちに，タイプCの質問の具体的なイメージを与えるとともに，「主人公がもし○○をしたら」という，タイプCの質問を作成するための方略を伝えたようである。その後の新しい単元の授業では，表10-5の3の事例のような自己質問が作成された。3の事例は，「主人公がもし○○をしたら」という思考方略を「少年の日の思い出」に適用

したものである。「答え」は，思いつきの羅列にすぎないようにも思われるが，ここから，主人公の心情の解釈を発展させることも可能である。たとえば，3の自己質問をクラスに紹介し，どの展開が可能であるかを話しあうことができる。

②社会：異なる立場から歴史を見る

中学２年社会科「南北朝の内乱と室町幕府」単元での授業の冒頭で，前回（元の来襲と鎌倉幕府）の授業について子どもの作成した自己質問（タイプＡ：元が２度にわたって日本を攻めてきたことを何というか。タイプＢ：鎌倉幕府が滅亡した理由を答えなさい。）を紹介し，前時の復習をした。さらに，タイプＢがタイプＣになるためには，歴史を多様な立場や視点から考えることが必要であることを説明し，タイプＣの例として，「鎌倉幕府が滅亡した理由を幕府と御家人の関係から答えなさい」「元寇の影響と産業の発達に伴う御家人の生活の変化から鎌倉幕府が滅亡した理由を答えなさい」をあげた。授業では，「歴史は繰り返される」をキーワードにして，藤原氏の天皇の外戚による「摂関政治」，や平清盛の天皇の外戚による政治における政権の交代と，「元寇」「建武の新政」対比させながら，建武の新政が短命に終わった理由を子どもに考えさせた。授業後の自己質問の作成では，表10−5の例4のような「タイプＣ」の自己質問が多く作成された。「答え」を見ると，タイプＢの自己質問に近いが，天皇，公家，武士といった異なる立場からの建武の新政について説明しようとする意図がうかがえる。この授業後，「異なる立場から歴史を見る」という方略がしばしば自己質問の作成に用いられるようになった。例5は，その中の１つである。「答え」は，農民の立場が十分に考えられたものになっていないが，ここから，農民の生活についての考察を深めていくことが可能である。

③数学：問題の条件を変えてみる，文字を使って一般的に考察してみる，関連する問いを作って考えてみる

中学３年数学の関数の授業で，子どもたちは，3つの方略が示され，図10−4の【問題】をどのように発展させることができるかについて考えた。さらに，自分の考えたことについての振り返りを行なった。ここでは，タイプＣの自己質問の作成を直接，触発している。表10−6は，子どもが作成した質問，答え，振り返りの例を示している。例6では，まず，問題の条件である２点Ａ，Ｂの

【問題】

右の図のように関数 $y=\frac{1}{2}x^2$ のグラフと直線が2点A, Bで交わっていて、それぞれの点のx座標は4と-2である。

この直線の式を求めなさい。

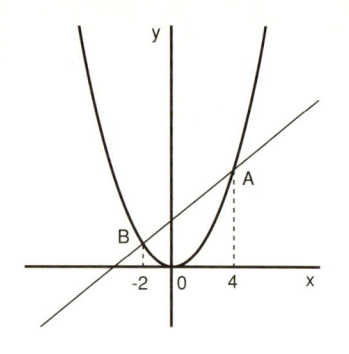

【問題の発展】
この問題を発展させると、どのようなことが考えられるでしょうか。問題の条件を変えてみる、文字を使って一般的に考察してみる、関連する問いを作って考えてみる、などの工夫を各自で行なって、考えたことを詳しく書いてみてください。

【振り返り】
今回のレポート作成での自分の学習活動を振り返って、自分のアイデアや考え方について感想を書いてみましょう。

図10-4　二次関数の問題と作問の教示

座標を具体的に変化させ、変化の規則性（法則）についての仮説を構成している。その後、文字を使って、その仮説を証明している。「振り返り」には、そのときの探求の様子がよく表れている。子どもが結果を予想しながら、探求し、予想が外れたときの驚きや、期待していなかった法則を確認したときのうれしさが表現されている。また、例7では、最初、ABの長さを求めるという質問を作成し、その後、三角形の面積という点を手がかりにして、面積と一次関数をうまく関連づけた問題を作成している。振り返りでは、多角形や円などを利用した問題へ発展させることの可能性が述べられている。

(3) 自己質問とメタ認知的知識の共有

自己質問の作成は、各教科の日々の授業での学習した知識や技能を、いつ、どこで、どのように活用すべきかを子ども自身が見いだすための取り組みである。今までの例にあるように、知識や技能の生かし方はさまざまであり、教科

表10-6 子どもの作成した自己質問の事例（2）

例	自己質問	答え	振り返り
6	・4, -2を2倍してみる ・4, -2を3倍してみる ・4, -2を$\frac{1}{2}$倍してみる ・文字をあてはめて確認：A, Bのx座標をa倍する	・（計算省略）y=2x+16 ・（計算省略）y=3x+36 ・（計算省略）y=$\frac{1}{2}$x+1 xの値をa倍するとABの式の変化の割合もa倍となり切片はa^2倍となる（仮定） ・（計算省略）y=ax+$4a^2$ 仮定が証明された。	最初2倍したときの図を書いたときに、もしかして傾きが同じなのでは？と思ったのですが、計算してみるとそうではありませんでした…。2倍したときに傾きが2倍だったときは何かの法則がありそうと思いました。切片を2倍のときだけ見ていたら、仮定は傾きがa倍、切片は2a倍になっていたのですが、3倍をやってみると予想が外れました。法則があることをあまり期待していなかったのでうれしかったです。表の右上にある図をかいていたら、各式が交わるかも！と思ったのですが、そうではなかったようです…。急いで計算したのでもしかしたらちがうかもしれません。
7	・ABの長さを求める ・y=$\frac{1}{2}x^2$上に△AOB=△ACBになるような点Cをとるとき、Cにあてはまる座標はいくつあるか。	・（答えは省略） ・等積変形を利用する。まず、y軸上に点Dを△AOB=△ADBとなるようとる。この点DからABに平行な直線をひき、y=$\frac{1}{2}x^2$との交点をそれぞれE, Fとした時、△ADBと△AEB、△AFBはそれぞれ底辺と高さが等しくなる（ABは共通、AB//EFより）。よって、△ADB=△AEB=△AFB=△AOBなので、求める座標Cは、E, Fの座標となる。これに加え、点Oから同様に直線をひき、y=$\frac{1}{2}x^2$との交点Gにおいても同じことが言える。つまり、点Cの座標の条件にあてはまるものはE, F, Gの3つとなる。	図形の性質を利用して解く問題をつくろうと思い考えた。ただ、2つとも三角形の性質を用いた問題となってしまった。多角形や円など普段みられない形の問題をつくればよかったと思った。

によって，また，子どもの興味・関心によって生かし方に工夫が求められる。とても教師によってすべて教えられるものではない。そこに，クラスの子ども全員で発見し，工夫した多様な生かし方をクラスにもち寄り，共有することのメリットがある。また，知識や技能の生かし方についての意義や価値をクラスで話しあうことで，問いを一層深めることもできる。子どもの作成した多様な問いや答えを子どもどうしで共有し，それぞれの問いの有用性や価値，おもしろさなどを評価し，答えの妥当性や他の答えの可能性などを話しあうことで，知識や技能の活用についてのメタ認知的な能力が向上する。

　以下は，個々の子どもの問いをクラスでもち寄り，話しあいをとおして，教材に対する理解を深め，子どもの探求をうながしている実践例（中学3年国語）である。子どもは，最初に，教材（「ディズニーランドという聖地」）を読み，わからないところや疑問に思うところについての質問を作成する。その後，その質問をグループにもち寄り，グループで解決する。そして，グループで解決できなかった質問の中で，クラス全体で議論するのに値する質問を提出する。そこで提出された質問は，ほとんどがタイプBであった（たとえば，「筆者は，ディズニーランドの設立に参加しているのに，ディズニーランドを批判しているのは，なぜなのか」，「ディズニーランドは，"自然の否定の象徴"と言っているが，ディズニーランドに登場するのは，ミッキーマウスに代表される動物ばかりである。矛盾しているのではないか」など）。しかし，それらの質問をクラス全体で議論する中で，新たな視点からの問いが発せられる。「筆者は，ディズニーランドを批評しようとしているのか，ディズニーランドを例として別のことを批評しようとしているのか」。これは，筆者の世界観についての問いであり，子どもたち自身で，説明的文章を読むための思考方略を見いだしたのである。

(4) 子どもの活用力を高めるために

　自己質問作成の取り組みは，今，研究途上にあり，今後子どもの探求を触発する実践事例を一層，蓄積していく必要がある。もちろん，自己質問の作成と，探求の触発とは，別個の取り組みなので，あくまで，探求を触発し，活用力を高めるための日々の授業実践の工夫を重視し，その成果の評価を，教師の作成

したテストによって総括的に行なっても構わない。しかし，自己質問の作成を，探求の触発と組みあわせて行なうことのメリットは，以下の点にある。

　第1に，自己質問作成の取り組みは，子どもの学力の個人差に対応している。3つのタイプの自己質問は，異なる理解のレベルを目標とし，異なる学力を想定している（表10-4）。タイプA，B，Cは，それぞれ，学習内容を理解すること，学習内容を構造化すること，学習内容を応用することが目標であり，また，基礎学力が獲得されているかどうか，基礎学力が定着しているかどうか，基礎学力が深まり，思考力が育っているかどうかの指標である。個々の子どもに応じて，異なるタイプの自己質問が目標となり，また，より高度なタイプの自己質問の作成が課題となる。また，学力の低い子どもであっても，少なくとも，タイプAの自己質問を作成することは容易であり，そこがスタートになる。

　第2に，自己質問の作成は，子どもの興味・関心に基づいて，自らの生活や，教材の中に，学習した知識や技能に関する新たな問いを見いだし，その問いに自ら答えるという活動である。たとえば，これまでの自己質問の作成で，金属の酸化が校庭の鉄棒のサビと，EUがFTAと関連しているなどの気づきが，特別な思考方略の教授がなくても自然と生じてきた。本節の（3）で述べたように，このような新たな問いの気づきは，クラス全体で共有され，子どもたちのグループまたはクラスで，その答え方で良いか，別の答え方はないか，別の答え方が良い理由は何かといったことを話しあうことができる。そうすることで，学習した知識や技能をいつ，どこで，どのように活用できるかのメタ認知的な知識の獲得がうながされる。

　第3に，自己質問の作成が，そのまま，子どもの活用力の評価になることである。国際的な学習到達度調査などで，日本の子どもの考える力が弱いことが明らかになり，新しい学習指導要領では，「活用力」が重視されている。そのような中，子どもの探求を触発し，活用力を高めるための授業実践の工夫が必要であるが，その効果を評価するためのテストをその都度作成するのは難しい。自己質問の作成は，評価のテストを子ども自身に作らせてしまうという点で，教師にとっても便利な方法である。

11章

科学的概念の転移をうながす事例の学習

　「一を聞いて十を知る」ことができれば，教える方も学ぶ方もずいぶんと楽になる。しかし，現実の学びはそこまで簡単ではなく，十を知るためには十を学ばなければならないことも多い。心理学では，すでに学んだことが新たな学びに影響することを「学習の転移」と呼んでいるが，この転移を効果的にうながすことができるなら，一つの学びで十の問題を解けるような応用力を身につけることも期待できるだろう。そこで，本章では，とくに理科の授業で学ぶような科学的概念の学習事態に注目し，学習した概念の転移は，なぜ難しいのか，どうすれば促進できるのかという問いを立てた。
　この問題を考えるときに注目したキーワードは，「事例による学習」である。抽象的な科学的法則やルールを教えるときには，具体的な事例や例題を使うことが一般的である。ただし，この事例の選び方や使い方次第では，学習した法則やルールの転移が促進されることもあれば，かえって妨げられることもある。本章では，科学的概念の転移をうながすためには，どのような事例を準備して，何を学習者に学ばせることが大事なのかについて探ってみた。
　どのような事例を学べば，「気圧の力」に関する科学的概念が応用問題にも転移できるようになるかを調べる実験をとおして，学習した概念（ルールや公式）の意味を変えずに形を変える知識を学ぶことが大事であることを確かめた。
　「一を聞いて十を知る」は無理にしても，せめて「三を聞いて五，六を知る」ぐらいになるための教え方，学び方のヒントは得られるかもしれない。

1．なぜ，学習した概念の転移は難しいのか？

（1）科学的な概念の学習

　「ガラス板に吸盤を押しつけると外れなくなるのはなぜでしょうか」
　この問いに対してもっとも多く見られる答えは，「吸盤の中の真空に物を吸

い寄せる力があるから」というものである。正解は「大気圧が吸盤を押すから」であり，「真空」という状態が物理的な力を生みだすことはない。このような「真空」や「気圧」に対する誤解は，自然現象に関するインフォーマルな知識の1つであり，子どもだけでなく大人にもあることが確認されている（麻柄，1996）。「水素には重さがない（軽さがある）」，「卵は塩水には浮くが砂糖水には浮かない」，「球根植物に種はできない」など，人は自然現象に関しても種々のインフォーマルな知識をもっており，これらの知識が科学的に正しい概念の学習を妨げている。先の章で紹介された算数の場合と同様に，日常の生活体験，ときには授業中の体験もこれらの知識を支えている。

　ところで，「真空に吸引力がある」という誤った認識から「吸盤がガラスに貼りつくのは，大気からの圧力だ」という認識に修正すること自体は，さほど難しいことではなく，学習上の問題はむしろ別にある。藤田（2004）は，24名の大学生に，気圧が生みだす力によって起きる身近な現象を提示し，なぜそうなるのかを説明させる課題（気圧問題：事前テスト）を実施した。すると，ほとんどの者が気圧の力には言及せず，「真空（あるいは低圧の空間）に吸引力があるから」という説明や，摩擦力，粘着力，表面張力などの物理的な作用を原因とする説明を行なっていた（図11-1）。そこで，後日，吸盤を事例として気圧の力を説明する教材（図11-2）を与え，再度，気圧問題の解答を求めた（事後テスト）。すでに学習している「吸盤」の問題については気圧の力に言及して正しく説明できる者が増加するが，それ以外の気圧問題では大きな変化がないという結果になった（図11-3）。気圧について正しい知識を獲得しても，学習した事例と異なる事例（吸盤以外の問題）に，その知識を応用することは大変困難なようである。

　学校の授業では，観察や実験，あるいは教科書などで例示される具体的な事例を使って，科学的な概念（法則やルール，公式など）を説明する教え方が一般的である。このとき学習者は，正しくその概念を学習したかのように見えても，授業で学んだ事例や例題と同じ問題か，あるいは類似する問題にしかその概念を利用できない場合がある。このように，すでに学習している知識やスキルを別の問題場面や異なる状況に応用するときに生じる問題を，学習の転移の難しさという。

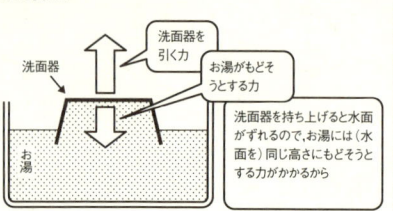

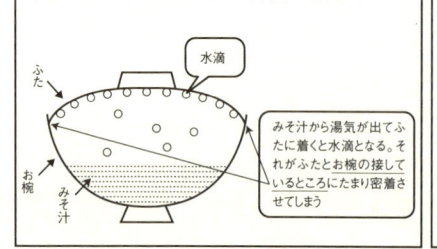

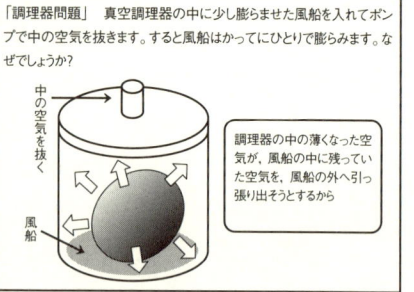

図11-1　気圧問題例と実際の解答例（矢印や水滴などは実験参加者による書き込み）

【気圧の力の基本的な法則の説明】

　大気とは地球を取り囲む空気のことです。空気は無数の分子でできていて，その分子は常に激しく動き回り，あらゆるところに衝突を繰り返しています。分子は数も多く速度も速いので，例えば，密閉した小さな箱の中では，箱の壁に対して，1秒間に百万回も，また何十億個もの分子が衝突することになります。そして，その分子が衝突するひとつひとつの力が合わさって圧力となるのです。
　地球上の通常の大気圧の圧力の大きさを1気圧といい，その1気圧の大気が今も私たちの体に圧力をかけています。でも，それが普通になっているために，普段はその力に気づきません。しかし，1気圧という力は1平方センチメートル当たりおよそ1kgの重さに相当するくらい大きな力なのです。
　壁などで隔てられた2つの空間があったとします。一方の空間の気圧が他方の空間の気圧よりも高いと，壁に衝突する空気分子の数が，低圧の空間より高圧の空間の方が多くなります。その結果，高圧空間から低圧空間に向かって押す力が生じます。

【吸盤の事例による説明】

　具体的な例で考えてみます。吸盤が壁から外れないのは，吸盤を壁に押し付けたときに，吸盤内部の空気の分子が外に押し出され，吸盤の内側を中から外に向けて押す力がなくなってしまうからです。吸盤の外にある大気圧の分子が外から吸盤の外側を押し付ける力の方が勝ってしまい，外すことができなくなるのです。

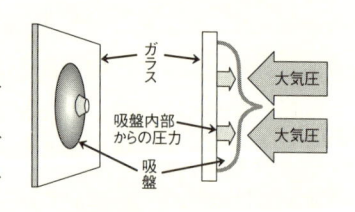

図11-2　気圧の力を説明する教材の概要

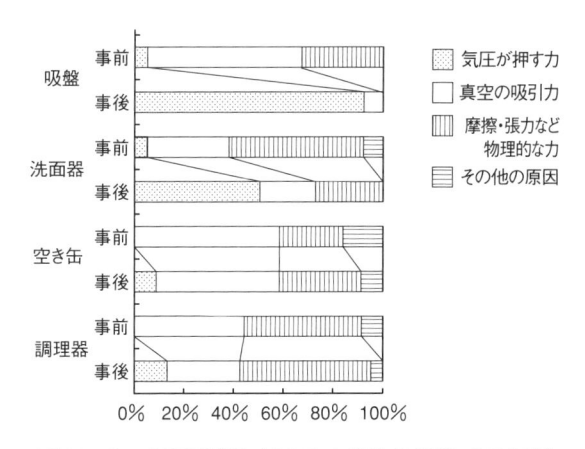

図11-3　気圧問題に対する大学生の解答（百分率）

(2) 学習の転移

　学習の転移とは，一般には，先に学習していることが，後の学習に何らかの影響を及ぼすことをいう。たとえば，数学で学んだ計算式を応用して物理の問題を解いた場合などに転移が成立したといえる。事前の学習が後続する学習や問題解決を促進する場合を「正の転移」，逆に妨害する場合を「負の転移」という。知性豊かで聡明なようすを「一を聞いて十を知る」ということわざで表すように，正の転移が生じることで，最小限の学びでも未知の課題や新しい環境にも対応していくための応用力を身につけることが可能になる。

　しかし，これまでの多くの研究で繰り返し確認されていることだが，効果的な正の転移は容易には成立しない。とくに，先行する学習を行なった状況と後続する問題状況との間に一見してわかるような表面上の類似点や共通点がない限りは，自発的な転移が成立することは非常に難しい。先の気圧問題の実験では半数の実験参加者が，「吸盤」の事例で学習した概念を，「洗面器」問題にも転移させていた。しかし，それは「吸盤がガラスに貼りつく」状態と「洗面器が水面に貼りつく」状態が，見かけの上で類似していたことに起因すると考えられる。実際に「吸盤」の事例とは類似点が見いだしにくい「空き缶」や「調理器」の問題では，学習した概念の転移がほとんど生じていない。

一般に，教授者は，科学的な概念の意味や構造を教える際に，具体的な事例をあげて説明する。そのときの事例は概念をあてはめるあくまで1つの例であり，多くの事例や問題に適用可能な汎用性の高い知識として概念が学習されることを教授者は期待している。しかし，学習者は，提示された事例についてだけ適用できる概念，つまり，特定の事例に関する知識の一部として受け取ってしまう。教える側は一般的な法則を教えたつもりでも，学ぶ側は個別の事例について学習したにすぎないといった教授者と学習者の認識のずれが転移の難しさを生みだす1つの要因となっている。

　もしも，ある科学的な概念が身の回りで起きる現象を説明する一般法則やルールとして学習されているならば，おのずとその概念を適用可能な事例（外延）の判断も正確になると考えられる。しかし，特定の事例だけにしか適用できないような概念であれば，それは，十分に完成された概念とはいえない。つまり，適切な転移を実現するような手立てを工夫していくことは，概念形成をうながす有効な教授法を探ることにもつながる。

(3) 事例を提示する意味

　本来，知識には，それを学習した状況に制約されて特定の目的や文脈と結びついた状態で獲得されるという性質（知識の領域固有性）がある。そのため具体的な事例を使って教えることが，かえって学習した知識が転移する可能性を小さくしてしまう。教授者が準備した具体事例が，インパクトのあるおもしろい内容であればあるほど，学習者の記憶の中ではその事例に固有な特徴に対する印象の方が強く残り，事例を説明している法則やルールの汎用性や有用性の認識は弱くなる。教えられた科学的概念は，特殊な事例のおもしろさや不思議さを説明する補足的な知識にとどまってしまうのである。

　だからといって，学習者の興味関心を引くためには，身近な具体例やおもしろい事例を準備することは，理科に限らずほとんどの授業作りの上で欠かすことはできない。また，一般化された法則や公式だけを学んでも何の役にも立たないように，具体的な事例や現象の中に位置づけない限りは，概念の仕組みや現実の世界における意味，具体的な概念の利用の仕方を知ることはできない。

　近年，子どもの学力に関する議論の中で，学校知と日常知の乖離という問題

が取りあげられることも多い（湯澤，1998）。これは，子どもが日常生活を生きていく上で，学校で学ぶ知が有用な知識になっていないのではないかという指摘である。授業中に提示する具体的な事例が有効に機能したならば，科学の世界で生まれた法則やルールが，日常の生活世界の何を表しているのか，それを学ぶことにどのような意味や価値があるのかを学習者にはっきりと伝えることもできるだろう。

　また，具体的な事例を利用した学習には，概念に対する正しい理解を形成することの他にも，さらに重要な意味がある。たとえば理科の授業で実験を行なうとき，学習者は，実際に得られた事実（データ）から，背後にある法則やルールを導きだしていくという科学的な発見のプロセスを体験する。そこでは，どのように考えれば事実をうまく説明できるのか，あるいは自分の仮説はどのようなデータで実証できるのかを考えることになる。豊富な事例によって仮説を検証すれば，発見した法則やルールに対する信頼性や有用性の評価も高まるだろう。科学的な概念の根拠となるような事例を巧みに配置した授業を組み立てることができれば，帰納的な発見や仮説検証という科学的で論理的な思考スタイルの獲得も促進される可能性がある。

2．複数の事例から科学的概念を学ぶ

(1) 複数の事例を提示する効果

　「比重と浮力の関係を学ぶために，卵が濃い塩水に浮く実験を行なう」，「植物が種から育つようすを知るために，アサガオの栽培をする」など，学習者の興味・関心を高めながら科学的な概念の理解を深めるために，授業ではさまざまな事例が活用される。これまで述べてきたように，事例による学習は，学校知と日常知，科学の世界と日常の生活をうまく橋渡しする。一方で，知識の領域固有性という性質から，学ぶべき法則やルールなどの科学的概念が，学習した事例にのみ利用可能な特別な知識として認識され，他の事例への転移が困難になるという問題も生みだす。では，正しい理解に基づき転移の可能性も高い概念の形成を促進するためには，どうすればよいのだろうか。

　学習した概念を適用できる範囲が，教授者が提示した事例と同じ，あるいは

類似する事例に限られてしまうのならば、もっとも単純で直接的な解決法は、多種多様な複数の事例を学習者に提示することであろう。この予想を確かめた実験（藤田、2005a）を紹介する。

大学生（66名）を実験参加者とし、前述した「吸盤」の事例によって気圧の法則を説明する教材に加え、「ボウル実験」、「楊枝実験」という事例（図11-4）を順次追加して提示するという条件を設定した。また、教材による学習の前後に、多様な気圧問題を実施した。その結果、提示された事例数が多い条件ほど、学習した気圧の力に関する概念を利用して解答できる気圧問題の範囲が拡がるという傾向が見られた（図11-5）。とくに、「ボウル実験」の事例を学習した条件では「お椀」問題、「楊枝実験」の事例を学習した条件では「調理器」問題のように、それぞれ学習した事例と表面的に類似している問題において、正答率が他の条件よりも高くなった。さらに結果を詳しく見てみると、「吸盤」、「ボウル」、「楊枝」の3事例を提示した条件では、これらの事例と表面的な類似性が低い「お鍋」問題（鍋が沸騰するとふたが動きだすのはなぜ？）でも、他の条件よりは正答率が高くなっていることがわかる。つまり、提示する事例がふえるにしたがって、学習した知識が転移する範囲が、すでに学習した事例と表面的に類似する問題から類似しない問題へも拡がっていくことが確かめられた。

(2) 帰納的な概念の形成

このような実験の結果に対しては、2通りの説明が考えられる。1つは、気圧の力に関する一般法則が、複数の事例を学習していく過程で帰納的に形成されるという解釈である。この実験手続きでは、気圧の法則（「隔てられた空間の間に（気体の分子運動の差によって）気圧差が生まれた時、低圧空間に向かって高圧空間から力学的な作用（圧力）が生じる」）は、最初から学習者に明示されている。しかし、この法則を「吸盤」の事例によって学習すると、「真空の空間に向かって大気から圧力が生じる」というように、この事例に固有な「真空」や「大気」という要素を取り込んだ形で知識が形成される。そのため、「真空」という要素を含まない「お椀」や「空き缶」の問題では、この知識を使うことができない。そこで「ボウル実験」の事例を学習すると、「（たとえ真

【ボウル実験の事例による説明】

1665年、ドイツのマグデブルグ市の市長であったゲーリケ（1602～1686年）が、大気圧の力の大きさを確かめるために行った実験を、身近な材料を使って再現することができます。

1) まず、ステンレスボウル2個、輪になった厚紙、エタノール、マッチを準備します。
2) 2個のボウルにエタノールを入れて火をつけたマッチをボウルに放り込みます。その上に濡らした厚紙を置き残りのボウルでふたをします。
3) 火が消えたころに、ボウルは熱くなっていますが、これに水道の水をかけて冷やします。
4) 冷やしたボウルは、もう大人の力でも外すことはできません。

熱くなっていたボウルの中の空気が冷やされると、ボウル内の空気分子の運動は緩やかになり、ボウルを中から外へ押す力も弱くなり、ボウル内部の気圧も低くなります。一方ボウルを外部から押し付ける力、つまり大気圧の力は変わりませんから、内部の気圧より外部の気圧が高いという状態が生じます。大気圧が圧倒的な力でボウルを押さえつけるので、大人の力でも外すことができなくなるのです。

大気圧の力は1平方cmあたり1kgの重さに相当します。ボウルの直径を仮に20cmとすると、表面積（πr^2）は約1256cm^{2}となり、実に1200kgくらいの力が加わっていることになるのです。これでは、とても並の人間の力では外すことはできません。

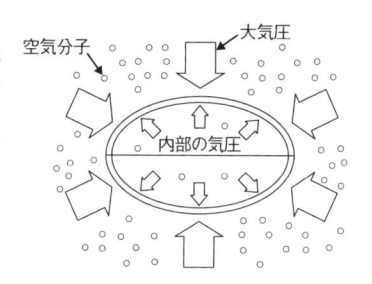

【楊枝実験の事例による説明】

もう一つ身近な材料を使ってできる実験を紹介します。

1) 大きい広口ビン1本、小さなビン1本、薄いゴムシート（赤）（青）、爪楊枝を準備します。
2) 小さいビンの口にゴムシート（赤）をかぶせて密閉し、その上に小さな楊枝を貼り付けます。
3) これを大きいビンに立てて入れ、大きいビンの口に別のゴムシート（青）をかぶせて密閉します。
4) 外側のゴムシート（青）を引っ張ったり押し下げたりすると楊枝が上下に動き出します。

このように大きいビンの風船の動きに連動して小さいビンのゴムが動くのも、気圧の差によって生じた力が関係しています。普段は、小さいビンと大きいビンの気圧は大気圧と等しく、赤いゴムシートを両側から押す力もつりあっています。しかし、青いゴムシートを引っ張ると大きいビンの内部の空間が広がります。すると空気の分子が動き回る空間も増えるわけですから、分子が壁にぶつかる回数も減少します。つまり大きいビン内の気圧が下がり、小さいビンの内部の気圧の方が相対的に大きくなってしまいます。すると小さいビン内の気圧が赤いゴムシートを押す力の方が大きくなり、外側へ膨らむという現象が起きるのです。

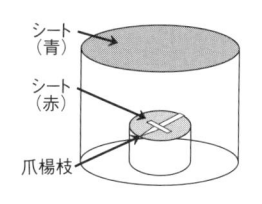

図11-4　事例による気圧の力の説明

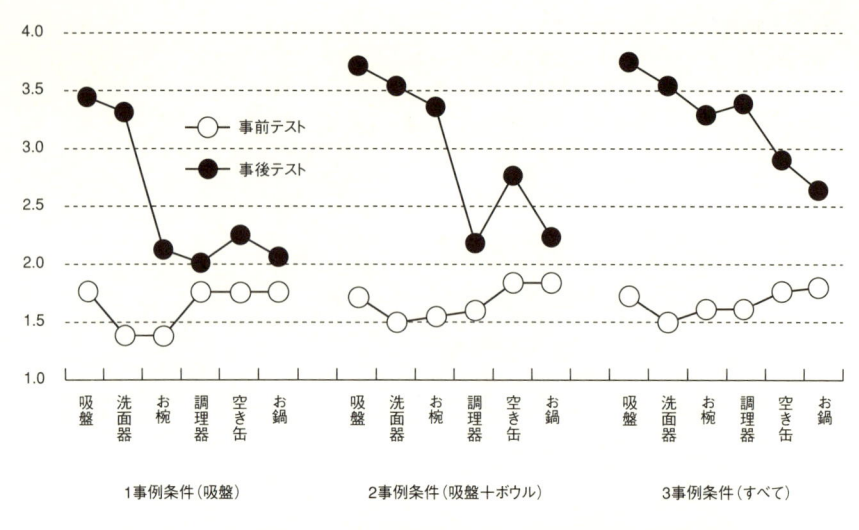

図11-5　学習した事例数の違いによる気圧問題の成績の差

空でなくても）大気と比べて低い気圧の空間があれば，そこに向かって大気からの圧力が生じる」という知識が再構成される。この知識ならば，「真空」を含まない「お椀」の問題にもあてはめることができる。さらに，「楊枝実験」の事例を学習すれば，「低圧の空間に向かって，高圧の空間からの圧力が生じる（高圧の空間は必ずしも大気である必要はない）」という知識に再び作り直される。この知識は，大気圧が関係していない「調理器」の問題や，内部の圧力が逆に大気を押すという「お鍋」の問題であっても利用することができる。

　このように，学習する事例が増えていくにしたがって，「真空」や「大気」など個々の事例に固有な要素は次つぎに削ぎ落とされ，各事例に共通する要素だけが残り，「気圧差によって圧力が生じる」という一般法則が抽象化される。通常，知識は抽象化されているほど，多様な事例や問題にもあてはめることが可能であり，転移が成立する確率も高まると考えられる。また，抽象化された知識をもっていることで，新たな問題に直面したときに，「真空」や「大気」という一部の事例にしか含まれていない要素ではなく，「気圧差のある複数の空間」という要素の有無に着目して，気圧の法則が使えるかどうかの判断を下すことも可能になる。

(3) 事例に基づく推論

　複数の事例を提示する効果に関するもうひとつの説明は，「事例に基づく推論（Case-Based Reasoning）」（Kolodner, 1993）という考え方である。これによれば，人は，新たな問題に遭遇したとき，過去の複数の事例から抽象化した汎用可能な法則や解法を思いだして利用しているのではない。むしろ，経験した多くの事例の中から，直面している問題と類似する事例の記憶（事例ベース）を検索し，それを直接利用して答えを推論しているのである。そのため，より多くの事例を記憶しておくほど，より多くの問題に対して類似する事例を思いだせる確率が高まる。また，事例ベースに蓄えてある事例が直面する問題に直接あてはめることができない場合には，もっとも類似する事例を検索し，その内容を微調整して利用することで，新たな問題に対処することが可能になる。

　気圧問題の実験を例に，事例に基づく推論について具体的に考えてみる。まず，学習者が「吸盤」の事例から学習することは，「吸盤内の真空の空間に向かって大気からの圧力が生じ，吸盤をガラスに押しつける」という知識だと予想される。そこで，「洗面器」問題に対しては，もっとも類似する「吸盤」の事例を思いだし，吸盤を洗面器に，ガラスを水面に置き換えるという微調整を加えることで，この知識を直接あてはめることができる。しかし，「洗面器」以外の問題には「吸盤」の事例の微調整だけでは対応できないため，「ボウル実験」や「楊枝実験」などの複数の事例を学習することで，既知の事例の微調整によって解答できる問題の種類を拡大していくことになる。そのため，すべての気圧問題に対応できるようになるためには，可能な限り多くの事例をあらかじめ学習しておかねばならない。

　事例に基づく推論は，日常において人が行なっている実用的で直観的な推論や問題解決の過程を説明するモデルとしては妥当性が高い。同時に，多くの事例の学習や練習問題を繰り返さないと，新しい問題に対応する応用力は身につかないという学習の転移の困難さも説明できる考え方でもある。

　以上の2通りの説明は，けっして排他的な考え方ではないだろう。人は，学習や問題解決を行なう目的，状況によって，帰納的に構成した一般的な知識を使う場合もあれば，事例に基づく推論を行なっている場合もあると思われる。

たとえば，短時間で確実に正解を導くことが求められるテスト場面などでは，余分な情報が含まれない法則や公式などの抽象化された知識の方が有効に機能する。そこで，教える側は複数の事例を提示して，学習者には要点のみを抽象化した知識を学ぶことを期待する。しかし，学ぶ側は，多くの日常的な問題解決の場面で事例に基づく推論を経験しているため，たとえ複数の事例を提示されても，個別の事例として記憶するほうが実用的だと認識することもある。このように帰納的な知識の構成と事例に基づく推論の考え方の違いは，学びや知識に対する教授者の理想と学習者の実態のずれを反映したものともいえる。

(4) 複数の事例を学習するときの注意点

ここまで述べてきたように，事例を利用した学習の過程において学習者が行なっていることが，帰納的な概念の形成であったとしても，あるいは事例に基づく推論に必要な事例ベースを蓄積することであったとしても，複数の事例を提示することが学習した知識の転移可能性を高めていることは確かなようである。だからといって，教授者は，ただ単に提示する事例の数を増やすだけで（あるいは機械的に練習問題を反復させるだけで），どのような知識を抽象化して概念を形成するのか，記憶した事例をいかに利用するのかについては学習者任せにしてしまうのでは，非常に効率性に欠けた教え方になってしまう。学習者の記憶への負荷を軽減し，最小限の学習量で，応用性の高い概念の形成を達成するためには，事例を利用した教え方に何らかの工夫が必要となるだろう。

もし，日常的な生活場面だけでなく授業中の学習場面であっても，人が行なう問題解決の多くが「事例に基づく推論」に即するものであったならば，効率的な学習のためには，それぞれの学習領域において事例ベースに最低限蓄えるべき重要な事例をあらかじめ特定しておくという工夫が考えられる。たとえば，微調整するだけで多くの転移課題にも対応できるような典型的な事例だけを厳選して記憶しておくという方法である。しかし，実際には概念領域によって必要となる典型事例の数も種類も異なるだろうし，それを逐一特定するのも非常に困難になることが予想される。

そこで考えられる手立ては，抽象的な知識の汎用性を重視して，帰納的な概念形成を促進することを目的とした教授法を組み立てることである。具体的に

は，個々の事例に固有な要素を捨象し，重要な法則やルールに関わる要点だけを抽象していけるような，事例の選択や配置を計画することである。たとえば，比重と浮力の関係を学ぶ際に，「塩水や海水にものが浮く」という事例だけを学習すると，水の濃度（比重）ではなく，水の塩辛さという変数が浮力の原因であるという知識が形成される。そこで，比重に注目させるためには，学習者の焦点が「塩辛さ」に集中しないように，たとえば「砂糖水の場合はどうか」を考える事例と比較する工夫が必要になるだろう。

　ところで，応用問題や転移課題といわれている問題のなかには，学習した抽象的な法則やルールを直接あてはめることができないものも多い。法則に含まれる変数の値を変えたり，法則の構造自体を変換したりといった修正が求められる場合もある。たとえば，電気回路の概念を学習する際に「電圧を操作すると回路を流れる電流の値はどう変化するか」を調べる事例を通して「電流＝電圧×抵抗」という公式を覚えると，同じく電流の値を求めるパターンの問題であれば難なくこの公式を利用できる。しかし，問題が電圧の大きさを問うパターンに変わると，この公式が利用できそうだということはわかっても，具体的にどう使うかがわからない場合がある。ここでは，学習した公式を「電圧＝電流÷抵抗」という形式に変換して，電圧を求める新たな公式を作らなければならない。多様な問題構造の変化にうまく対処するためには，電気回路の性質に関する領域知識や式の変換に関する数学的なメタ知識などを活用して，学習した公式を修正し，新たな公式を作ることが求められるのである。

3．科学的概念を操作する知識を学ぶ

(1) 変数の操作を学ぶ事例の効果

　ふたたび，気圧の法則の学習を通して，転移を促進する事例の提示方法について考えてみる。藤田（2005b）は，気圧問題を使って，大学生を実験参加者（198名）として図11-6に概略した手順で実験を行なった。基本法則，変数操作，可逆操作，共変操作という4つの条件群を設け，気圧の力の基本的な法則を学ぶ教材（図11-2），気圧を操作する3つの事例を紹介する教材（図11-4，図11-7）を提示した。後者の群になるほど，空間の気圧という変数の操作と

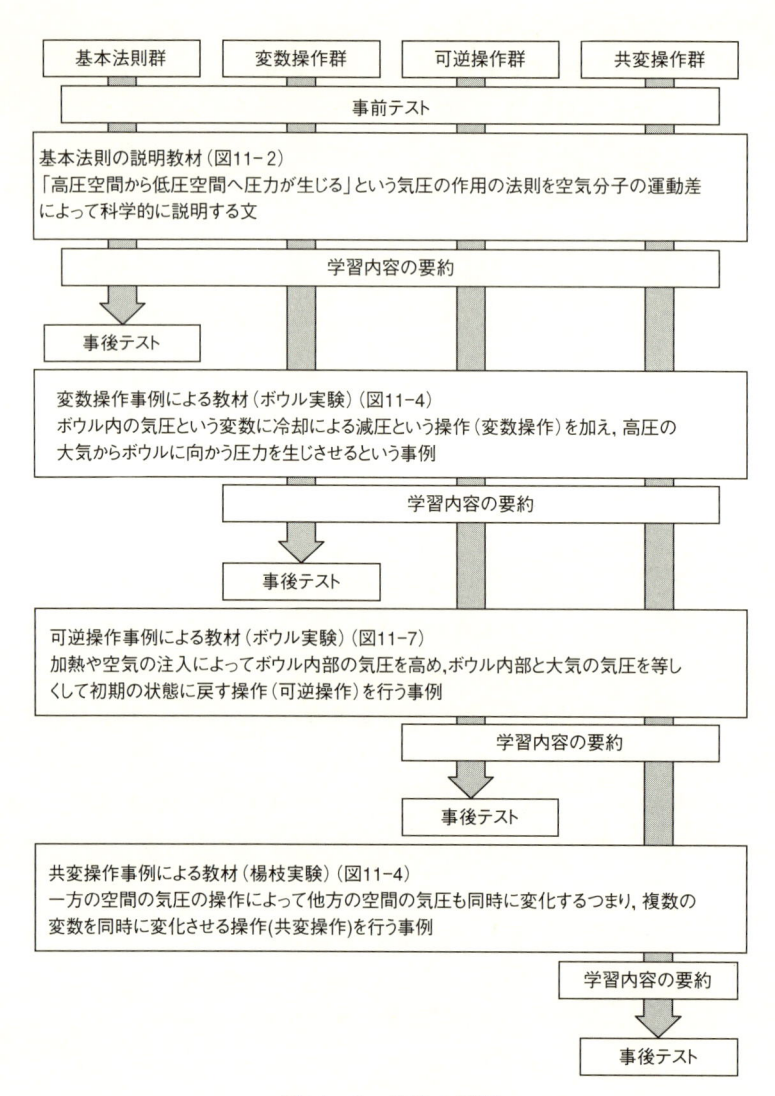

```
基本法則群      変数操作群      可逆操作群      共変操作群
     └──────────────事前テスト──────────────┘
┌─────────────────────────────────────────────┐
│ 基本法則の説明教材（図11-2）                      │
│ 「高圧空間から低圧空間へ圧力が生じる」という気圧の作用の法則を空気分子の運動差│
│ によって科学的に説明する文                         │
└─────────────────────────────────────────────┘
     └──────────学習内容の要約──────────┘
        ↓
      事後テスト
┌─────────────────────────────────────────────┐
│ 変数操作事例による教材（ボウル実験）（図11-4）           │
│ ボウル内の気圧という変数に冷却による減圧という操作（変数操作）を加え，高圧の│
│ 大気からボウルに向かう圧力を生じさせるという事例          │
└─────────────────────────────────────────────┘
          └──────学習内容の要約──────┘
                    ↓
                  事後テスト
┌─────────────────────────────────────────────┐
│ 可逆操作事例による教材（ボウル実験）（図11-7）           │
│ 加熱や空気の注入によってボウル内部の気圧を高め，ボウル内部と大気の気圧を等し│
│ くして初期の状態に戻す操作（可逆操作）を行う事例          │
└─────────────────────────────────────────────┘
                    └──学習内容の要約──┘
                              ↓
                            事後テスト
┌─────────────────────────────────────────────┐
│ 共変操作事例による教材（楊枝実験）（図11-4）            │
│ 一方の空間の気圧の操作によって他方の空間の気圧も同時に変化するつまり，複数の│
│ 変数を同時に変化させる操作(共変操作)を行う事例          │
└─────────────────────────────────────────────┘
                              └──学習内容の要約──┘
                                          ↓
                                        事後テスト
```

図11-6　実験の手順

貼り付いたボウルはどうすれば外すことができるでしょうか？ボウルを数時間放っておけば，ボウルの間にはさんでいた濡れた厚紙が乾燥します。すると，ボウルの間に小さな隙間ができて，そこから空気の分子がボウルの中に侵入し，ボウル内の気圧と大気圧が等しくなってボウルは簡単に外れます。

もっと短時間で外したかったら，もう一度ボウルを暖めて，ボウル内に残っている気体の分子に熱エネルギーを供給して運動速度を速めればよいのです。そうすれば，ボウルの中から外へ押す力が強くなり，大気圧がボウルを押さえつける力を越える事ができれば，ボウルは簡単に外れます。

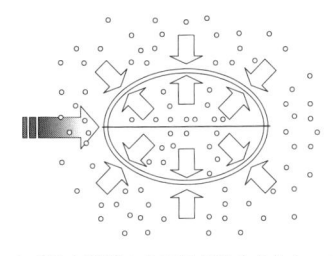

わずかな隙間から空気が侵入すると，ボウルの内と外の気圧が等しくなり，ボウルは容易に外れる

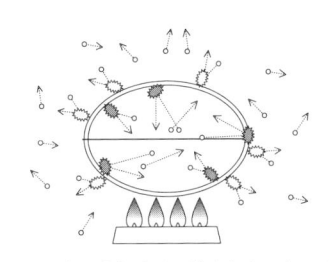

ボウル内の空気分子に熱を加えると，ボウル内の気圧が上昇し，ボウルは容易に外れる

図11-7　ボウル実験の事例による可逆操作の説明

それによって生じる物理的な変化の多様な組みあわせを事例によって学ぶことになる。また，学習した内容がどの程度の範囲の問題に転移するかを評価する事前・事後テストを実施した。まず，「ボウル実験」，「楊枝実験」の各事例と表面的な類似性が高い問題として，それぞれ「お椀」問題，「調理器」問題を準備した。また，いずれの事例とも見かけ上の類似性が低い気圧問題を転移課題として実施した。

実験の結果，事後テストの成績は，学習する事例数が多い群ほど高くなる傾向にあることを示していた（図11-8）。多様な事例を学ぶことは，既知の事例と表面的な類似性が低い転移問題に対しても，概念の転移を促進する効果があることがふたたび確認されたことになる。

(2) 学習者は事例から何を学んでいたのか

重要なことは，以上のような学習の転移が生じる背後で，学習者は個々の事例からいったい何を学んでいたのかという問いである。この点について調べるために，各教材による学習の後に，「説明文を読んで『わかったこと』，『気づ

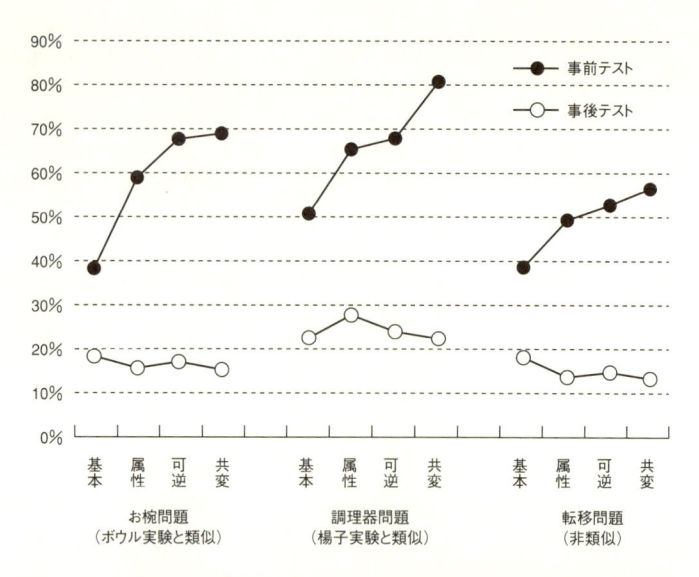

図11-8　学習した事例の違いによる気圧問題の成績の差（正答率）

いたこと』を簡潔に整理してください」という教示によって，学習した内容を思いだして要約を記述するという課題を実施した。

　想起された要約を，内容によってタイプ分けし，それぞれのタイプを記述した実験参加者の割合を条件群別に集計した（表11-1）。まず，注目する点は，「圧力の方向」という基本的な気圧の法則に関する記述が，転移問題の成績に関わらず，すべての群で非常に高い割合で見られていたことである。このことは，気圧の法則を正確に学習することが，必ずしも転移が成立する十分条件ではないことを示唆している。

　一方，転移課題の成績が良い群ほど，「気圧の操作」に関するタイプの記述が多くなっていた。表11-1には，すべての実験参加者を各タイプの要約の記述の有無で分け，それぞれの転移問題の正答率も表記している。正答率の差が大きい箇所に注目すると，「気圧の操作」について学習していることが，転移課題の成績にもっとも大きい影響を与えていることが推定できる。「気圧の操作」とは，「ボウル実験」であれば，ボウルが貼りつくという現象を起こすために，ボウル内の気圧を下げる手続きのことである。気圧という変数の値を変

表11-1 要約内容を記述していた実験参加者の割合と転移問題の正答率

要約内容のタイプ	記述の具体例	記述者の割合				転移問題の正答率	
		基本法則	変数操作	可逆操作	共変操作	記述あり	記述なし
気圧の操作　空間に操作を加えると気圧や気圧の関係が変化すること	加熱して圧力を高める　排気して気圧を下げる	11	24	51	71	55	30
圧力の方向　複数の空間の気圧の大小関係で圧力の方向が規定されること	高圧から低圧空間に向かって圧力が生まれる	72	71	78	81	43	31
分子の働き　空気分子の運動量が気圧の値を規定すること	空気分子が壁に衝突するエネルギーが気圧になる	61	69	51	60	41	38
気圧の性質　気圧という変数の性質に関すること	大気圧は強大である　1気圧は1kgの重さに相当	52	61	74	67	41	46
事例の特徴　個々の事例に固有な表面的特徴(状況設定や文脈)	濡れた厚紙で気密性が高まる　身近な道具で実験できる	26	53	57	56	44	41
その他　自己の感想や意見,説明教材との関連が低い間違った内容など	実験は面白い　特になし	13	26	43	52	49	40

＊数値はすべて％

「Aの気圧＞Bの気圧　ならば　AからBへ圧力が生じる」
↓　可逆操作の知識　↑
「Aの気圧＝Bの気圧　ならば　A－B間の圧力は消失する」
↓　共変操作の知識　↑
「A－B間の圧力が一定　ならば　Aの気圧を変えるとBも変わる」

図11-9　気圧の法則の表現の変換

える具体的な操作（冷やす―暖める，すきまから空気を入れる―抜く，空間の体積を小さくする―大きくするなど）とそれによって生じる結果の関係を知ることによって，気圧の法則自体を別の表現に変えることも可能になる（図11-9）。問題の特徴にあわせて法則の形を自由に修正することができるのならば，新たな問題にも既知の法則を応用できる確率も高くなるだろう。この実験の結果は，学習した概念の転移を促進するためには，学習者は概念の内容を正しく覚えるだけでは不十分であり，その概念の構造を操作して新たな構造に変える知識，つまり，知識を操作するための知識（メタ知識）を学ぶ必要があることを物語っている。

4. 科学的概念の転移はいかに成立するのか？

(1) 構造生成アプローチ

寺尾・楠見（1998）は，数学の領域における転移が，どのような知識によって支えられているのかについて，豊富なレビューを基に3つの考え方があることを論じている。

1つめは，「例題アプローチ」と呼ばれるもので，人は例題で学習した解法を目標となる課題に写像（要素を対応づける）することで問題解決を行なっているとする考え方である。先に述べた「事例に基づく推論」と同様に，多様な転移課題に対応するためには，多数の例題とその解法を獲得することが必須になる。学習者の記憶に多大な負荷をかける面があり，仮に多くの例題と解法を詳細に記憶していたとしても，転移課題が既知の例題とよほど酷似していない限り転移は成立しないという問題点がある。

一方，「解法構造アプローチ」では，例題の記憶を直接利用するのではなく，例題や事例から抽象化した知識（方程式や等式の形）を利用して目標課題の解決を行なっていると考える。抽象化した解法だけであれば，記憶への負担も小さく，また，多様な問題への転移も容易になると予想される。ただ，過去の研究において，抽象的知識の学習が転移を促進できるという確かな証拠は得られていない。

そこで，新たな考え方として，転移が成立するために重要なのは，目標課題に利用する解法の生成を可能にするアイデアであるとする「構造生成アプローチ」が提案されている。解法構造を生成する知識とは，ある種のカテゴリーに含まれる問題に共通している構造や目的を表現するものであり，公式や等式の形よりも，さらに抽象的な知識であるとされている。たとえば，三角形や平行四辺形など個々の図形ごとに面積を求める公式は異なっているが，いずれも，長方形の面積の公式を元にしているという点では共通している。三角形や平行四辺形の面積を求める例題の学習を通して，個々の公式（解法構造）というレベルで知識をおぼえるのではなく，「面積は長方形（求めやすい図形）に変換して求める」というさらに抽象的な知識を形成すれば，台形や円などの新たな

図形が問題になった場合でも，自ら公式を生成することが可能になる。

このような「構造生成アプローチ」の提案は，数学領域に限ったことではなく，広く科学的概念の転移や学習を考えていく上でも重要な示唆を含んでいる。科学の授業で実験や事例を利用した学習を行なう目的は，自然現象に関する個々の法則やルールをおぼえることがすべてではない。むしろ，重要なのは，現象の背後に存在する法則を自ら発見するセンスを身につけることであろう。ある現象の原因や結果になりそうな変数に注目し，それらをつなぎあわせて法則（公式やルール）を生成する知識，つまり，現象を読み解く解法構造を生成する知識を学ぶことが科学教育の目標ともいえるだろう。

(2) 科学的概念の転移過程

最後に，構造生成アプローチの考え方をベースとして，科学的概念の転移についてまとめる（図11-10）。科学的な概念のほとんどは，具体的な事例をとおして獲得される。日常的には，法則やルールは個々の事例の記憶の一部として学習されることが多いため，このように学習された法則は，既知の事例とほぼ同じ特徴をもつ問題にしか利用することができない。しかし，具体的な事例の記憶から，一般的な法則を抽象化して形成した知識であれば，既知の事例とは異なる問題へも転移することは可能である。ただし，学習者に既知の法則が使えるという気づきが生じることが前提となるため，既知の事例と表面的な類似性がない問題への転移は困難になる。また，転移が成立するのは，その法則の形を変えないで適用できる範囲の問題（既知の事例と同じ構造）に限られてしまう。

しかし，もし，学習者が，ある特定の抽象化された法則やルールの正しい記憶ではなく，新たな法則の生成に必要な知識を獲得していれば，既知の事例とは表面的にも構造的にも異なる問題を解く場面でも有効に活用することができる。たとえば，現象の生起に関わっている変数を他の変数か

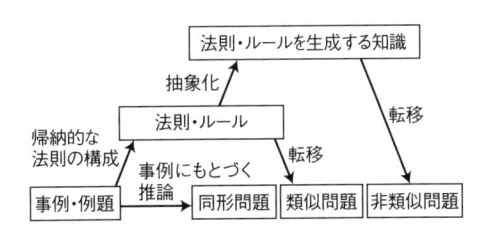

図11-10 科学的概念の転移過程

ら区別するための領域知識，変数間の関係を法則や公式の形で表現する知識，その法則や公式を操作して別の表現に変えたり，他の法則と組みあわせたりする知識操作に関わる知識などが考えられるだろう。

　このように概念の転移過程を考えてみると，事例や例題による学習や問題練習を繰り返すという学習量が問題ではないことに気づく。概念を覚えて正確に使えるようになることに主眼を置くのではなく，概念を発見し検証する過程を体験することを重視し，そこで学ぶべき知識が何であるのかを教授者も学習者も再度確認することが重要であろう。

引 用 文 献

■ 1章

Berliner, D.C. (2008). Research, policy, and practice: The great disconnect. In S.D. Lapan & M.T. Quartaroli (Eds.) *Research essentials: An introduction to designs and practices*. Hoboken, NJ: Josset-Bass. pp. 295-325.
Boone, M., D'haveloose, W., Muylle, H., & Van Maele, K. (n.d.). *Eurobasis 6*. Brugge: Die Keure.
Brown, A. L. (1992). Design experiments: Theoretical and methodological challenges in creating complex interventions in classroom settings. The Journal of the Learning Sciences, 2, 141-178.
Brown, A. L. (1994). The advancement of learning. *Educational Researcher*, 28, 4-12.
Cognition and Technology Group at Vanderbilt. (1997). *The Jasper Project: Lessons in curriculum, instruction, assessment, and professional development*. Mahwah, NJ: Lawrence Erlbaum Associates.
Collins, A. (1992). Toward a design science of education. In E. Scanlon & T. O'Shea (Eds.) *New directions in educational technology (NATO-ASI Series F: Computers and Systems Sciences, Vol. 96)*. Berlin: Springer-Verlag. pp. 15-22.
Collins, A., Brown, J. S., & Newman, S. E. (1989). Cognitive apprenticeship: Teaching the crafts of reading, writing, and mathematics. In L. B. Resnick (Ed.), *Knowing, learning, and instruction: Essays in honor of Robert Glaser*. Hillsdale, NJ: Lawrence Erlbaum Associates. pp. 453-494.
De Corte, E. (2000). Marrying theory building and the improvement of school practice: A permanent challenge for instructional psychology. *Learning and Instruction*, 10, 249-266.
De Corte, E. (2007). Learning from instruction: The case of mathematics. *Learning Inquiry*, 1, 19-30.
De Corte, E., & Verschaffel, L. (2006). Mathematical thinking and learning. In K. A. Renninger, I. E. Sigel (Series Eds.), W. Damon, R. M. Lerner (Eds.-in-Chief.) *Handbook of child psychology. Volume 4: Child psychology and practice (6th ed.)*, Hoboken, NJ: John Wiley & Sons. pp. 103-152.
De Corte, E., Verschaffel, L., & Masui, C. (2004). The CLIA-model: A framework for designing powerful learning environments for thinking and problem solving. *European Journal of Psychology of Education*, 19, 365-384.
De Corte, E., Verschaffel, L., & Van de Ven, A. (2001). Improving text comprehension strategies in upper primary school children: A design experiment. *British Journal of Educational Psychology*, 71, 531-559.
Depaepe, F., De Corte, E., & Verschaffel, L. (2007). Unraveling the culture of the mathematics classroom: A videobased study in sixth grade. *International Journal of Educational Research*, 46, 266-279.
Dignath, C., Buettner, G., & Langfelt, H.P. (2008). How can primary school students learn self-regulated learning strategies most effectively? A meta-analysis on self-regulation training programs. *Educational Research Review*, 3, 101-129.
Glaser, R. (1976). Components of a psychology of instruction: Toward a science of design. *Review of Educational Research*, 46, 1-24.
Glaser, R., & Bassok, M. (1989). Learning theory and the study of instruction. *Annual Review of Psychology*, 40, 631-666.
Gravemeijer, K. (1994). *Developing realistic mathematics education*. Utrecht, The Netherlands: Freudenthal Institute, University of Utrecht.
Kalmykova, Z. I. (1966). Methods of scientific research in the psychology of instruction. *Soviet Education*, 8, 13-23.
Ministerie van de Vlaamse Gemeenschap. (1997). *Gewoon basisonderwijs: Ontwikkelings-doelen en eindtermen. Besluit van mei '97 en decreet van juli '97 [Educational standards for the elementary school]*. Brussel: Departement Onderwijs, Centrum voor Informatie en Documentatie.
National Council of Teachers of Mathematics. (1989). *Curriculum and evaluation standards for school mathematics*. Reston, VA: National Council of Techers of Mathematics.
National Research Council. (2000). *How people learn: Brain, mind, experience, and school*. (J. D. Bransford, A. L. Brown, & R. R. Cocking (Eds.), *Committee on Developments in the Science of Learning and Committee on Learning Research and Educational Practice*. Washington, DC: National Academy Press.
National Research Council. (2005). *How students learn: History, mathematics, and science in the classroom*. M. S. Donovan & J. D. Bransford (Eds), *Committee on How People Learn. A Targeted Report for Teachers, Division of Behavioral and Social Sciences and Education*. Washington, DC: National Academy Press.
Phillips, D. C., & Dolle, J. R. (2006). From Plato to Brown and beyond: Theory, practice, and the promise of design experiments. In L. Verschaffel, P. Dochy, M. Boekaerts, & S. Vosniadou (Eds.), *Instructional psychology: Past, present and future trends. Sixteen essays in honour of Erik De Corte*. Oxford/Amsterdam: Elsevier. pp. 277-292.

Remillard, J. T. (2005). Examining key concepts in research on teachers' use of mathematics curricula. *Review of Educational Research*, **75**, 211-246.

Spillane, J. P., Reiser, B. J., & Reimer, T. (2002). Policy implementation and cognition: Reframing and refocusing implementation research. *Review of Educational Research*, **72**, 387-431.

Stokes, D. E. (1997). *Pasteur's quadrant. Basic science and technological innovation*. Washington, D.C.: Brookings Institution Press.

Stokes, L. M., Sato, N. E., McLaughlin, M. W., & Talbert, J. E. (1997). *Theory-based reform and problems of change: Contexts that matter for teachers' learning and community*. Stanford, CA: Center for Research on the Context of Secondary Teaching, School of Education, Stanford University.

Timperley, H. (2008). *Teacher professional learning and development. (Educational Practices Series, 18)*. Geneva: International Bureau of Education.

van den Berg, R. (2002). Teachers' meanings regarding educational practice. *Review of Educational Research*, **72**, 577-625.

Verschaffel, L., & De Corte, E. (1997). Teaching realistic mathematical modeling in the elementary school. A teaching experiment with fifth graders. *Jorunal for Research in Mathematics Education*, **28**, 577-601.

Verschaffel, L., De Corte, E., Lasure, S., Van Vaerenbergh, G., Bogaerts, H., & Ratinckx, E. (1999). Learning to solve mathematical application problems: A design experiment with fifth graders. *Mathematical Thinking and Learning*, **1**, 195-229.

Weinert, F. E., & De Corte, E. (1996). Translating research into practice. In E. De Corte & F.E. Weinert (Eds.) *International encyclopedia of developmental and instructional psychology*. Oxford, UK: Elsevier Science.

Yackel, E., & Cobb, P. (1996). Sociomathematical norms, argumentation, and autonomy in mathematics. *Journal of Research in Mathematics Education*, **27**, 458-477.

■ 2章

Boekaerts, M., et al.. (2007). Symposium: Design-based research. EARLI 12th Biennial Conference, Budapest, Hungary.

Brown, A. (1992). Design experiments: Theoretical and methodological challenges in creating complex interventions in classroom settings. *Journal of the Learning Sciences*, **2**, 141-178.

Collins, A. (1992). Toward a design science of education. In E. Scanlon and T. O' Shea, (Eds.) *New Directions in Educational Technology*. Berlin: Springer. pp.15-22.

De Corte, E. (2000). Marrying theory building and the improvement of school practice. *Learning and Instruction*, **10**, 249-166.

De Corte, E. & Verschaffel, L. (2002). High-powered learning communities: Design experiments as a lever to bridge the theory/practice divide. *Prospects*, **32**, 517-531.

Gage, N. (1978). *The Scientific Basis of the Art of Teaching*. NY.: Wiley.

Getzels, J. (1978). Paradigm and practice: On the impact of research in education. In P. Suppes, (Ed.) *Impact of Research on Education: Some Case Studies*. Washington, DC.: National Academy of Education. pp.447-522.

Jackson, P. & Kieslar, S. (1977). Fundamental research and education. *Educational Researcher*, **6**, 13-18.

Kerlinger, F. (1977). The influence of research on education practice. *Educational Researcher*, **6**, 5-12.

Owen, J. & Rogers, P. (1999). *Program Evaluation: Forms and Approaches. 2nd Edition*. NSW, Australia: Allen & Unwin.

Phillips, D.C. & Dolle, J. (2006). From Plato to Brown and beyond: Theory, practice, and the promise of design experiements. In L. Verschaffel, F. Dochy, M. Boekaerts, & S. Vosniadou (Eds.) *Instructional Psychology: Past, Present, and Future Trends*. Amsterdam: Elsevier. pp.277-292.

Popper, K. (1985). *Popper Selections. Ed. by D. Miller. Princeton, NJ.*: Princeton University Press.

Shavelson, R., Phillips, D.C., Towne, L., & Feuer, M. (2003). On the science of education design studies. *Educational Researcher*, **32**, 25-28.

Stokes, D. (1997). *Pasteur' s Quadrant: Basic Science and Technological Innovation*. Washington, DC: Brookings Institution Press.

■ 3章

Blum, W., & Niss, M. (1991). Applied mathematical problem solving, modelling, applications, and links to other subjects—state, trends, and issues in mathematics education. *Educational Studies in Mathematics*, **22**, 37-68.

Boaler, J. (1994). When do girls prefer football to fashion? An analysis of female underachievement in relation to "realistic" mathematical contexts. *British Educational Research Journal*, **20**, 551-564.

Brousseau, G. (1997). *Theory of didactical situations in mathematics.* (Edited and translated by N. Balacheff, M. Cooper, R. Sutherland, & V. Warfield). Dordrecht: Kluwer.

Burkhardt, H. (1994). Mathematical applications in school curriculum. In T. Hus?n & T. N. Postlethwaite (Eds.) *The international encyclopedia of education (2nd ed.).* Oxford/New York: Pergamon Press. pp.3621-3624.

Caldwell, L. (1995). Contextual considerations in the solution of children's multiplication and division word problems. (Master's thesis). Belfast, Northern Ireland: Queen`s University, Belfast.

Carpenter, T. P., Lindquist, M. M., Matthews, W., & Silver, E. A. (1983). Results of the third NAEP mathematics assessment: Secondary school. *Mathematics Teacher,* 76, 652-659.

Carraher, T. N., Carraher, D. W., & Schliemann, A. D. (1985). Mathematics in streets and schools. *British Journal of Developmental Psychology,* 3, 21-29

Cognition and Technology Group at Vanderbilt. (1997). *The Jasper project: Lessons in curriculum, instruction, assessment, and professional development.* Mahwah, NJ: Lawrence Erlbaum Associates.

Cooper, B. (1992). Testing National Curriculum Mathematics: Some critical comments on the treatment of 'real' contexts for mathematics. *The Curriculum Journal,* 3, 231-243.

Cooper, B., & Dunne, M. (1998). Anyone for tennis? Social class differences in children's responses to National Curriculum mathematics testing. *Sociological Review,* 46, 115-148.

DeFranco, T. C., & Curçio, F. R. (1997). A division problem with a remainder embedded across two contexts: Children`s solutions in restrictive versus real-world settings. *Focus on Learning Problems in Mathematics,* 19(2), 58-72.

Gerovsky, S. (1997). An exchange about word problems. *For the Learning of Mathematics,* 17(2), 21-23.

Gravemeijer, K. (1997). Solving word problems: a case of modelling? *Learning and Instruction,* 7, 389-397.

Greer, B. (1993). The modeling perspective on wor(l)d problems. *Journal of Mathematical Behavior,* 12, 239-250.

Greer, B., Verschaffel, L., & Mukhopadhyay, S. (2007). Modelling for life: Mathematics and children's experience. In W. Blum, P. L. Galbraith, H.-W. Henne, & M. Niss (Eds) *Modelling and applications in mathematics education (ICMI Study 14).* New York: Springer. pp. 89-98.

Hidalgo, M. C. (1997). L'activation des connaissances à propos du monde réel dans la résolution de problémes verbaux en arithmétique. Unpublished doctoral dissertation, Université Laval, Québec, Canada.

Inoue, N. (2001). The role of personal interpretation in mathematical problem solving : Enhancing the relevance of mathematical learning to everyday experience. (Internal report). Teachers College, Columbia University.

Institut de Reserche sur l' Enseignement des Mathématiques (IREM) de Grenoble (1980). *Bulletin de l' Association des professeurs de Mathématique de l' Enseignement Public,* 323, 235-243.

Keitel, C. (1989). Mathematics education and technology. *For the Learning of Mathematics,* 9(1), 7-13.

Lave, J. (1992). Word problems: A microcosm of theories of learning. In P. Light & G. Butterworth (Eds) *Context and cognition: Ways of learning and knowing,* pp. 74-92. New York: Harvester Wheatsheaf

Lehrer, R., & Schauble, L. (2000). Modeling in mathematics and science. In R. Glaser (Ed.) *advances in instructional psychology: Educational design and cognitive science (Volume 5).* Mahwah, NJ: Erlbaum. pp. 101?159.

Mason, J. (2001). Modelling modelling: Where is the centre of gravity of-for-when teaching modelling? In J.F. Matos, W. Blum, S.K. Houston, & S.P. Carreira (Eds.) *Modelling and mathematics education. ICTMA 9: Applications in science and technology.* Chichester, U.K.: Horwood. pp. 39-61.

Mukhopadhyay, S., & Greer, B. (2001). Modelling with purpose: Mathematics as a critical tool. In B. Atweh, H. Forgasz, & B. Nebres (Eds.) *Socio-cultural aspects in mathematics education.* Mahwah, NJ: Lawrence Erlbaum Associates. pp. 295-311.

Nesher, P. (1980). The stereotyped nature of school word problems. *For the Learning of Mathematics,* 1(1), 41-48.

Niss, M. (2001). Issues and problems of research on the teaching and learning of applications and modelling. In J.F. Matos, W. Blum, S.K. Houston, & S.P. Carreira (Eds.) *Modelling and mathematics education. ICTMA 9: Applications in science and technology.* Chichester, U.K.: Horwood. pp. 72-89.

Radatz, H. (1983). Untersuchungen zum L?sen eingekleideter Aufgaben. *Zeitschrift fur Mathematik-Didaktik,* 4(3), 205-217.

Reusser, K., & Stebler, R. (1997). Every word problem has a solution. The suspension of reality and sense-making in the culture of school mathematics. *Learning and Instruction,* 7, 309-328.

Schoenfeld, A.H. (1991). On mathematics as sense-making: An informal attack on the unfortunate divorce of formal and informal mathematics. In J.F. Voss, D.N. Perkins & J.W. Segal (Eds.) *Informal reasoning and education.* Hillsdale, NJ: Erlbaum. pp. 311-343

Tate, W. E. (1994). Race, retrenchment, and the reform of school mathematics. *Phi Delta Kappan,* 75, 477-85.

Usiskin, Z. (2007). The arithmetic operations as mathematical models. In W. Blum, P. L. Galbraith, H-W. Henne, & M.

Niss (Eds.) *Applications and modelling in mathematics education The 14th ICMI Study 14.* New York: Springer. pp. 257-264.

Verschaffel, L., & De Corte, E. (1997). Teaching realistic mathematical modeling in the elementary school. A teaching experiment with fifth graders. *Journal for Research in Mathematics Education,* 28, 577-601.

Verschaffel, L., De Corte, E., & Borghart, I. (1997). Pre-service teachers' conceptions and beliefs about the role of real-world knowledge in mathematical modelling of school word problems. *Learning and Instruction,* 4, 339-359.

Verschaffel, L., De Corte, E., & Lasure, S. (1994). Realistic considerations in mathematical modeling of school arithmetic word problems. *Learning and Instruction,* 4, 273-294.

Verschaffel, L., De Corte, E., Lasure, S., Van Vaerenbergh, G., Bogaerts, H., & Ratinckx, E. (1999). Design and evaluation of a learning environment for mathematical modeling and problem solving in upper elementary school children. *Mathematical Thinking and Learning,* 1, 195-229.

Verschaffel, L., Greer, B., & De Corte, E. (2000). *Making sense of word problems.* Lisse, The Netherlands: Swets & Zeitlinger.

Yackel, E., & Cobb, P. (1996). Sociomathematical norms, argumentation, and autonomy in mathematics. *Journal for Research in Mathematics Education,* 27, 458-477.

Yoshida, H., Verschaffel, L., & De Corte, E. (1997). Realistic considerations in solving problematic word problems: Do Japanese and Belgian children have the same difficulties? *Learning and Instruction,* 7, 329-338.

■ 4章

Aleven, V., & Koedinger, K.R. (2002). An effective metacognitive strategy: Learning by doing and explaining with a computer-based cognitive tutor. *Cognitive Science,* 26, 147-179.

Bahrick, H.P. (1984). Semantic memory content in permastore: Fifty years of memory for Spanish learned in school. *Journal of Experimental Psychology: General,* 113, 1-29.

Chi, M.T.H. (2000). Self-explaining expository texts: The dual processes of generating inferences and repairing mental models. In R.Glaser (Ed.) *Advances in instructional psychology (Vol. 5).* Mahwah, NJ: Erlbaum. pp.161-238

Chi, M.T.H., & VanLehn, K.A. (1991). The content of physics self-explanations. *The Journal of the Learning Sciences,* 1, 69-106.

Cowan, N. (2005). *Working memory capacity.* Hove, UK: Psychology Press.

Desoete, A., Roeyers, H., & De Clercq, A. (2003). Can offline metacognition enhance mathematical problem solving? *Journal of Educational Psychology,* 95, 188-200.

Dunlosky, J., & Metcalfe, J. (2009). *Metacognition.* Thousand Oaks, CA: Sage.

Hinsley, D.A., Hayes, J.R., & Simon, H.A. (1977). From words to equations: Meaning and representation in algebra word problems. In M.A.Just & P.A.Carpenter (Eds.) *Cognitive processes in comprehension.* Hillsdale, NJ: Erlbaum. pp. 89-106.

Ishida, J., & Tajika, H. (1991). An analysis of children's generating and understanding of arithmetic word problems. 日本教科教育学会誌, 14, 95-102.

石田淳一・多鹿秀継 (1993). 算数問題解決における下位過程の分析 科学教育研究, 17, 18-25.

Kintsch, W., & Greeno, J.G. (1985). Understanding and solving word arithmetic problems. *Psychological Review,* 92, 109-129.

Lesh, R., & Zawojewski, J. (2007). Problem solving and modeling. In F.K.Lester, Jr. (Ed.) *Second handbook of research on mathematics teaching and learning.* Charlotte, NC: Information Age Publishing. pp. 763-804.

Lester, F.K., Garofalo, J., & Kroll, D.L. (1989). Self-confidence, interest, beliefs, and metacognition: Key influences on problem-solving behavior. In D.B.McLeod & V.M.Adams (Eds.) *Affect and mathematical problem solving: A new perspective.* New York: Springer-Verlag. pp. 75-88.

Mayer, R.E. (1985). Mathematical ability. In R.J.Sternberg (Ed.) *Human abilities: An information-processing approach.* New York: W.H.Freeman. pp. 127-150.

Mayer, R.E. (1987). *Educational psychology: A cognitive approach.* Boston: Little, Brown.

Mayer, R.E. (2008). *Learning and instruction (2nd ed.)* Upper Saddle River, NJ: Merrill/Prentice Hall.

Mayer, R.E., Tajika, H., & Stanley, C. (1991). Mathematical problem solving in Japan and the United States: A controlled comparison. *Journal of Educational Psychology,* 83, 69-72.

Mwangi, W., & Sweller, J. (1998). Learning to solve compare word problems: The effect of example format and generating self-explanations. *Cognition and Instruction,* 16, 173-199.

Nelson, T.O., & Narens, L. (1994). Why investigate metacognition? In J.Metcalfe & A.P.Shimamura (Eds.) *Metacognition: Knowing about knowing.* Cambridge, MA: MIT Press. pp. 1-25

Neuman, Y., & Schwarz, B. (2000). Substituting one mystery for another: The role of self-explanations in solving algebra word-problems. *Learning and Instruction*, 10, 203-220.

Paas, F., Renkl, A., & Sweller, J. (2003a). Cognitive load theory and instructional design: Recent developments. *Educational Psychologist*, 38, 1-4.

Paas, F., Tuovinen, J.E., Tabbers, H., & Van Gerven, P.W.M. (2003b). Cognitive load measurement as a means to advance cognitive load theory. *Educational Psychologist*, 38, 63-71.

Paige, J.M., & Simon, H.A. (1966). Cognitive processes in solving algebra word problems. In B.Kleinmuntz (Ed.) *Problem solving: Research, method, and theory*. New York: John Wiley & Sons. pp.51-119.

Roy, M., & Chi, M.T.H. (2005). The self-explanation principle in multimedia learning. In R.E.Mayer (Ed.) *The Cambridge handbook of multimedia learning*. New York: Cambridge University Press. pp. 271-286

Schoenfeld, A.H. (1985). *Mathematical problem solving*. New York: Academic Press.

Schoenfeld, A.H. (1992). Learning to think mathematically: Problem solving, metacognition, and sense-making in mathematics. In D.Grouws (Ed.) *Handbook of research on mathematics Teaching and learning*. New York: McMillan. pp. 334-370

Sweller, J. (1999). *Instructional design in technical areas*. Camberwell, Australia: ACER Press.

多鹿秀継 (1996). 算数問題解決過程の認知心理学的研究　風間書房

多鹿秀継・石田淳一 (1989). 子どもにおける算数文章題の理解・記憶　教育心理学研究, 37, 126-134.

多鹿秀継・石田淳一・岡本ゆかり (1994). 子どもの算数文章題解決における文章理解の分析　日本教科教育学会誌, 17, 155-130

多鹿秀継・加藤久恵・藤谷智子 (2009). メタ認知方略による子どもの算数問題解決の支援　神戸親和女子大学教育センター紀要, 5, 1-8.

Tajika, H., Nakatsu, N., & Nozaki, H. (2001). A longitudinal study of the effects of computer-based diagrams on solving word problems. *Educational Technology Research*, 24, 1-8.

Tajika, H., Nakatsu, N., Nozaki, H., Neumann, E., & Maruno, S. (2007). The effects of self-explanation as a metacognitive strategy for solving mathematical word problems. *Japanese Psychological Research*, 49, 222-233.

Tajika, H., Nakatsu, N., & Takahashi, K. (1995). Using a computer as understanding facilitator for solving ratio word problems. *Educational Technology Research*, 18, 1-7.

William, D. (2007). Keeping learning on track: Classroom assessment and the regulation of learning. In F.K.Lester, Jr. (Ed.) *Second handbook of research on mathematics teaching and learning*. Charlotte, NC: Information Age Publishing. pp. 1053-1098

■ 5 章

藤村宣之 (1990). 児童期における内包量概念の形成過程について　教育心理学研究, 38, 276-286.

藤村宣之 (1993). 児童期の比例概念の発達における領域固有性の検討　教育心理学研究, 41, 115-124.

Fujimura, N. (2001). Facilitating children's proportional reasoning: A model of reasoning processes and effects of intervention on strategy change. *Journal of Educational Psychology*. 93, 589-603.

藤村宣之 (2005a). 子どもの学力を心理学的に分析する (教育時評85)　学校図書館　661, 58-59.

藤村宣之 (2005b). 算数・数学教育　日本児童研究所 (編) 児童心理学の進歩　金子書房　44, 87-107.

藤村宣之・太田慶司 (2002). 算数授業は児童の方略をどのように変化させるか―数学的概念に関する方略変化のプロセス 教育心理学研究 50, 33-42.

Johsua, S., & Dupin, J. J. (1987). Taking into account student conceptions in instructional strategy: An example of physics. *Cognition and Instruction*, 4, 117-135.

国立教育政策研究所 (編) (2002). 生きるための知識と技能　OECD生徒の学習到達度調査 (PISA) 2000年調査国際結果報告書　ぎょうせい

国立教育政策研究所 (編) (2004). 生きるための知識と技能 2　OECD生徒の学習到達度調査 (PISA) 2003年調査国際結果報告書　ぎょうせい

国立教育政策研究所 (編) (2007). 生きるための知識と技能 3　OECD生徒の学習到達度調査 (PISA) 2006年調査国際結果報告書　ぎょうせい

Kuhn, D. (1995). Microgenetic study of change: What has it told us? *Psychological Science*, 6, 133-139.

Noelting, G. (1980). The development of proportional reasoning and the ratio concept: Part 1, differentiation of stages. *Educational Studies in Mathematics*, 11, 217-253.

Posner, G. J., Strike, K. A., Hewson, P. W., & Gertzog, W. A. (1982). Accommodation of a scientific conception: Towards a theory of conceptual change. *Science Education*, 66, 211-227.

Rittle-Johnson, B. & Star, J. R. (2007). Does comparing solution methods facilitate conceptual and procedural knowl-

edge? An experimental study on learning to solve equations. *Journal of Educational Psychology.* **99**, 561-574.
Schliemann, A., & Nunes, T. (1990). A situated schema of proportionality. *British Journal of Developmental Psychology*, **8**, 259-268.
Siegler, R. S. (1987). The perils of averaging data over strategies: An example from children's addition. *Journal of Experimental Psychology: General*, **116**, 250-264.
Siegler, R. S. (1995). How does change occur: A microgenetic study of number conservation. *Cognitive Psychology*, **28**, 225-273.
Siegler, R. S. (1996). *Emerging minds: The process of change in children's thinking.* New York: Oxford University Press.
Siegler, R. S. (1998). *Children's thinking (3rd ed.)* Prentice Hall.
Siegler, R. S. (2005). Children's learning. *American Psychologist*, **60**, 769-778.
Siegler, R. S. (2006). Microgenetic analyses of learning. In D. Kuhn & R. S. Siegler (Eds.) *Handbook of child psychology: Vol. 2: Cognition, perception, and language (6th ed.).* New York: Wiley.
Siegler, R. S., & Jenkins, E. (1989). *How children discover new strategies.* Hillsdale, NJ: Lawrence Erlbaum Associates.
Singer, J. A., Kohn, A. S., & Resnick, L. B. (1997). Knowing about proportions in different contexts. In T. Nunes & P. Bryant (Eds.) *Learning and teaching mathematics: An international perspective.* East Sussex, UK: Psychology Press. pp. 115-132.
Smith, J. P., diSessa, A. A., & Roschelle, J. (1993). Misconceptions reconceived: A constructivist analysis of knowledge in transition. *The Journal of the Learning Sciences*, **3**, 115-163.
Stigler, J. W., & Hiebert, J. (1999). *The teaching gap: Best ideas from the world's teachers for improving education in the classroom.* NY: Free Press.

■ 6章
石田忠男 (1986). 分数・小数の意味理解はなぜ難しい 算数教育, **27**, 21-27.
Gelman, R., & Gallistel, C.R. (1978). *The child's understanding of number.* Cambridge, MA: Harvard Univsertity Press.
Kieren, T.E. (1988). Personal knowledge of rational numbers: Its intuitive formal development. In J. Hiebert & M. Behn (Eds.) *Number concepts and operations in the middle grades.* Hillsdale, N.J.: LEA.
Mack, N.K. (1993). Learning rational numbers with understanding: The case of informal knowledge. In T.P. Carpenter, E. Fennema, & T.A. Romberg(Eds.) *Rational numbers: An integration of research.* Hillsdale, NJ: Lawrence Erlbaum.
澤野幸司・吉田甫 (1997). 分数の学習前に子どもがもつインフォーマルな知識 科学教育研究 **21**, 199-206.
吉田甫 (1983). 問題解決における誤った知識構造：分数の計算における例 宮崎大学教育学部紀要, **53**, 41-51.
Yoshida H. (1989). The longitudinal analysis of knowledge for understanding fraction, 昭和63年度科研費報告書（代表）吉田甫
吉田甫 (1991). 子どもは数をどのように理解しているか 新曜社
吉田甫 (1995). 子ども時代を生きる 内田伸子・南博文(編) 講座生涯発達心理学3巻 金子書房 pp.95-130.
吉田甫 (1999). 認知心理学を基にした新しい算数・数学のカリキュラムの研究と開発 日本数学教育学会, YEARBOOK第4号 109-127.
吉田甫 (2003). 学力低下をどう克服するか 新曜社
吉田甫・栗山和弘 (1991). 分数概念の習得過程に関する発達的研究 教育心理学研究 **39**, pp.382-391.
Yoshida H., & Sawano, K. (2002). Overcoming cognitive obstacles in learning fractions: Equal-partitioning and equal-whole. *Japanese Psychological Research*, **44**, 183-195.

■ 7章
Ainsworth, S., Bibby, P., & Wood, D. (2002). Examining the effects of different multiple representational systems in learning primary mathematics. *The Journal of the Learning Sciences*, **11**, 25-61.
Collins, A., Brown, J. S., & Newman, S. E. (1989). Cognitive apprenticeship: Teaching the crafts of reading, writing and mathematics. In L. B. Resnick (Ed.) *Knowing, learning and instruction. Essays in honor of Robert Glaser.* Mahwah, NJ: Lawrence Erlbaum Associates. pp. 453-494.
De Bock, D., Van Dooren, W., Janssens, D., & Verschaffel, L. (2007). *The illusion of linearity: From analysis to improvement (Mathematics Education Library).* New York: Springer.
De Bock, D., Van Dooren, W., Verschaffel, L., & Janssens, D. (2002). Improper use of linear reasoning: An in-depth study of the nature and irresistibility of secondary school students' errors. *Educational Studies in Mathematics*, **50**, 311-334.

De Bock, D., Verschaffel, L., & Janssens, D. (1998). The predominance of the linear model in secondary school pupils' solutions of word problems involving length and area of similar plane figures. *Educational Studies in Mathematics*, 35, 65-83.

De Bock, D., Verschaffel, L., & Janssens, D. (2002). The effects of different problem presentations and formulations on the illusion of linearity in secondary school students. *Mathematical Thinking and Learning*, 4, 65-89.

De Bock, D., Verschaffel, L., Janssens, D., Van Dooren, W., & Claes, K. (2003). Do realistic contexts and graphical representations always have a beneficial impact on students' performance? Negative evidence from a study on modelling non-linear geometry problems. *Learning and Instruction*, 13, 441-463.

De Corte, E., Verschaffel, L., & Masui, C. (2004). The CLIA-model: A framework for designing powerful learning environments for thinking and problem solving. *European Journal for Psychology of Education*, 19, 365-384.

de Lange, J. (1987). *Mathematics, insight and meaning. Teaching, learning and testing of mathematics for the life and social sciences*. Utrecht: Vakgroep Onderzoek Wiskundeonderwijs en Onderwijscomputercentrum.

Fischbein, E. (1987). *Intuition in science and mathematics*. Dordrecht: Reidel.

Freudenthal, H. (1983). *Didactical phenomenology of mathematical structures*. Dordrecht: Reidel.

Gravemeijer, K. (1994). *Developing realistic mathematics education*. Utrecht, The Netherlands: Freudenthal Institute, University of Utrecht.

Kahneman, D., & Tversky, A. (1972). Subjective probability: A judgement of representativeness. *Cognitive Psychology*, 3, 430-454.

Linchevski, L., Olivier, A., Sasman, M. C., & Liebenberg, R. (1998). Moments of conflict and moments of conviction in generalising. In A. Olivier & K. Newstead (Eds.) *Proceedings of the 22nd Conference of the International Group for the Psychology of Mathematics Education (Vol. 3)*. Stellenbosch, South Africa. pp. 215-222.

National Council of Teachers of Mathematics. (1989). *Curriculum and evaluation standards for school mathematics*. Reston, VA: Author.

Poortvliet, R., & Huygen, W. (1976). *Leven en werken van de kabouter. [Life and work of the gnomes]*. Houten: Holkema & Warendorf.

Stacey, K. (1989). Finding and using patterns in linear generalising problems. *Educational Studies in Mathematics*, 20, 147-164.

Tierney, C., Boyd, C., & Davis, G. (1990). Prospective primary teachers' conceptions of area. In G. Booker, P. Cobb, & T. N. de Mendicuti (Eds.) *Proceedings of the 14th Conference of the International Group for the Psychology of Mathematics Education (Vol. 2)*. Oaxtepex, Mexico. pp. 307-314.

Treffers, A. (1987). *Three dimensions. A model of goal and theory description in mathematics instruction. The Wiskobas project*. Dordrecht: Reidel.

Van Dooren, W., De Bock, D., Depaepe, F., Janssens, D., & Verschaffel, L. (2003). The illusion of linearity: Expanding the evidence towards probabilistic reasoning. *Educational Studies in Mathematics*, 53, 113-138.

Van Dooren, W., De Bock, D., Hessels, A., Janssens, D., & Verschaffel, L. (2005). Not everything is proportional: Effects of age and problem type on propensities for overgeneralization. *Cognition and Instruction*, 23, 57-86.

Van Dooren, W., De Bock, D., Janssens, D., & Verschaffel, L. (2008). The linear imperative: An inventory and conceptual analysis of students' overuse of linearity. *Journal for Research in Mathematics Education*, 39, 311-342.

Verschaffel, L., De Corte, E., & Lasure, S. (1994). Realistic considerations in mathematical modelling of school arithmetic word problems. *Learning and Instruction*, 4, 273-294.

Verschaffel, L., Greer, B., & De Corte, E. (2000). *Making sense of word problems*. Lisse, The Netherlands: Swets & Zeitlinger.

Vosniadou, S., Ioannides, C., Dimitrakopoulou, A., & Papademetriou, E. (2001). Designing learning environments to promote conceptual change in science. *Learning and Instruction*, 11, 381-419.

■ 8章

American Association for the Advancement of Science (AAAS) (2001). *Atlas of Science Literacy*. Washington,D.C.: American Association for the Advancement of Science.

Berkowitz,M.W., Oser,F., & Althof,W. (1987). The development of sociomoral discourse. In W. Kurtines & J.Gewirtz(Eds.) *Moral development through social interaction*. New York: J.Willy & Sons. pp.322-352.

Berkowitz, M. W., & Simmons, P. (2003). Integrating science education and character education. In D. L. Zeidler (Ed.) *The role of moral reasoning on scientific issues and discourse in science education*. Dordrecht, Netherlands: Kluwer Academic Publishers. pp.117-138.

Clement, J. (1993). Using bridging analogies and anchoring intuitions to deal with students' preconceptions in physics.

Journal of Research in Science Teaching, 10, 1241-1257.
Clement, J. (2000). Analysis of clinical interviews: Foundations and model variability. In R.Lesh & A.Kelly(Eds.) Handbook of Research Methodologies for Science and Mathematics Education. Hillsdale,NJ: LEA. pp.547-589.
福澤一吉 (2002). 議論のレッスン 生活人新書
Hashweh,M.Z. (1986). Toward an explanation of conceptual change. European Journal of Science Education, 8, 229-249.
Hashweh,M.Z. (1988). Descriptive studies of students' conceptions in Science. Journal of Research in Science Teaching, 25, 121-134.
波多野誼余夫・稲垣佳世子 (2006). 概念変化と教授 大津由紀雄・波多野誼余夫・三宅なほみ (編著) 認知科学への招待2 研究社 pp.95-110.
Herrenkohl,L.R., Palincsar,A.S., DeWater,L.S., & Kawasaki,K. (1999). Developing scientific comminuties in classrooms: A sociocognitive approach. The Journal of the Learning Sciences, 8, 451-493.
稲垣佳世子 (1995). 素朴概念 岡本夏木・清水御代明・村井潤一 (監修) 発達心理学事典 ミネルヴァ書房 p.423.
稲垣佳世子・波多野誼余夫(監訳) (2005). 子どもの概念発達と変化―素朴生物学をめぐって 共立出版 [Inagaki, K., & Hatano, G. 2002 Young children's naive thinking about the biological world. New York: Psychology Press.]
Limon, M. (2001). On the cognitive conflict as an instructional strategy for conceptual change: A critical appraisal. Learning and Instruction, 11, 357-380.
文部科学省 (2008). 小学校・中学校学習指導要領
National Research Council. (1996). National science education standards. Washington,DC: National Academy Press.
Pintrich, P. R., & De Groot, V. (1990). Motivational and self-regulated learning components of classroom academic performance. Journal of Educational Psychology, 82, 33-40.
Posner,G.J., Strike,K.A., Hewson,P.W., & Gertzog,W.A. (1982). Accommodation of a scientific conception: Toward a theory of conceptual change. Science Education, 66, 211-227.
Sandoval, W. A., & Millwood, K. A. (2005). The quality of students' use of evidence in written scientific explanations. Cognition and Instruction, 23, 23-55.
Sinatra, G. M., & Pintrich, P. R. (Eds.) (2003). Intentional conceptual change. Mahwah, NJ: LEA.
高垣マユミ (2009). 認知的／社会的文脈を統合した学習環境のデザイン 風間書房
高垣マユミ・中島朋紀 (2004). 理科授業の協同学習における発話事例の解釈的分析 教育心理学研究 52, 472-484.
高垣マユミ・田原裕登志 (2005). 相互教授が小学生の電流概念の変容に及ぼす効果とそのプロセス 教育心理学研究 53, 551-564.
高垣マユミ・田原裕登志・富田英司 (2006). 理科授業の学習環境のデザイン―観察・実験による振り子の概念学習を事例として 教育心理学研究 54, 558-471.
高垣マユミ・田爪宏二・降旗節夫・櫻井修 (2008). コンフリクトマップを用いた教授方略の効果とそのプロセス―実験・観察の提示による波動の概念学習の事例的検討 教育心理学研究 56, 93-103.
Tasker,R., & Osborne,R. (1985). Science Teaching and Science Learning. In R. Osborne & P.Freyberg(Eds.) Learning in Science: The Implications of Children's Science. Auckland,NZ: Heinemann. pp.15-27.
Toulmin, S.E. (1958). The use of argument. Cambridge, UK: Cambridge University Press.
Tsai,C.C. (2000). Enhancing science instruction: the use of 'conflict maps'. International Journal of Science Education, 22, 285-302.
Vosniadou, S. (2007). The Cognitive-situative divide and the problem of conceptual change. Educational Psychologist, 42, 55-66.

■ 9章
平井洋子 (2006). 測定の妥当性からみた尺度構成-得点の解釈を保証できますか 吉田寿夫 (編) 心理学研究法の新しいかたち 誠信書房 pp21-49.
岩永正史 (2007). 小学校説明文教材系統案作成の試み (1) ―説明スキーマの発達とそれを支える表現力，論理的思考力を観点として 山梨大学教育人間科学部紀要 9, 114-121.
岸 学 (2004). 説明文理解の心理学 北大路書房
岸 学 (編著) (2008). 文書表現技術ガイドブック 共立出版
岸 学・中村光伴 (1999). 手続き的説明文の表現理解の発達的検討 早稲田心理学年報 31, 119-125.
岸 学・吉川愛弓 (2008). 説明的文章の産出における練習方法の比較 東京学芸大学紀要 総合教育科学系 59, 125-133.

岸　学・綿井雅康 (1997). 手続き的知識の説明文を書く技能の様相について　日本教育工学会論文誌　**21**, 119-128.
松島一利・佐藤浩一 (2007). 読み手意識は説明文の質を高めるか　群馬大学教育実践研究　**24**, 373-385.
Messick,K. (1995) Validity of psychological assessment: Validation of inferences from persons' responses performances as scientific inquiry into score meaning. *American Psychologist*, 50, 741-749.
Mills,C.B.,Diehl,V.A.,Birkmire,D.P. and Mou,L. (1993) Procedural text : Predictions of importance ratings and recall by models of reading comprehension. *Discourse Processes*, 16, 279-315.
文部科学省 (2006). 読解力向上に関する指導資料―PISA調査（読解力）の結果分析と改善の方向　東洋館出版社
崎濱秀行 (2003). 書き手のメタ認知的知識やメタ認知的活動が産出文章に及ぼす影響について　日本教育工学会論文誌　**27**, 105-115.
三宮真智子 (編著) (2008). メタ認知―学習力支える高次認知機能　北大路書房
Sato,K. and Matsushima,K. (2006). Effects of audience awareness on procedural text writing. *Psychological Reports*, 99, 51-73.
Scardamalia,M. and Bereiter,C. (1987). Knowledge telling and transforming in written composition. In S.Rosenberg(Ed.) *Advances in applied psycholinguistics (Vol.2) : Reading, writing, and language learning*. Cambridge: Cambridge University Press, pp.142-175.
杉本卓 (1989). 文章を書く過程　鈴木宏昭・鈴木高士・村山功・杉本卓　教科理解の認知心理学　新曜社　pp.1-48.
辻　義人・中村光伴 (2004).　教師教育の観点に基づくパソコン操作技能とパソコン操作に関する説明技能　教育システム情報学会誌　**21**, 296-304.

■ 10章
市川伸一 (2004). 学ぶ意欲とスキルを育てる―いま求められる学力向上策　小学館
鏑木良夫 (2007). 理科を大好きにするラクラク予備知識の与え方　学事出版株式会社
Pintrich, P. (2003). Motivation and classroom learning. In W. M. Reynolds, & G. E. Miller (Volume Eds.) I. B. Weiner, (Editor-in-Chief), *Handbook of psychology (Vol. 7)*. Educational psychology. Hoboken, NJ: Wiley.
三宮真智子 (編) (2008). メタ認知―学習力を支える高次認知機能　北大路書房
湯澤正通・山本泰昌 (2002).　理科と数学の関連づけ方の異なる授業が中学生の学習に及ぼす効果　教育心理学研究　**50**, 377-387.

■ 11章
藤田　敦 (2004). 気圧現象に関する素朴な説明概念の特性　日本教育心理学会第46回大会発表論文集（富山大学）, 67
藤田　敦 (2005a). 複数事例の提示が概念の般化可能性に及ぼす影響―気圧の力学的性質に関する概念受容学習過程　教育心理学研究　**53**, 122-132.
藤田　敦 (2005b). 属性操作に関する事例の教示が概念の般化可能性に及ぼす効果―気圧の力学的性質の概念受容学習　教育心理学研究　**53**, 393-404.
Kolodner, J. (1993). Case-based reasoning. San Mateo, CA: Morgan Kaufmann.
麻柄啓一 (1996). 学習者の誤った知識はなぜ修正されにくいのか　教育心理学研究　**44**, 379-388.
寺尾　敦・楠見　孝 (1998).　数学的問題解決における転移を促進する知識の獲得について　教育心理学研究　**46**, 461-472.
湯澤正通 (1998). 学校の授業は子どもの生きる力を育てているか？　湯澤正通（編）認知心理学から理科学習への提言　北大路書房　pp.2-22.

人 名 索 引

●B
ベライター（Bereiter）　130
ボーカーツ（Boekaerts, M.）　18, 23
ボーア（Bohr, N.）　17
ブラウン（Brown, A.）　19

●C
コリンズ（Collins, A.）　19
クーパー（Cooper, B.）　38
クルシオ（Curcio, F. R.）　32

●D
ディボック（De Bock, D.）　96, 98
ディコルテ（De Corte, E.）　17, 19, 22, 35
デグルー（De Groot, V.）　112
デフランコ（DeFranco, T. C.）　32
デソーテ（Desoete, A.）　51
ドール（Dolle, J.）　20, 23

●E
エジソン（Edison, T. A.）　17

●F
フィッシュバイン（Fishbein, E.）　97
フロイデンソール（Freudenthal, H.）　93
藤田　敦　163, 173

●G
ゲージ（Gage, N.）　16, 18
ゲッツェルス（Getzels, J.）　16
グレイザー（Glaser, R.）　4
グリアー（Greer, B.）　40

●H
波田野誼余夫　120
平井洋子　131

●I
稲垣佳世子　120
石田淳一　47
石田忠男　79
岩永正史　135

●J
ジャクソン（Jackson, P.）　16
ジェンキンス（Jenkins, E.）　63

●K
カイテル（Keitel, C.）　40
ケリンガー（Kerlinger, F.）　16
キーレン（Kieren, T. E.）　76
岸　学　132, 135
クーン（Kuhn, D.）　62
栗山和弘　79
楠見　孝　178

●L
レエー（Lehrer, J.）　35

●M
メイヤー（Mayer, R. E.）　52, 54
メッシク（Messick, K.）　131
ミルウッド（Millwood, K. A.）　114
ムコパダヤ（Mukhopadhyay, S.）　40

●N
中島朋紀　115
ニス（Niss, M.）　38
ノエルティング（Noelting, G.）　60

●P
ピアジェ（Piaget, J.）　66
パスツール（Pasteur, L.）　16, 17, 24
フィリップス（Phillips, D. C.）　9, 20, 23

ピントリック（Pintrich, P. R.）　112
ポパー（Popper , K.）　21
ポスナー（Posner, G. J.）　110

●S
崎濱秀行　130, 135
サンドバル（Sandoval, W. A.）　114
澤野幸司　77
スカーダマリア（Scardamalia）　130
シャウブル（Schauble, L.）　35
ショーエンフェルト（Schoenfeld, A. H.）　33, 52
シェイクスピア（Shakespeare, W.）　25
シャベルソン（Shavelson, R.）　17, 23
シーグラー（Siegler, R. S.）　62, 63, 66
ソクラテス（Socrates）　21
ストークス（Stokes, D.）　16
杉本　卓　136

●T
田原裕登志　121
多鹿秀継　47, 49, 50
高垣マユミ　112, 115, 116, 121
寺尾　敦　178
トゥールミン（Toulmin, S. E.）　114

●U
ウシスキン（Usiskin, Z.）　40

●V
ヴァーシャッフェル（Verschaffel, L.）　11, 19, 22, 32, 34, 35, 93
ヴォスニアドゥ（Vosniadou, S.）　120

●Y
山本泰昌　148
吉田　甫　32, 76, 77, 79
吉川愛弓　132, 135
湯澤正通　148

事 項 索 引

● あ
ITS 47
相手意識 137
アーギュメント 113, 114
足場作り 12
アナロジー 66
余りのあるわり算 36
誤り方略 84

● い
意味づけの欠如 34, 35
インフォーマルな知識 75, 76, 91, 163

● う
裏づけ 114

● え
STM 43, 44
LTM 43, 44, 45
演繹的理解 150
現実的モデリング 37, 39

● お
OECD 58
応用問題 29, 173
応用力 171

● か
解決方略 144
概算 8, 37
介入研究 35, 36
概念形成 166
概念地図法 110
概念的知識 70
概念的理解 59, 62
概念の構造 177
概念の転移 177

概念変化 110
概念変容モデル 110, 124
解法構造アプローチ 178
科学教育 113
科学的概念の転移 179
科学的概念の変容 116
科学的な概念 163
書き換え練習 140, 141
学習意欲 146
学習環境 3, 98, 100, 119, 121
学習指導要領 85, 89, 128
学習到達度調査 161
学習と指導の内容 6, 18
学習に対する意欲 91
学習の転移 165, 171
学力 128
仮説実験授業 66
価値の要素 145
学校外での日常数学 30
学校知 166
学校文化 33
仮分数 76, 77, 89
感覚記憶 43
関係図 49, 50

● き
基礎学力 150, 161
期待の要素 144
既有知識 66, 116
既有知識活用型指導法 71
既有の概念構造 110
教育支援システム 47
教科書群 87, 89
教科の論理 85
教室(の)文化 6, 18, 37
教授介入 110, 128
教授テクニック 6, 18, 99

事項索引　193

教授法 166
強力な学習環境 22

●く
グループ解決 160

●け
計数の5つの原理 82
計数方略 63, 64
形成的評価研究 24
基礎原理の追求 16
欠陥値問題 95
検索方略 63, 64
現実的(な)解答 31, 34
現実的数学教育 99
現実の参照 38
現実の世界 124
限定語 114

●こ
構造生成アプローチ 178
誤概念 110
子どもの論理 86, 91
個別単位方略 61
混み具合モデル 67
コントロールの能力 51
コンピュータ支援 47

●さ
最小方略 63, 64
作業記憶 43, 44
漸次的社会技術 21
算数への信念 52
算数への態度 52

●し
CAI 47
CLIAモデル 6
思考方略 160
自己質問 154
自己質問作成 152

自己制御の能力 10
自己説明 53, 54
自己の能力 144
実験群 89, 102
実験授業 100
実験的介入 104
実験的カリキュラム 35
実行過程 46
実践の革新 5, 19
質問回答 53
質問紙 133
質問生成 53
実用化検討 16
指導目標 86
指導要領の逸脱 89
社会的(な)相互作用 86, 88, 113, 119
社会的文脈 120
社会文化論的アプローチ 113
修辞的手段 114
修辞の工夫 141
習得サイクル 151
授業規範 12, 37
授業方法 148
主張 114
出題者 38
準実験群 89
情動の要素 145
情報処理過程 42
情報の容量 43
事例に基づく推論 171
事例の提示方法 173
信念 8, 13, 33, 96, 98
真分数 77

●す
数学的関係 93
数学的な知識 96
数学的モデリング 29, 35, 40, 98
数学的モデル 29
数学的問題解決 6
数学的リテラシー 58

スキーマ　45, 46, 47

●せ
整数の知識　80, 81
整数の知識への後退　82
整数(の)ルール　79, 82
正の転移　165
説明スキーマ　135
説明的文章　160
線形関数　98
線形の関係　94
宣言的知識　45
先行知識　128, 132
線分図　47, 49, 50

●そ
相似幾何図形　93
素朴概念　110

●た
大単位方略　77
帯分数　76, 77, 89
単位あたり量　67
単位方略　77
短期記憶　43
探求サイクル　151

●ち
知識構築　4
知識との乖離　85
知識の構成　46
知識の再構成　170
知識の再構造化　45
知識の領域固有性　166
知識変換　130
知識を活用する方略　150
知的個別指導システム　48
中世の医療　20
長期記憶　43
直線的比例　36
貯蔵システム　43

直観的な推論　171

●て
TIMSS調査　59
データ　114
デザイン実験　2, 17, 34
手続き的スキル　70
手続き的説明文　137
手続き的知識　45, 59
転移　51
転移課題　173
転移テスト　37
転移問題　90
転移問題の解決　54

●と
動機づけ　112, 144
統合過程　46, 49
等全体　83, 86
等分割　83, 86
読解力　128

●な
内的統制　144
内包量　60, 66

●に
日常世界　39
日常世界の知識　31, 35
日常知　166
日常文脈　35
日常認知　30
日々の生活体験　163
認知的文脈　120
認知心理学　4
認知的葛藤　66, 98, 110, 123
認知的徒弟制　12
認知的(な)バリア　75, 78, 86, 91
認知の足場の役割　54
認知負荷　44

●ね
練り上げの授業　70

●の
ノート取り　53
濃度の課題　60

●は
倍数関係　60
倍数操作方略　61, 68, 71, 72
橋渡し方略　110
橋渡し問題　29
パスツールの四象限　17, 24
発見的学習　22
反証　114

●ひ
PISA　58, 128, 146
非現実的解答　31, 34
比の概念　60
非比例的類推の知識　102
非比例(の)文章題　96,
非比例(の)問題　95, 100, 101
ヒル　20
比例　66
比例関係　150
比例的(な)解決　102, 103
比例的類推　95, 103
比例的類推の罠　95, 96
比例の過剰使用　93, 97
比例の誤使用　93
比例モデル　92, 95, 97
比例問題　102

●ふ
フィードバック情報　137
符号化方略　44
物理学の世界　124
不適切な習慣　98
不適切な比例的類推　95
負の転移　165

部分から全体を構成する指導　88
プラン化過程　46, 52
プランニング　131, 133, 135
振り子モデル　115
フロイデンソール研究所　34
分解方略　63
文章題　28, 33, 46, 47
文章題の解決　48
文章理解力　141
分数　75
分数の大小　76, 79
分数の大小課題　90
分数の大小判断　79
分数の知識　81
分数のルール　79

●へ
変化の規則性　158
変換過程　46

●ほ
妨害的な知識　134
方略S　80
方略の獲得　22
方略L　79

●ま
マイクロジェネティックアプローチ　62, 64, 69
守られない約束　19, 20

●む
無視される落とし穴　21
矛盾仮説呈示法　110

●め
メタ知識　173, 177
メタ認知　52, 87, 134
メタ認知的活動　129, 147
メタ認知的支援　95
メタ認知的知識　129, 130, 146
メタ認知的方略　6

メタ認知方略　51, 53, 54

●も
モニタリング　51, 52, 129, 147
問題解決　52
問題解決の過程　171
問題解決方略　70
問題構造　173
問題のある問題　31
問題の性質　6, 18, 33
問題文脈　32

●よ
要約　53, 176

●り
理科嫌い　91
領域知識　173

理論の構築　19

●る
類似性　168
ルーティン問題　90
ルーヴァン教授心理学・技術センター　5, 94

●れ
例題アプローチ　178
例題の自己説明　51

●ろ
論拠　114

●わ
割合　66
割合(の)文章題　47, 49, 54
割合の3つの用法　48

あとがき

　教育の主なねらいが，子どもの学びを促進することにあるのは言うまでもありません。このために，20世紀の当初から，学びについての科学的な研究が実践の中で行なわれ，それがカリキュラム，学習材料，教室での実践を改革する際の原理やガイドラインになってきたことは，当然のことでしょう。

　しかし，20世紀の全体をとおして，一方では学習科学と発達との関係が，他方では学習科学と教育実践との関係が，それほどうまくいっていたわけではありません（Berliner, 2006, 2008; De Corte, in press）。また，1990年代に入って，教育心理学，とくに教授と学習の領域における研究が急速に発展してきましたが，理論・研究と教室での実践との間の「大きな断絶」とベルリナー（Berliner, 2008）が呼んだ不満は，今もまだ解消されずにいます。

　こうして，教育の研究や実践に携わる人にとって，理論・研究と教育実践の間にある断絶を埋めることが，不可欠の課題であるのは明らかです。本書は，この大きな断絶をできるだけ小さくし，最終的には断絶をなくすための道程を示しています。本書の各章では，子どもの学習と発達に関する研究で明らかにされた，科学的な知見を基に展開されているさまざまな介入研究を紹介しています。

　読者は，革新的なカリキュラム，効果的な学習材料，強力な学習環境などが，それぞれの教科内容でどのように計画され，子どもの生産的な学びをどのようにサポートしたかを理解できるでしょう。ベルリナーは，以下のように述べています。

> 研究と実践に携わる人々が，日常場面でデザイン実験の実施にもっと精通し，日常の教室で科学的な知識を創造するために教師と研究者が共同すれば，大きな断絶は小さなものとなるでしょう。教育研究というのは，伝統的な科学研究の枠内だけに留まっているのではなく，日常的な創造や計画という領域の中で機能すべきものなのです。
>
> （Berliner, 2008）

そうした介入研究は，学習の理論をさらに発展させ精緻化させることに寄与することができますが，デザイン実験で見られたような変数の統制（第2章参照）や一般性（Shavelson et al., 2003）といった方法論上の問題を考慮しなければならないことも事実です。

シャベルソンら（Shavelson et al., 2003）によれば，デザイン実験は，科学的な探求の過程で生じるものであり，そこで見いだされた知見は妥当なものであると証明できなければなりません。研究にとっての必要条件とは，一貫した推理の連鎖を含み，その後の追試によって確実に再現できるものでなければならないのです。興味深いことに，教育心理学に携わってきた研究者は，『教育のためのデザイン実験ハンドブック』（kelly et al., 2008; Lamberg & Middleton, 2009）に見られるように，この課題をずっと追求しています。

第1章で紹介したように，新しいカリキュラム，革新的な教科書，強力な学習環境を広く普及させ質の高いものにしていくために，教育実践を大きく変革するということは，かなり困難な課題です。変革のためには，教師や行政関係者の信念，態度，信条などを抜本的に変えることが必要です。また，日本で実施されている「授業研究」といった試みが，本書で意図した内実をもったものに近づいていくことを願ってやみません。

2009年6月

エリック・ディコルテ

［文　献］

Berliner, D.C. (2006). Educational psychology: Searching for essence throughout a century of influence. In P. A. Alexander & P. H. Winne (Eds.), *Handbook of educational psychology*. Second edition (pp. 3-27). Mahwah, NJ: Lawrence Erlbaum Associates.

Berliner, D.C. (2008). Research, policy, and practice: The great disconnect. In S.D. Lapan &M.T. Quartaroli (Eds.). *Research essentials: An introduction to designs and practices* (pp. 295-325). Hoboken, NJ: Jossey-Bass.

De Corte, E. (in press). Historical developments in the conception of learning. In OECD (Ed.), *Innovative learning environments*. Paris: OECD.

Kelly, A.E., Lesh, R.A., & Baek, J.Y. (2008). *Handbook of design research methods in education: Innovations in science, technology, engineering and mathematics learning and teaching*. New York: Routledge.

Lamberg, T.D., & Middleton J.A. (2009). Design research perspectives on transitioning from individual microgenetic interviews to a whole-class teaching experiment. *Educational Researcher*, 38(4), 233-245.

Shavelson, R.J., Phillips, D.C., Towne, L., & Feuer, M.J. (2003). On the science of education design studies. *Educational Researcher*, 32(1), 25-28.

執筆者一覧

■編　者／吉田　甫，エリック・ディコルテ

■執筆者（執筆順）

エリック・ディコルテ	編者	1章
デニス・フィリップス	スタンフォード大学（アメリカ）	2章
リーヴァン・ヴァーシャッフェル	ルーヴァン大学（ベルギー）	3章
多鹿　秀継	神戸親和女子大学	4章
藤村　宣之	東京大学	5章
吉田　甫	編者	6章
川那部　隆司	立命館大学	6章
		（1・2・3・7章翻訳）
ウィム・ヴァンドーレン	ルーヴァン大学（ベルギー）	7章
高垣マユミ	鎌倉女子大学	8章
岸　学	東京学芸大学	9章
湯澤　正通	広島大学	10章
藤田　敦	大分大学	11章

編者紹介

吉田　甫（よしだ・はじめ）
　　1945年　熊本県に生まれる
　　1974年　九州大学教育学研究科単位修得修了（教育学博士）
　　現　在　立命館大学教授。数を中心にした子どもの学びの困難さを克服するための介入研究に従事し、また加齢にともなう認知機能の変化についての研究も行なっている。
　＜主著・論文＞　子どもは，数をどのように理解しているか　新曜社　1991年
　　　　　　　　　教室でどう教えるか・学ぶか　北大路書房（編著）　1992年
　　　　　　　　　認知心理学から見た数の世界　北大路書房（編著）　1995年
　　　　　　　　　子どもの学力低下をどう克服するか　新曜社　2003年

エリック・ディコルテ（Erik De Corte）
　　1941年　ベルギー，ブランケンブルグに生まれる
　　1970年　ベルギー，ルーヴァン大学博士課程単位修得修了（Ph.D.）
　　現　在　ルーヴァン大学名誉教授，ルーヴァン教授心理学・技術センター（CIP&T）所長。European Association for Research on Learning and Instruction（EARLI）の初代会長であり，EARLIのジャーナル*Learning and Instruction*の創刊者兼編集者。現在も，*International Journal of Educational Research*をはじめとする7種類の国際雑誌の編集長などを務めている。
　＜主著・論文＞　De Corte, E., Greer, B., & Verschaffel, L. (1966) Mathematics teaching and learning. In D.C. Berliner & R.C. Calfee (Eds.), *Handbook of Educational Psychology*, Macmillan.
　　　　　　　　　De Corte, E. (Ed.) (2003). *Excellence in higher education*. London, UK: Portland Press.
　　　　　　　　　De Corte, E., & Verschaffel, L. (2006). Mathematical thinking and learning. In K. A. Renninger, I. E. Sigel (Series Eds), W. Damon, R.M. Lerner (Eds-in-Chief.) *Handbook of child psychology.Volume 4: Child psychology and practice* (6th ed.,pp. 103-152). Hoboken, NJ: John Wiley & Sons.
　　　　　　　　　De Corte, E., Verschaffel, L., & Depaepe, F. (in press). Enhancing mathematical problem solving in upper primary school children: Lessons from design experiments. In O. A. Barbarin & B. Wasik (Eds.) *The handbook of developmental science and early education. Volume III: Teaching math and scientific inquiry in early childhood*. New York: Guilford Publications, Inc.

子どもの論理を活かす授業づくり
――デザイン実験の教育実践心理学――

2009年8月25日	初版第1刷印刷
2009年9月1日	初版第1刷発行

定価はカバーに表示
してあります。

編著者　吉　田　甫
　　　　E．ディコルテ

発行所　（株）北大路書房

〒603-8303　京都市北区紫野十二坊町12-8
電　話　(075) 431-0361（代）
Ｆ Ａ Ｘ　(075) 431-9393
振　替　01050-4-2083

印刷／製本　モリモト印刷(株)

©2009
検印省略　落丁・乱丁本はお取り替えいたします。
ISBN978-4-7628-2688-7　Printed in Japan